Gabriella Ries

Umweltkompetenzen und Wissensmanagement
für eine proaktive Produktentwicklung

Konzepte und Fallstudie
in einem Grossunternehmen im Bausektor

D1666023

Institut für Wirtschaft und Ökologie

Universität St.Gallen

vdf Hochschulverlag AG
an der ETH Zürich

Centre for Energy Policy and Economics
Swiss Federal Institutes of Technology

ISBN 3 7281 2787 6

Besuchen Sie uns im Internet:
www.vdf.ethz.ch

Herausgeber:

Prof. Dr. Thomas Dyllick	Bereich Betriebswirtschaftslehre
Prof. Dr. Massimo Filippini	Bereich Volkswirtschaftslehre
Prof. Dr. Daniel Spreng	Bereich Energieanalyse

Das vorliegende Werk ist ein Abdruck der vom Departement für Betriebs- und Produktionswissenschaften der Eidgenössischen Technischen Hochschule Zürich genehmigten Dissertation mit dem ausführlicheren Titel „Umweltkompetenzen und Wissensmanagement zur Unterstützung einer proaktiven Produktentwicklung. Konzepte und exemplarische Untersuchung der Produktentwicklung eines Grossunternehmens im Bausektor".

Referent: Prof. Dr. Rainer Züst
Korreferenten: Prof. Dr. Konrad Hungerbühler und Prof. Dr. Thomas Dyllick

Die Deutsche Bibliothek – CIP-Einheitsaufnahme

Ries, Gabriella:
Umweltkompetenzen und Wissensmanagement für eine proaktive Produktentwicklung :
Konzepte und Fallstudie in einem Grossunternehmen im Bausektor / Gabriella Ries.
– Zürich : vdf, Hochsch.-Verl. an der ETH, 2001
(Wirtschaft, Energie, Umwelt)
Zugl.: Zürich, Techn. Hochsch., Diss.

ISBN 3-7281-2787-6

Inhaltsübersicht

Inhaltsverzeichnis

TEIL II: FALLSTUDIE HILTI AG

Vorwort

Die vorliegende Arbeit behandelt eine bisher in der Literatur kaum entwickelte Fragestellung: Die Frage einer effektiven Integration und Entwicklung von Umweltkompetenzen im Unternehmen zur Unterstützung einer proaktiven ökologischen Produktentwicklung. Dabei stehen nicht technisch-instrumentelle Fragen im Vordergrund der Analyse, sondern Fragen der Lenkung und Entwicklung von Lernprozessen, somit Organisations- und Managementfragen. Zur Klärung der Thematik werden die konzeptionellen Grundlagen aus der neueren Managementliteratur gewonnen, evaluiert und für die vorliegende Fragestellung präzisiert. Sie betreffen so unterschiedliche Themenbereiche der sozialwissenschaftlichen Managementlehre wie die Lehre von der Produktentwicklung, vom Umweltmanagement sowie vom Wissensmanagement.

Praktische Relevanz findet die Arbeit durch die Anwendung der konzeptionellen Grundlagen im Rahmen einer Intensiv-Fallstudie bei der Hilti AG mit Sitz in Schaan (FL). Die Autorin war als Beobachterin dabei und konnte Produktentwicklung in der Realität mitverfolgen und analysieren. Am konkreten Beispiel wird verdeutlicht, auf welchem Wege Umweltkompetenzen in die Produktentwicklung einfliessen und wie Prozesse des Wissenstransfers organisationsintern gelenkt werden. Die Ergebnisse und praktischen Konsequenzen dieser Fallstudie sind praktisch von grosser Bedeutung. Sie schärfen den Blick für die Wichtigkeit einer Vereinbarkeit ökologischer Instrumente und Praktiken mit der Kultur der Organisation und dem Wissensstand ihrer Mitglieder. Die Analyse eröffnet dadurch einen neuartigen, praktisch erfolgversprechenden Zugang zum Verständnis und zur Gestaltung von ökologischen Produktentwicklungsprozessen. Es handelt sich um eine sowohl konzeptionell hochstehende wie auch praktisch bedeutsame Arbeit.

Prof. Dr. Thomas Dyllick, Universität St. Gallen

Dank

Die vorliegende Arbeit ist durch die vielfältige Unterstützung zahlreicher Personen entstanden. Dafür möchte ich mich an dieser Stelle bedanken. Ein erster Dank gilt meinem Referenten, Prof. Dr. Rainer Züst, der mir während meiner Tätigkeit in seiner Forschungsgruppe „Eco-Performance" am Betriebswissenschaftlichen Institut der ETH Zürich zahlreiche Chancen zur Mitarbeit in Projekten, zur Teilnahme an internationalen Tagungen und in Fachgremien eröffnete und mir bei der Entstehung der Arbeit immer wieder fachliche und persönliche Unterstützung bot.

Im Weiteren danke ich Prof. Dr. Konrad Hungerbühler vom Laboratorium für Technische Chemie der ETH Zürich für die Übernahme des Korreferats. Der Kontakt zu seiner Forschungsgruppe, die sich unter anderem mit der Verbesserung von Methoden und Instrumenten für die umweltorientierte Produktentwicklung beschäftigt, war eine wertvolle Bereicherung meiner Arbeit.

Prof. Dr. Thomas Dyllick hat das zweite Korreferat übernommen, was mich sehr freute, da damit ein Austausch mit seiner Forschungsgruppe am Institut für Wirtschaft und Ökologie (IWÖ) der Universität St. Gallen möglich wurde. Ich bedanke mich insbesondere dafür, dass Prof. Dr. Dyllick den Kontakt zur Hilti AG hergestellt hat und als zweiter Korreferent immer wieder Zeit zu kritischen und sehr hilfreichen Anregungen fand.

Besonderer Dank gebührt der Hilti AG, die sich für die Fallstudie zur Verfügung stellte. Dies betrifft in erster Linie Dr. Moustafa Naguib als Konzern-Umweltleiter sowie Dr. Helmut Haselmair und Andreas Übleis, die mir in ihrer Funktion als Qualitäts- und Umweltleiter in zwei Geschäftsbereichen die Untersuchung von zwei laufenden Entwicklungsprojekten ermöglichten. Im Weiteren bedanke ich mich bei den rund 25 Mitarbeitern der Hilti AG, die sich für die ausführlichen Interviews zur Verfügung stellten und mir damit Einblick in ihre Arbeitsweise, Erfahrung und ihr Wissen gegeben haben.

Ebenso danke ich Albin Kälin, Geschäftsleiter der Rohner Textil AG, sowie Patrick Hohmann, Inhaber der Remei AG. Mit Ihrer Mithilfe konnte ich im Vorfeld der Dissertation Einsicht in die Pionierleistungen zu ökologischen sowie sozialen Innovationen im Textilsektor erlangen.

Die Arbeit stellt den Abschluss meiner wissenschaftlichen Ausbildung dar, die meine Eltern und meine Schwester während all der Jahre mit Engagement und Vertrauen unterstützt haben. Hierfür möchte ich mich auch an dieser Stelle gebührend bedanken.

Ebenso danke ich zahlreichen Freunden und Bekannten, die mit Geduld und Zuversicht den Fortgang der Arbeit begleitet und zu ihrem Gelingen beigetragen haben, insbesondere Reto Coutalides, Frank Werner, Eva Sacchi, Christine Bärlocher, Robert Winkler sowie Ursula Wendelspiess, Maria und Jürgen Gudrich-Senftleben und Hilde Ohlmeier.

Ein letzter herzlicher Dank gilt Marguerite Jetzer, die mit hervorragendem Lektorat dafür gesorgt hat, dass auch das letzte Komma seinen Platz findet.

Gabriella Ries

Zusammenfassung

Konsumenten und Handel fordern heute in zunehmendem Mass, dass Produkte nicht nur qualitativ und direkt anwendungsbezogen, sondern auch in ökologischer Hinsicht einen hohen Standard erfüllen. Wollen Unternehmen diesen Erwartungen nachkommen, so spielt die Produktentwicklung eine wesentliche Rolle, denn ein Grossteil der Umweltauswirkungen wird bereits bei der Planung und Konzipierung der Produkte bewusst oder unbewusst festgelegt.

In der Praxis bedeutet dies, dass Entwicklungsteams eine neue und vielschichtige Anforderung in die an sich schon komplexe Entwicklungstätigkeit einbeziehen müssen. Diese Aufgabe ist um so anspruchsvoller, je mehr ein Unternehmen bestrebt ist, ökologische Verbesserungen aus eigener Initiative und nicht erst aufgrund konkreter Umweltforderungen von Gesetzgebern oder anderen Anspruchsgruppen zu verfolgen. Eine solche proaktive Ausrichtung bedingt zum Beispiel, dass relevante Umweltansprüche schon sehr früh erkannt und richtig eingeschätzt werden. Für Unternehmen stellt sich deshalb die Frage, welche neuen Kompetenzen in der operativen Produktentwicklung benötigt werden, wenn eine proaktive Stossrichtung angestrebt wird.

In der Literatur existiert bislang eine beachtliche Zahl von Methoden und Instrumenten wie z.B. Produktökobilanzen, die eine umweltorientierte Produktentwicklung unterstützen können. Untersuchungen zeigen jedoch, dass die Instrumentarien erst spärlich Anwendung finden. Die vorliegende Arbeit geht von der These aus, dass eine einseitige Betrachtung möglicher methodischer Hilfsmittel kein ausreichendes Verständnis der Umsetzungsprobleme der umweltorientierten Produktentwicklung ermöglicht. Die Arbeit stützt sich deshalb auf den weiter gefassten Begriff der Kompetenz, der die Gesamtheit der Fähigkeiten und Kenntnisse der Mitarbeiter in der Produktentwicklung umfasst. Mit einem kompetenz- oder wissensorientierten Ansatz wird demnach der Mensch und nicht in erster Linie das Methodenrepertoire der Produktentwicklung oder technische Informationssysteme ins Zentrum der Arbeit gestellt. Die Kompetenzen des Entwicklungsteams bilden die wichtigste kreative und problemlösende Ressource der Entwicklungstätigkeit.

Der erste Forschungsschwerpunkt bildet demnach die Eingrenzung und Umschreibung der relevanten *Umweltkompetenzen* für eine proaktive Ausrichtung der Produktentwicklung. Im weiteren zeigen bestehende Studien, dass Unternehmen nicht nur sicherstellen müssen, dass die notwendigen Umweltkompetenzen im Unternehmen vorhanden sind. Sie müssen auch gewährleisten, dass das vielfältig vorhandene und auf diverse Unternehmensbereiche verteilte Wissen (z.B. in Umweltfachstellen oder in der Logistik) in konkreten Entwicklungsprojekten auch tatsächlich genutzt werden kann. Es braucht organisatorische und strukturelle Massnahmen, um den Umgang mit dem vorhandenen Wissen effizienter zu gestalten. Die Arbeit setzt deshalb unter dem Stichwort *Wissensmanagement* einen zweiten Forschungsakzent und untersucht geeignete Massnahmen, um einen möglichst effizienten Wissenstransfer der intern vorhandenen Umweltkompetenzen in Entwicklungsprojekte zu erreichen.

Den beiden Fragestellungen wird sowohl theoretisch wie empirisch in einer ausführlichen Untersuchung der Produktentwicklung eines konkreten Unternehmens im Bausektor nachgegangen. Der theoretische Beitrag liefert einerseits die Grundlagen zur Thematik der proaktiven Umweltkompetenzen anderseits eine Übertragung des sehr allgemeinen Konzepts des Wissensmanagements auf die Problemstellung der umweltorientierten Produktentwicklung. Die exemplarische Fallstudie beruht auf 25 Interviews mit Mitarbeitern, die im Kontext der Produktentwicklung beschäftigt sind. Sie ermöglicht einen vertieften Einblick in das „Innenleben" der Arbeitsweise in der Produktentwicklung und zeigt beispielhaft Erfolg versprechende Ansätze für den effizienten Umgang mit den intern vorhandenen Umweltkompetenzen auf.

Die Grundlagen zur *proaktiven Umweltkompetenz* umfassen in erster Linie eine allgemeine definitorische Eingrenzung derjenigen fachlichen Wissensbestandteile, die Entwicklungsteams für eine proaktive Ausrichtung benötigen. Es wird also gefragt, welche Kompetenzen Unternehmen benötigen, um in Entwicklungsprojekten nicht bloss auf bestehende Gesetzesvorlagen zu reagieren, sondern weiterführende, vorgreifende Zielsetzungen zu verfolgen. Zusätzlich werden allgemeine Kriterien vorgeschlagen, um die Umweltkompetenz in einem Unternehmen zu beurteilen.

Die Fallstudie zeigt, dass aufgrund der relativ einfachen Definitionen sowie der vorgeschlagenen Beurteilungskriterien bereits Schwerpunkte und Defizite in der Kompetenzbasis des Unternehmens identifiziert werden können.

Zur Problematik des *Wissensmanagements* bietet die Arbeit zunächst Grundlagen und Konzepte, um die verschiedenen Aspekte und Aufgaben eines Wissensmanagements im Kontext der Produktentwicklung transparent zu strukturieren. Dies erscheint um so wichtiger, weil die Wissensperspektive eine neue und noch ungewohnte Betrachtungsweise darstellt. Aufbauend auf den konzeptionellen Grundlagen wird ein Überblick über die wichtigsten Massnahmen und Praktiken zum Wissensmanagement gegeben, die in der Literatur als besonders erfolgreich angesehen werden.

Die Fallstudie verdeutlicht exemplarisch, welche Massnahmen sich in der Praxis besonders bewähren. Es zeigt sich, dass in dem untersuchten Unternehmen multifunktionelle Projektteams und Arbeitsgruppen auf allen Ebenen zum Einsatz kommen und dass dabei konsequent Mitarbeiter der Umweltfachstelle integriert sind. Multifunktionelle Gruppen erweisen sich denn auch als die wichtigste Massnahme, um einen möglichst effizienten und effektiven Transfer von Umweltkompetenzen im Unternehmen zu erreichen. Als zweiten zentralen Befund verdeutlicht die Fallstudie, welches Set von Anforderungen umweltorientierte Methoden erfüllen müssen, damit sie im Rahmen von Entwicklungsprojekten nutzbringend eingesetzt werden können. Damit werden Hinweise gegeben, wie Methoden der umweltorientierten Produktentwicklung effektiver gestaltet werden können.

1 Einleitung

Neben herkömmlichen Qualitätseigenschaften müssen Produkte heute in verstärktem Mass auch umweltverträglich sein.[1] Dieses gesellschaftliche Anliegen hat zunächst zu einer Vielfalt von gesetzlichen Auflagen geführt, die Umweltbelastungen in der Herstellung, Nutzung und Entsorgung von Produkten beschränken sollen. In jüngster Zeit spielt der Einfluss von Konsumenten und Handel eine wachsende Rolle. Es wird zunehmend auf ökologische Eigenschaften von Produkten geachtet, was durch ökologische Produkt-Label wie das EU-Umweltzeichen zusätzlich unterstützt wird. Unternehmen sehen sich also nicht mehr nur mit Gesetzesforderungen konfrontiert, Umweltverträglichkeit scheint sich auch als Marktfaktor etabliert zu haben.[2]

Unternehmen reagieren auf dieses veränderte Geschäftsumfeld auf sehr unterschiedliche Weise. Neben defensiven Massnahmen, wie dem Rückzug aus ökologisch heiklen Geschäftsfeldern oder der Produktionsverlagerung ins Ausland, spielt die Produktentwicklung als präventiver Ansatz eine wachsende Rolle.[3] Hier kann bereits in der Planungsphase Einfluss genommen werden, indem Umweltanliegen der verschiedenen Anspruchsgruppen einbezogen und gezielter ökologisch verträgliche Produktvarianten verfolgt werden.

Es erstaunt deshalb nicht, dass immer mehr Unternehmen bestrebt sind, bei der Entwicklung neuer Produkte bereits in den frühen Planungsphasen ökologische Kriterien zu berücksichtigen.[4] Mit dieser systematischen Integration von Umweltfragen erhält der an sich schon komplexe Prozess der Produktentwicklung eine zusätzliche Herausforderung. Unternehmen müssen sicherstellen, dass auf operativer Ebene geeignete Voraussetzungen und Rahmenbedingungen bestehen, damit Entwicklungsteams und andere Beteiligte diese neue Aufgabe optimal bewältigen können. Neben der Ergänzung und Anpassung der formalen Ablaufprozesse und Organisations-

---

[1] Vgl. bspw. Frankl und Rubik (1998, S. 39); McAloone (1998, S. 109ff.).

[2] Vgl. Kirchgeorg (1995, S. 65f.).

[3] Vgl. Züst und Wagner (1992); Alting und Legarth (1995).

[4] Empirische Studien zeigen, dass Massnahmen im F+E-Bereich im Vergleich zu anderen Massnahmen des Umweltmanagements (z.B. in der Produktion) zwar noch gering sind, die Tendenz aber steigend ist (Dyllick (1996, S. 11); Baumast und Dyllick (1998, S. 34/39); Boutellier und Lee (1998, S. 55)), wobei die Ergebnisse je nach Branche und Unternehmensgrösse stark variieren (Baumast und Dyllick (1998, S. 35); VDI-Technologiezentrum (1999, S. 124/136)).

strukturen braucht es im Unternehmen auch neuartige Kompetenzen.[5] Damit sind die Kenntnisse und Fähigkeiten des Entwicklungsteams und anderer involvierter Mitarbeiter gemeint, die sie befähigen, ökologische Probleme der Produktentwicklung produktiv anzugehen.[6] Diese Kompetenzen können vereinfacht als Umweltkompetenzen bezeichnet werden.

Die erforderlichen Umweltkompetenzen umfassen ein sehr breites Spektrum. Sie reichen von Kenntnissen zur Erfüllung der unmittelbaren gesetzlichen Forderungen bis hin zum Know-how für eine weiterreichende ökologische Optimierung der Produkte. In einem sehr dynamischen Umfeld, in dem sich laufend neue Umweltauflagen oder neue Wettbewerbssituationen ergeben können, ist eine ausschliessliche Beschränkung auf die Kompetenz zur „legal compliance" eine zu kurzsichtige Strategie. In der Literatur wird deshalb eine proaktive Ausrichtung gefordert.[7] Für die Produktentwicklung bedeutet dies: vorausschauend handeln, indem man sich nicht nur an gegenwärtigen, sondern auch an zukünftigen Umweltansprüchen orientiert oder eigenverantwortlich die spezifischen ökologischen Problemfelder der Produkte erfasst und zu optimieren versucht.[8] Sowohl das Erkennen latenter Umweltforderungen wie auch die Analyse der bedeutenden Umweltaspekte der eigenen Produkte sind Aufgaben von beträchtlicher Komplexität. Dieser Umstand verdeutlicht, dass eine proaktive Ausrichtung der Produktentwicklung spezielle „proaktive Umweltkompetenzen" erfordert, die über die blosse Kenntnis der unmittelbaren gesetzlichen Auflagen hinausgehen.

Unter der Bezeichnung der umweltorientierten Produktentwicklung[9] hat sich im Verlauf der letzten zwei Jahrzehnte ein eigenes Forschungsfeld herausgebildet, das die Erarbeitung von Grundlagen und methodisch geeigneten Instrumentarien umweltgerechter Produktgestaltung zum Gegenstand hat.[10]

---

5   Vgl. Seidl (1993, S. 268ff.); Bennauer (1994, S. 155ff.); Crul (1994) zusammengefasst in van Hemel (1998, S. 75f.) Ritzén, Bäckmar et al. (1997); Schott (1998, S. 65).

6   In Anlehnung an North (1998, S. 42); Probst, Raub et al. (1999, S. 46) zur Definition von Wissen und Kompetenz.

7   Vgl. bspw. Hummel (1997, S. 25); Hungerbühler, Ranke et al. (1998, S. 50); Meffert und Kirchgeorg (1998, S. 22); Züst (1998b).

8   In Anlehung an Meffert und Kirchgeorg (1998, S. 199).

9   Die Forschungsthematik wird auch mit den Begriffen umweltgerechte resp. ökologische Produktgestaltung, Design for Environment, Life Cycle Design oder Green Design bezeichnet.

10 Vgl. Keoleian und Menerey (1994) sowie van Hemel (1998, S. 14), die diesen Trend darstellt anhand der veränderten Schwerpunkte in Konferenzen wie die ICED (International Conference of Engineering Design), die Electronics and the Environment oder EcoDesign des IEEE (Institut of Electrical and Electronical Engineers) oder das Seminar on Life Cycle Engineering der CIRP (International Institution of Production Engineering Research) und neuen

In der Folge ist eine Fülle von Konzepten und Methoden entstanden, die sich teils mit allgemeinen Grundlagen und Prinzipien der umweltorientierten Produktentwicklung, teils mit sehr spezialisierten Aspekten, wie der recycling-gerechten Produktgestaltung, befassen. Die theoretischen Grundlagen – so scheint es – sind weitgehend vorhanden, um ökologische Fragestellungen in der Praxis der Produktentwicklung auch proaktiv anzugehen.

Empirische Studien zeigen jedoch, dass Unternehmen Schwierigkeiten haben, diese spezifischen Erkenntnisse in konkreten Entwicklungsprojekten auch tatsächlich produktiv nutzen zu können.[11] Aus den Untersuchungen sind übereinstimmend zwei Problemfelder zu erkennen:

Einerseits handelt es sich um eindeutige Kompetenzdefizite. Unternehmen verfügen oft über nur bruchstückhafte und ungenügende spezifische Kenntnisse, wenn es um ökologische Fragen und Problemfelder ihrer Produkte geht.[12] Vieles weist daraufhin, dass es insbesondere an proaktiven Umweltkompetenzen mangelt.

Anderseits zeigen die Untersuchungen gleichzeitig, dass intern durchaus vielfältige Umweltkompetenzen vorhanden sein können. Unternehmen verfügen beispielsweise über umweltbezogene Methoden und Instrumente, um Produkte ökologisch zu beurteilen.[13] Die vorhandenen Kompetenzen können aber offenbar aus unterschiedlichen Gründen nur unzureichend für die Nutzung in Entwickungsprojekten mobilisiert werden. Eines der Schlüsselprobleme ist demnach der ineffiziente Umgang mit den im Unternehmen vorhandenen Kompetenzen. In der neueren Literatur finden sich unter dem Begriff „Wissensmanagement" Konzepte, wie Unternehmen einen gezielteren und systematischeren Umgang mit ihrem Wissen erreichen.[14] Bei der geschilderten Problematik kann deshalb von Defiziten im Wissensmanagement gesprochen werden.

Die einschlägigen Studien weisen bei dieser zweiten Problematik der umweltorientierten Produktentwicklung vor allem auf eine mögliche Ursache hin:

---

wissenschaftlichen Journals (z.B. Journal of Sustainable Product Design, Journal of Industrial Ecology) .

[11] Vgl. Centre for Sustainable Design (1996); Lenox und Ehrenfeld (1997a); Ritzén, Bäckmar et al. (1997); Frei und Waser (1998); McAloone (1998); Keller, Wegmüller et al. (1999); Ritzén und Norell (1999); Stoyell, Norman et al. (1999).

[12] Hinweise geben Seidl (1993, S. 269ff.); Lenox und Ehrenfeld (1997a, S. 191); Ritzén, Bäckmar et al. (1997, S. 159f.); Baumast und Dyllick (1998, 24).

[13] Beispiele finden sich bei Fussler und James (1996); Hoffman III und Locascio (1997); Caduff, Frei et al. (1998).

[14] Eine Übersicht über Forschungsbeiträge zum Wissensmanagement findet sich bspw. bei von Krogh, Venzin et al. (1998).

Umweltkompetenzen sind meist in spezialisierten Umweltfachstellen konzentriert. Diese Fachstellen oder Bereiche wurden bei der Einführung von
Umweltmanagementsystemen eingerichtet und ihre Aufgaben beschränkten
sich anfangs meist auf Fragen des betrieblichen, standortbezogenen Umweltschutzes. Obwohl sich Umweltfachstellen von Unternehmen vermehrt
auch mit Produkten auseinandersetzen und Methoden und Instrumente für
die Produktentwicklung aufbauen, sind sie in der Regel noch nicht in geeigneter Weise in den Entwicklungsprozess einbezogen[15] und tendenziell als
„Gesetzeshüter" oder „Innovationsbremser" stigmatisiert.

Die Auseinandersetzung mit operativen Fragen der umweltorientierten Produktentwicklung beschränkt sich bis anhin vor allem auf die Suche nach
geeigneteren Methoden und Instrumenten oder die formale Einbettung der
Thematik in den Entwicklungsprozess und in Organisationsstrukturen.[16] Die
Kompetenz der beteiligten Personen, welche den wesentlichen Faktor in der
schöpferischen Leistung von Entwicklungsteams darstellt,[17] ist jedoch kaum
thematisiert oder man beschränkt sich auf die allgemeine Feststellung, dass
das Umweltbewusstsein der Mitarbeiter gefördert werden muss. Wenn die
Produktentwicklung vermehrt proaktiv ökologische Verbesserungen der
Produkte ermöglichen soll, braucht es eine differenziertere Vorstellung der
erforderlichen Kompetenzen. Als Konsequenz der mangelnden
Auseinandersetzung mit den Umweltkompetenzen gibt es auch kaum Beiträge, die untersuchen, wie das vorhandene Wissen im Rahmen von Entwicklungsprojekten systematischer genutzt werden kann. In Anbetracht der
Tatsache, dass Wissen erst seit wenigen Jahren im Rahmen der betriebswirtschaftlichen Forschung explizit thematisiert wird, ist es wenig erstaulich,
dass die geschilderte Problematik erst punktuell aufgegriffen wird.

1.1 Forschungsfragen und Erkenntnisziele

Eine proaktive Produktentwicklung ist zentrales Element eines zukunftsweisenden Umweltmanagements. Die vorliegende Arbeit leistet einen Beitrag
zur Untersuchung der operativen Voraussetzungen dieser proaktiven Produktentwicklung. Der Schwerpunkt wird auf die folgenden drei forschungs-
leitenden Fragen gelegt:

---

[15]   Vgl. Antes, Tiebler et al. (1991, S. 385); Ritzén, Bäckmar et al. (1997); Frankl und Rubik
       (1998, S. 41f.); McAloone (1998); Kottmann, Hoffmann et al. (1999).
[16]   Vgl. Lenox und Ehrenfeld (1997a, S. 195); McAloone (1998, S. 30).
[17]   Vgl. Lullies, Bollinger et al. (1993, S. 13); Bennauer (1994, S. 155).

1. Was ist unter einer proaktiven Ausrichtung der Produktentwicklung zu verstehen und wie lässt sich deren Notwendigkeit theoretisch und praktisch begründen?

   (Thematik der proaktiven Ausrichtung der Produktentwicklung)

2. Welche Umweltkompetenzen im Sinne von Kenntnissen und Fähigkeiten sind im Kontext der Produktentwicklung auszubilden, wenn Unternehmen eine proaktive Ausrichtung der Entwicklungstätigkeit anstreben?

   (Thematik der proaktiven Umweltkompetenzen)

3. Mit welchen operativen Massnahmen und Strukturen wird sichergestellt, dass im Unternehmen vorhandene Umweltkompetenzen im Rahmen von konkreten Entwicklungsprojekten auch tatsächlich produktiv genutzt werden können, d.h. welchen Beitrag leisten Massnahmen des Wissensmanagements zu einem effizienten Umgang mit den vorhandenen Umweltkompetenzen?

(Thematik des Wissensmanagements)

Die vorliegende Arbeit trägt in zweifacher Weise zur Untersuchung der drei genannten Problemstellungen bei:

Auf der *theoretischen Ebene* werden auf der Basis der einschlägigen Literatur Konzepte und Bausteine erarbeitet, die eine differenzierte Betrachtung der genannten Problemkomplexe der proaktiven Ausrichtung der Produktentwicklung, der proaktiven Umweltkompetenzen und des diesbezüglichen Wissensmanagements ermöglichen.

Auf der *empirischen Ebene* wird die Thematik im Rahmen einer ausführlichen Fallstudie exemplarisch untersucht. Es gibt zur Zeit erst eine vergleichsweise geringe Zahl von Beiträgen, die praktische Probleme der umweltorientierten Produktentwicklung vertiefter untersuchten.[18] Im Zentrum dieser Untersuchung steht ein konkretes Entwicklungsprojekt, wobei der

---

[18] Vgl. Seidl (1993); Lenox und Ehrenfeld (1997a); Lenox und Ehrenfeld (1997b); Ritzén, Bäckmar et al. (1997); McAloone (1998); Hoffmann (1999); Keller, Wegmüller et al. (1999); Ritzén und Norell (1999); Lee (2000). Viele Beiträge basieren auf Umfragen, die dem spezifische Kontext der einzelnen Unternehmen nur ansatzweise Rechnung tragen (Ostmeier (1990); Crul (1994); Green, McMeekin et al. (1994); Centre for Sustainable Design (1996); Lenox, Jordan et al. (1996); Frankl und Rubik (1998); Frei und Waser (1998); van Hemel (1998); Keller, Wegmüller et al. (1999); Stoyell, Norman et al. (1999); Lee (2000)). Einige Studien gehen zudem einseitig von Befragungen von Umweltfachpersonen oder Umweltmanagern aus (Frankl und Rubik (1998); Frei und Waser (1998)). Die Ergebnisse vermitteln damit ein unvollständiges Bild. Aus den Untersuchungen zeigt sich beispielsweise, dass Umweltfachpersonen und Entwickler den Nutzen von neuen Methoden sehr unterschiedlich einschätzen (Lenox, Jordan et al. (1996, S. 29); McAloone (1998, S. 88/116); Keller, Wegmüller et al. (1999, S. 38/41); Stoyell, Norman et al. (1999, S. 459ff.)). Eine Übersicht über die erwähnten empirischen Studien findet sich in Anhang 1.

Schwerpunkt der Betrachtung auf das Vorgehen des Entwicklungsteams in den frühen Projektphasen gelegt wird.

Für die Fallstudie wurde die Hilti AG gewählt, ein Unternehmen, das Produkte für den Bausektor herstellt und seit rund sieben Jahren über ein gut funktionierendes und qualifiziertes Umweltmanagementsystem verfügt. Das Unternehmen hat als allgemeine Zielsetzung, bei der Produktentwicklung ökologische Fragen systematisch zu berücksichtigen. Auf operativer Ebene gibt es erste Erfahrungen, sie stehen aber nach eigener Einschätzung des Unternehmens noch in den Anfängen. Für die Untersuchung wurde ein typisches Entwicklungsprojekt des Unternehmens gewählt, in dem Fragen der Umweltverträglichkeit nicht als Kernziel, sondern flankierend einbezogen wurden. Über das spezifische Projekt hinaus werden sämtliche Unternehmensbereiche einbezogen, die über relevante Umweltkompetenzen verfügen oder Einfluss auf deren Nutzung in der Produktentwicklung haben.

Mit der Fallstudie soll in erster Linie erreicht werden, die Forschungsfragen im praktischen Kontext zu untersuchen. Gerade im Zusammenhang der Produktentwicklung erscheint es ausserordentlich wichtig, die tatsächliche Arbeitsweise von Entwicklungsteams und ihre Rahmenbedingungen explizit in die Untersuchung einzubeziehen. Im weiteren soll die Fallstudie auch ermöglichen, Vorgehensweisen und Massnahmen, die sich in der Praxis als erfolgreich erweisen, aufzuzeigen.

1.2 Forschungsdesign und Aufbau

Die Arbeit orientiert sich am Forschungsverständnis der angewandten Wissenschaften.[19] Der Anstoss zur angewandten Wissenschaft bildet ein Problem der Unternehmenspraxis, wie es einleitend dargestellt wurde.

Das Praxisproblem wird in einer ersten Phase in den Kontext bestehender wissenschaftlicher Denkrichtungen und Disziplinen gestellt. Es werden also Grundlagen und Konzepte gesucht, die helfen, die praktische Problemstellung geeignet zu strukturieren und zu kategorisieren und allenfalls Anforderungen an die Problemlösung zu formulieren.

In einer nächsten Phase geht es darum, mit „theoretisch-konzeptionell geschärftem Blick" die konkrete Situation in der Praxis zu erforschen. In dieser Arbeit wird die Problemstellung anhand einer Fallstudie exemplarisch untersucht.

Die dritte Phase hat schliesslich zum Ziel, aus den theoretischen und empirischen Ergebnissen zusammenfassende Erkenntnisse sowie Empfehlungen

---

[19]   Vgl. Kubicek (1977); Ulrich (1981).

für die Praxis abzuleiten. Eine zusätzliche Phase der angewandten Forschung umfasst überdies die praktische Prüfung der vorgeschlagenen Konzepte und Massnahmen. Dies erfordert wiederum empirische Untersuchungen. Voraussetzung dazu ist selbstverständlich, dass die Ansätze in der Unternehmenspraxis eingesetzt werden und hierzu auch schon eine gewisse Erfahrung besteht. Dies ist in der vorliegenden Thematik nicht der Fall. Inwiefern die Erkenntnisse plausibel sind und praktische Relevanz haben, wird stellvertretend anhand von Beiträgen aus der Literatur und eigenen Überlegungen diskutiert. Da die Erkenntnisse teilweise aus einer einzigen Fallstudie abgeleitet sind, können sie jedoch nicht den Anspruch auf Allgemeingültigkeit erheben.

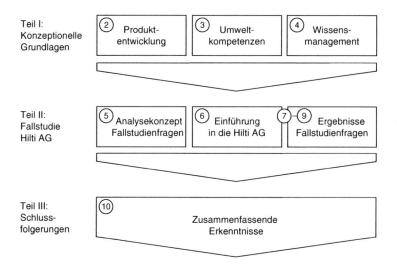

Abb. 1:   Aufbau der Arbeit (mit Kapitelnummerierung)

Der Aufbau der Arbeit orientiert sich an dem geschilderten Forschungsverlauf und ist in Abb. 1 schematisch dargestellt. Im ersten Teil werden zunächst die konzeptionellen Grundlagen geschaffen. Das erste Kapitel widmet sich dem Untersuchungssystem der Arbeit, der *Produktentwicklung*. Dabei werden in erster Linie Begriffe und Konzepte für ein Verständnis der proaktiven Ausrichtung der Produktentwicklung erarbeitet.

Das zweite Kapitel des theoretischen Teils befasst sich mit der Thematik der *Umweltkompetenz*. Aufbauend auf einer allgemeinen Definition von Kompetenz werden Grundlagen entwickelt, was im Zusammenhang mit der Produktentwicklung unter Umweltkompetenzen und insbesondere unter proaktiven Umweltkompetenzen zu verstehen ist.

Das letzte Kapitel widmet sich Fragen zum betrieblichen Umgang mit Wissen. Es werden Bausteine zum *Wissensmanagement* eingeführt, um dieses allgemeine Konzept auf die Problematik der umweltorientierten Produktentwicklung zu übertragen.

Im zweiten Teil werden die Ergebnisse der Fallstudie dargestellt. Aufbauend auf die allgemeinen Forschungsfragen werden in einem ersten Kapitel konkretere *Fragestellungen für die Fallstudie* abgeleitet und das *Analysekonzept* erläutert. Es folgt eine *Einführung in Hilti AG*, in der die relevanten Elemente und formalen Voraussetzungen des Umweltmangements und der Produktentwicklung vorgestellt werden. In den weiteren Kapiteln sind dann die *Ergebnisse zu den Fallstudienfragen* ausführlich dargestellt.

Die *Erkenntnisse*, die aus den theoretischen Überlegungen und der Fallstudie hervorgehen, werden im letzten Teil der vorliegenden Arbeit zusammengefasst und diskutiert.

Teil I: Konzeptionelle Grundlagen

2 Grundlagen zur Produktentwicklung

Das Interesse dieser Arbeit gilt der Produktentwicklung, die eine zentrale planerische Tätigkeit von Industrieunternehmen darstellt. Dabei liegt der Schwerpunkt bei Fragen der operativen Produktentwicklung – also der Durchführung konkreter Entwicklungsvorhaben. In diesem Kapitel werden zunächst einige Grundlagen des Entwicklungsprozesses vorgestellt und der Fokus der Arbeit auf die frühen Phasen der Produktentwicklung eingegrenzt. Anschliessend geht es um die Frage, wie Entwicklungsvorhaben im Hinblick auf ihre umweltbezogenen Zielsetzungen unterschieden werden können. Es wird eine einfache Typlogie vorgestellt, die eine differenziertere Einordnung des untersuchten Entwicklungsvorhabens in der Fallstudie ermöglichen sollen. Im dritten Unterkapitel wird erläutert, was im Zusammenhang mit ökologischen Zielsetzungen der Produktentwicklung unter dem Begriff „proaktiv" zu verstehen ist.

2.1 Grundlagen zum Entwicklungsprozesss

Produktentwicklung wird in der vorliegenden Arbeit nicht als organisatorische Einheit wie beispielsweise die Entwicklungsabteilung eines Unternehmens, sondern als planerische Aktivität verstanden. Sie ist multifunktionell, bezieht also neben dem Entwicklungsbereich eine Vielzahl von weiteren Funktion wie das Marketing, die Beschaffung oder die Produktion ein.

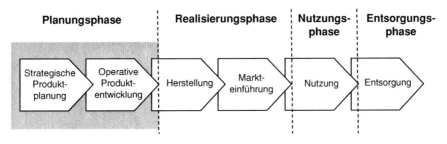

Abb. 2:   Produktentwicklung als Planungsphase im Produktlebenszyklus

Die Planung von neuen Produkten ist ein mehrstufiger Prozess, bei dem es um das Entwerfen von Marktleistungen, also das Bestimmen ihrer Eigenschaften geht, damit die Produkte hergestellt und am Markt abgesetzt werden können.[20] In Abb. 2 sind die verschiedenen Stufen der Planungsphase dargestellt und von anderen Phasen des Produktlebenszyklus wie Herstellung, Nutzung und Entsorgung abgegrenzt.

Mit der Produktentwicklung wird der gesamte Produktlebenszyklus des künftigen Produkts weitgehend festgelegt.[21] Damit werden bewusst oder unbewusst auch die künftigen Umweltbelastungen des Produkts geplant.[22] In der Produktentwicklung können Umweltbelastungen von Produkten deshalb präventiv vermieden oder gezielter gestaltet werden.

2.1.1 Strategische und operative Planungsebene

Die Planungsphase von Produkten kann vereinfacht in zwei Hauptphasen oder Hauptaktivitäten unterschieden werden (siehe Abb. 2):[23]

–   In der **strategischen Produktplanung** werden auf der Basis von technologischem Potential und Marktüberlegungen Ideen für die Produktentwicklung generiert, um anschliessend zu entscheiden, welche „business opportunities" tatsächlich weiterverfolgt und wann sie auf dem Markt eingeführt werden sollen. Hier werden grundsätzliche Entscheide darüber getroffen, wodurch sich die künftigen Produkte auszeichnen sollen, um marktfähig zu sein. Die Verwendung bestimmter Kerntechnologien kann ebenfalls schon festgelegt werden. Die strategische Produktplanung hat einen mittel- bis langfristigen Planungshorizont.

–   In der **operativen Produktentwicklung** müssen ausgehend von den strategischen Zielsetzungen die gewählten Produktideen über verschiedene Planungsphasen bis hin zu einem herstell- und vermarktbaren Produkt konkretisiert werden. Hier wird also das Produkt in seiner Funktionsweise und Gestalt, den verwendeten Technologien und Materialien definiert und in der Regel auch schon die wichtigsten Lieferanten bestimmt. Die operative Produktentwicklung hat im Gegensatz zur strategischen Planung einen kürzeren Planungshorizont.

---

20   Vgl. Ulrich (1970, S. 299).

21   Keoleian, Menerey et al. (1994, S. 12) sprichen in diesem Zusammenhang von Life cycle design: „this expanded view considers all upstream and downstream effects of design activities".

22   Vgl. Züst und Wagner (1992); Bennauer (1994, S. 118ff.).

23   Die industrielle Forschung ist ein ebenfalls ein wichtige Tätigkeit im Vorfeld von konkreten Entwicklungsprojekten. Sie wird in dieser Arbeit nicht näher betrachtet, da sie grundsätzlich anderen Gesetzmässigkeiten folgt.

Die Ausführungen zeigen, dass sich Planungsziele, Planungshorizont, Problemstellungen und Arbeitsweise der strategischen und operativen Produktentwicklung in wesentlichen Punkten unterscheiden. Die unterschiedlichen Planungsstufen erfordern deshalb unterschiedliche Kompetenzen für die Entscheidungsfindung, und in der Regel sind auch unterschiedliche Akteure und Unternehmensbereiche involviert. Die vorliegende Arbeit beschränkt sich bei der Frage nach den Kompetenzen, die für den Einbezug von ökologischen Aspekten gebraucht werden, auf die Betrachtung der **operativen Produktentwicklung**.[24]

2.1.2 Definition der frühen Entwicklungsphasen

Die operative Produktentwicklung kann idealisiert in mehrere Prozessstufen unterteilt werden. Unternehmen haben diesen Prozessablauf oft als allgemeinen Entwicklungsprozess in internen Richtlinien festgehalten, z.B. im Rahmen des Qualitatsmanagements. Die Teilprozesse werden in der Regel durch klare Meilensteine abgeschlossen, um den Projektstand in regelmässigen Abständen kritisch zu überprüfen.[25] In der Literatur und Unternehmenspraxis werden vereinfacht folgende Prozessphasen unterschieden (siehe <u>Abb. 3</u>):[26]

–   Die **Vorentwicklung** (oder Vorphase) beginnt mit einer Machbarkeitsstudie des konkreten Entwicklungsvorhabens. Es folgt die Phase der Anforderungsdefinition, in der die Anforderungen an das Produkt analysiert und im sogenannten Lastenheft zusammengefasst werden. In dieser Phase dominiert der Beitrag des Marketings. Aufgrund der Vorgaben im Lastenheft sucht das Team und insbesondere die Entwickler in der anschliessenden Phase der Konzeptentwicklung nach bestmöglichen Produktkonzepten, wodurch schrittweise die genauen Spezifikationen im Pflichtenheft festgelegt werden. Mit Abschluss der Vorphase liegt ein qualitativ funktionierendes Produkt vor.

–   In der **Kernentwicklung** (oder Hauptphase) werden auf der Basis der Vorgaben im Pflichtenheft Produkt und Komponenten im Detail entworfen. Die Phase enthält je nach Komplexität des Produkts entsprechend viele Teilschritte. Das eher qualitative Produktkonzept der Vorentwick-

---

24   Beiträge zu strategischen Produktplanung finden sich bspw. bei Bennauer (1994) sowie Hummel (1997), der ein Konzept des strategischen Öko-Controllings vorschlägt.

25   Vgl. Herstatt (1999, S. 84).

26   Vgl. Studinka (1998, S. 203ff.); Herstatt (1999). Die Reihenfolge und Bezeichnung der Phasen kann je nach Industriesektor erheblich variieren. Im Bereich der Konstruktion technischer Systeme wird im deutschsprachigen Raum beispielsweise mehrheitlich Bezug auf die VDI-Richtlinie 2221 genommen (VDI 2221 1993).

lung wird hier weitgehend quantitativ definiert und bis zur Fertigungsreife
weiterentwickelt. Die enge Zusammenarbeit mit dem Engineering, der
Produktion und den Lieferanten sowie das ausführliche Testen von
Prototypen charakterisieren diese Arbeitsphase.

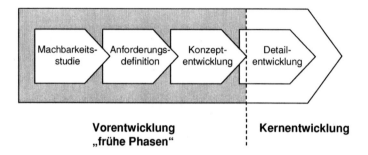

Vorentwicklung   **Kernentwicklung**
„frühe Phasen"

Abb. 3:   Frühe Phasen der operativen Produktentwicklung

Es folgen Herstellung sowie Aufgaben der Markteinführung. Dabei kann es
sich auch um die nachträgliche Behebung von Entwicklungsfehlern, um Ser-
vice- und Garantiearbeiten und die technische Kundenberatung handeln.
Diese Aktivitäten werden in der Regel nicht mehr im Rahmen der Projektorganisation des Entwicklungsvorhabens, sondern durch Linienbereiche
durchgeführt.

Die vorliegende Arbeit befasst sich ausschliesslich mit den **frühen Phasen**
des Produktentwicklungsprozesses, womit im Folgenden die Vorentwicklung
gemeint ist.[27] Mit Abschluss dieser Projektphasen ist das Produkt in der
Regel schon weitgehend definiert.[28] Gleiches kann in den meisten Fällen
auch für die umweltbezogenen Eigenschaften der Produkte angenommen
werden. Es ist deshalb von besonderer Bedeutung, in diesen frühen Phasen

---

[27]   Vgl. Bhamra, Evans et al. (1999a), die in der Untersuchung ökologischer Aspekte der Pro-
       duktentwicklung die „early stages" (oder „pre-specification stages") analog definieren.
       Herstatt (1999) schliesst in die frühen Phasen zusätzlich noch die Ideengenerierung und
       Ideenbewertung ein, die am Anfang des Prozesses stehen.

[28]   Bitzer (1991, S. 252) schätzt, dass 70–80 Prozent der gesamten Entwicklungszeit und 60
       Prozent der gesamten Kosten des Endprodukts bereits in den Konzeptionsphasen vorbe-
       stimmt werden. Andreasen und Hein (1987, S. 15ff.) betonen, dass in den frühen Phasen
       schon 70 Prozent der Design- und Fertigungsmerkmale bestimmt werden und verweisen
       darauf, dass dabei auch erhebliche Kosten der Produktnutzung und Produktentsorgung
       festgelegt werden, welche die Unternehmen jedoch oft nicht einkalkulieren.

Entscheidungen im Hinblick auf ihre ökologischen Konsequenzen zu hinterfragen und allfällige Umweltziele explizit zu verankern.[29]

Eine weitere Besonderheit der frühen Phasen ist, dass in der Regel erst wenig konkrete und insbesondere wenig quantitative Informationen über das geplante Produkt vorliegen. Entscheide basieren noch zu einem grossen Teil auf Abschätzungen und qualitativen Entscheidungsgrundlagen.[30] Auf dieser Basis müssen die wesentlichen Zielsetzungen der Entwicklung vom Team festgelegt, und es muss in kurzer Zeit ein möglichst breites Spektrum an Lösungsvarianten entwickelt werden.

2.2 Umweltbezogene Typologie von Entwicklungsvorhaben

Entwicklungsprojekte werden auf der Basis von groben Zielsetzungen gestartet. Dabei können sie sich im Hinblick auf den Stellenwert, den ökologische Faktoren einnehmen, wesentlich unterscheiden. In diesem Kapitel wird eine einfache Typologie vorgeschlagen, die eine umweltbezogene Differenzierung von Entwicklungsprojekten ermöglicht. Es wird als sinnvoll erachtet, eine derartige Unterscheidung zu treffen, da je nach Typus von Entwicklungsvorhaben ein unterschiedlicher Bedarf an umweltbezogenen Kompetenzen besteht sowie unterschiedliche Bedingungen und Ressourcen vorliegen können, solches Wissen zu integrieren. Die Typologie trägt dazu bei, diese Fragen differenzierter anzugehen und das in der Fallstudie untersuchte Entwicklungsprojekt einzuordnen.

2.2.1 Typen von umweltorientierten Unternehmensstrategien

Unternehmen messen Fragen des Umweltschutzes auf normativer und strategischer Ebene unterschiedliche Bedeutung bei. Diese übergeordnete Ausrichtung beeinflusst auch die strategische Planung der Produkte. Sie hat

---

[29] Vgl. Wenzel, Hauschild et al. (1997, S. 35); Caduff (1998, S. 61ff.); Luttropp und Züst (1998, S. 49); McAloone (1998, S. 81ff.); Züst (1998b, S. 174); Bhamra, Evans et al. (1999a); Bhamra, Evans et al. (1999b). Frei (1999, S. 55) betont mit dem Konzept zu einer öko-effektiven Produktentwicklung die Integration von Umweltfragen in den frühen Zielsetzungsprozess.

[30] Vgl. Daenzer (1976, S. 57f.); Hofmann III (1995); Caduff (1998, S. 61); Luttropp und Züst (1998, S. 49); Bhamra, Evans et al. (1999a).

somit Einfluss darauf, wie stark das Kriterium der Umweltverträglichkeit bei neuen Entwicklungsvorhaben gewichtet wird.

In der Literatur finden sich zahlreiche Ansätze, die das Spektrum von umweltbezogenen Strategien von Unternehmen aufzeigen. In diesem Zusammenhang sind die Ergebnisse einer umfangreichen empirischen Untersuchung besonders interessant.[31] Es handelt sich um eine deutsche Studie, die erstmals 1988 durchgeführt wurde und die Befragung von 197 Unternehmen aus unterschiedlichen Branchen umfasste. Eine zweite Erhebung fand 1994 bei 230 Unternehmen statt. Als Ergebnis werden vier Typen von umweltorientierten Unternehmensstrategien unterschieden. Sie zeigen vereinfacht auf, wie sich Unternehmen im Hinblick auf ökologische Herausforderungen grundsätzlich verhalten.

Die Strategietypen werden im Folgenden kurz zusammengefasst. Sie stammen aus der Studie von 1994.

– **Passive** Unternehmen zeichen sich dadurch aus, dass sie sich kaum mit ökologischen Problemen auseinandersetzen, eine Abwartestrategie verfolgen und sich nur gering mit der Anpassung an Umweltauflagen oder gar vorbeugenden Massnahmen befassen.

– **Ökologieorientierte Folger** sehen Umweltschutz als eine marktbezogene Aufgabe, versuchen deshalb bis zu einem gewissem Ausmass den Markt mit ökologischen Leistungen zu erschliessen und sich durch sofortige Anpassung an neue Umweltanforderungen Handlungsspielräume zu erhalten.

– **Ökologieorientierte Selektive** zeichnen sich durch einen „Strategiemix" aus. Sie verfolgen sowohl defensive (Rückzug, Widerstand, Abwarten) wie auch offensive Strategien (präventive Umweltschutzmassnahmen). Sie agieren also je nach Marktsituation oder Anspruchslage unterschiedlich, d.h. selektiv.

– **Ökologieorientierte Innovatoren** versuchen aus eigenem Antrieb neuartige Lösungen für ökologische Probleme von Produkten zu entwickeln. Sie setzen Akzente beim präventiven Umweltschutz und versuchen sich mit ökologischen Mehrleistungen am Markt zu differenzieren.

Im Hinblick auf die Bedeutung einer ökologisch orientierten Produktentwicklung können diese Strategietypen folgendermassen interpretiert werden: Während **Passive** kaum bestrebt sind, im Rahmen der Produktentwicklung ökologische Optimierungen ihrer Produkte zu verfolgen, steht die Entwicklung umweltverträglicher Produkte bei **Öko-Innovatoren** im Zentrum.

Die ökologieorientierten Folger und Selektiven stehen zwischen diesen beiden Extrempositionen: Sie verfolgen eine Strategie der kleinen Schritte, bei der ein gewisser Anteil von Unternehmen sukzessive versucht, ökologische

---

31   Vgl. Kirchgeorg (1995).

Fragen in der Produktentwicklung schrittweise zu integrieren und gezielter zu verfolgen. Diese Unternehmen werden in der vorliegenden Arbeit zusammenfassend als **Öko-Integratoren** bezeichnet. Als Beispiele können Unternehmen wie der Georg-Fischer-Konzern genannt werden, der im Umweltleitbild allgemeine Zielsetzungen zur Produktentwicklung festhält: „Es ist unser Ziel, Produkte und Dienstleistungen so zu entwickeln und zu produzieren, dass die Belastungen der Umwelt möglichst gering sind."[32] Solche Unternehmen verfügen zwar auf normativer Ebene über die genannten Absichtsbekundungen. Auf strategischer Ebene sind ökologische Aspekte aber in der Regel nicht in Zielen verankert, die für die Produktentwicklung leitend wären.[33] Damit unterscheiden sie sich wesentlich von den Öko-Innovatoren, die über klare umweltbezogene Produktstrategien verfügen. Die Coop Gruppe Schweiz verfolgt beispielsweise die strategische Zielsetzung, bis zum Jahr 2008 den Umsatz an ökologischen Produkten auf 1 Milliarde Schweizerfranken zu steigern, was verglichen mit dem Jahr 1998 einer Verdoppelung gleichkommen würde.[34]

2.2.2 Typen von Entwicklungsvorhaben

Ausgehend von diesen Überlegungen zu Kategorien von Umweltstrategien können auf der Ebene konkreter Entwicklungsvorhaben analoge Typen gebildet werden. Sie unterscheiden, wie stark ökologische Zielsetzungen in einem konkreten Entwicklungsvorhaben gewichtet werden.[35]

– **Ökologische Innovation**:[36] Die Umweltverträglichkeit hat dominierende Bedeutung für die Profilierung der Produkte. Sie ist dominierendes Ziel des Projekts, und es wird versucht, eigenständig neuartige Lösungen zu ökologischen Problemen zu entwickeln – dies oft schon im Vorfeld konkreter Anforderungen wie beispielsweise gesetzlicher Umweltauflagen. Im Zentrum der Produktentwicklung steht die Optimierung der Umweltverträglichkeit bei gleichzeitiger Erhaltung oder gar Verbesserung sonstiger Qualitätsmerkmale.

---

[32] Aus dem Leitbild des Georg-Fischer-Konzerns (1998).

[33] Vgl. Dyllick und Hummel (1995); Baumast und Dyllick (1998, S. 47).

[34] Vgl. o.V. (1999).

[35] Vgl. auch Meffert und Kirchgeorg (1998, S. 277).

[36] Ostmeier (1990); Seidl (1993); Bennauer (1994) schlagen unterschiedliche Definitionen der ökologischen Produktinnovation vor, die teilweise weiter gefasst sind. D.h. sie enthalten keine weitere Differenzierung, wie sie hier zwischen ökologischer Innovation und Integration vorgenommen wird.

–   **Ökologische Integration:**[37] Umweltaspekte von Produkten sind nicht
    von vorrangiger Bedeutung bei der Profilierung und Vermarktung der
    Produkte, sondern werden eher als Zusatznutzen gesehen. Entspre-
    chend ist die ökologische Optimierung eher flankierendes Ziel in Ent-
    wicklungsprojekten. Im Zentrum der Produktentwicklung steht die Opti-
    mierung der herkömmlichen Qualitätsmerkmale wie die Produktfunktion
    bei gleichzeitiger Erhaltung oder gar Verbesserung der Umweltverträg-
    lichkeit.

–   **Ökologische Ignoration:** Bei diesem Typus von Entwicklungsvorhaben
    liegen im Unternehmen weder allgemeine noch projektspezifische Ziel-
    setzungen vor, die den Umgang mit ökologischen Aspekten in der Pro-
    duktentwicklung betreffen. Umweltaspekte werden nur berücksichtigt,
    wenn konkrete gesetzliche Auflagen vorhanden sind. Es wird keine
    ökologische Verbesserung der Produkte angestrebt.

Die beiden Typologien – also die Ebene der strategischen Grundhaltungen
zu Umweltfragen und die Ebene der Ausrichtung von konkreten Entwicklungsvorhaben – sind sicherlich nicht streng gekoppelt. Der Zusammenhang
ist eher so zu verstehen, dass bei einem bestimmten Strategietyp tendenziell die entsprechende Art von Entwicklungsvorhaben vorherrscht (siehe Abb.
4).

Umweltstrategie-Typen: Typen von Entwicklungsvorhaben:	Passive	Öko-Integratoren	Öko-Innovatoren
ökologische Innovation			
ökologische Integration			
ökologische Ignoration			

Abb. 4:   **Zusammenhang zwischen Umweltstrategien von Unternehmen und
der ökologischen Ausrichtung von Entwicklungsvorhaben**

Insbesondere bei der Unternehmenskategorie der Öko-Innovatoren zeigen
Beispiele, dass ökologische Produktinnovationen nur ein kleiner Teil ihres
Produktangebots ausmachen, sie also auch andere Typen von Entwick-

---

[37]   Hungerbühler, Ranke et al. (1998, S. 48) fordern unter dem Begriff der integrierten Produkt-
       entwicklung, dass Sicherheit und Umweltschutz neben den üblichen Kriterien von Qualität
       und Ökonomie von Anfang an zentrale Entwicklungsleitgrössen sind. Dieses Konzept
       verlangt demnach um eine stärkere Einbindung von Umwelt- und Sicherheitsaspekten als
       gleichwertige, nicht nur flankierende Zielsetzungen.

lungsvorhaben aufweisen.[38] Entsprechend ist der Prozentsatz an Öko-Innovationsprojekten vermutlich sehr gering, während Entwicklungsvorhaben vom Typus der ökologischen Integration und Ignoration wesentlich häufiger sind.

Für die vorliegende Arbeit ist die vorgestelle Typologie von Entwicklungsvorhaben deshalb interessant, weil davon ausgegangen werden kann, dass sich die Anforderungen an die operative Durchführung der Produktentwicklung und insbesondere die erforderlichen Umweltkompetenzen je nach Strategietyp und Art des Entwicklungsvorhabens stark unterscheiden. Im Unterschied zur ökologischen Ignoration besteht in den beiden weiteren Typen von Entwicklungsvorhaben eine explizite Intention, ökologische Aspekte in das Projekt einzubeziehen. Dennoch ist es denkbar, dass Entwicklungsprojekte vom Typus der ökologischen Ignoration zu umweltverträglicheren Produkten führen, wenn ein ökologisch besseres Material beispielsweise zugleich die kostengünstigere Variante ist. Diese Verbesserung wird aber nicht bewusst und intentional herbeigeführt, sondern ist eher willkürlich und zufällig.[39] Derartige Verbesserungen erfordern entsprechend keine spezielle Kompetenz zu ökologischen Fragen. Die Entwicklungsvorhaben vom Typus der ökologischen Ignoration sind deshalb im Zusammenhang mit der Zielsetzung dieser Arbeit nicht von Interesse.

2.3 Proaktive Ausrichtung der Produktentwicklung

Die vorgestellten Unternehmens- oder Strategietypen der Öko-Innovatoren und Öko-Integratoren zeichnen sich dadurch aus, dass diese Unternehmen grundsätzlich bestrebt sind, ihre Produkte soweit als möglich ökologisch zu verbessern. Studien zeigen, dass sie sich hierbei nicht nur an bestehenden Umweltauflagen und Kundenforderungen orientieren, sondern auch künftige Ansprüche vorwegzunehmen versuchen.[40] Sie zeigen damit Ansätze zu einen proaktiven Verhalten, dem in der Literatur im Zusammenhang mit einem zukunftsorientierten Umweltmanagement eine hohe Bedeutung beigemessen wird.[41] Da proaktives Verhalten auch oder gerade im Zusam-

---

38   Dies zeigt sich beispielsweise bei ökologisch innovativen Unternehmen wie der Rohner Textil AG oder der Remei AG (Naturaline für Coop Schweiz). Vgl. hierzu Edelmann und Ries (1997); Ries (1998a); Ries (1998b).

39   Lenox, Jordan et al. (1996, S. 25) betonen den Aspekt der Intentionalität in ihrer Definition von „Design for Environment„. Sie verstehen darunter „the systematic process by which firms design products and processes in an environmentally conscious way. DFE differs from traditional design activities in that environmental issues are *consciously* addressed.“

40   Vgl. bspw. Green, McMeekin et al. (1994) zit. aus van Hemel (1998, S. 69ff.).

41   Vgl. Hummel (1997, S. 26); Meffert und Kirchgeorg (1998, S. 22).

menhang mit der Produktentwicklung eine zentrale Rolle spielen kann, wird diese Thematik in den folgenden Abschnitten genauer untersucht.

2.3.1 Reaktive und proaktive Ausrichtung der Produktentwicklung

Der Begriff des proaktiven Unternehmensverhaltens stammt aus dem Bereich der strategischen Unternehmenplanung. In der Literatur wird das Konzept auf Fragen des Umweltmanagements übertragen, um das Verhalten von Unternehmen in Bezug auf ökologische Herausforderungen zu beschreiben. Proaktives Verhalten wird dabei im Gegensatz zu reaktivem Verhalten gesehen und folgendermassen umschrieben:[42]

> Eine **reaktive Ausrichtung** zeigt sich darin, dass Unternehmen bei ökologischen Problemstellungen erst aufgrund von externen Sachzwängen handeln. Sie reagieren erst, wenn konkrete Umweltansprüche an sie herantreten.
>
> Eine **proaktive Ausrichtung** zeigt sich darin, dass Unternehmen versuchen, Umweltansprüche schon bei ihrer Entstehung zu antizipieren sowie die ökologischen Folgen ihrer Tätigkeiten und Produkte eigenständig zu erfassen. Damit sind sie in der Lage, frühzeitig Lösungen zu entwicklen, bevor Umweltprobleme Gegenstand von öffentlichen Diskussionen oder konkreten Umweltauflagen werden.

Proaktiv bezeichnet also ein vorwegnehmendes oder antizipatives Verhalten. Unternehmen befassen sich nicht nur mit der Gegenwart, den aktuellen Gesetzen und Kundenforderungen, sondern auch mit latenten, potentiellen Umweltproblemen und -ansprüchen. In der strategischen Unternehmensplanung wird in diesem Zusammenhang auch von sogenannten schwachen Signalen gesprochen, die in Entscheidungen der längerfristigen Planung berücksichtigt werden sollten.[43] Beispiele von schwachen Signalen sind, wenn sich neue wissenschaftliche Erkenntnisse zur ökologischen Auswirkung von Stoffen abzeichnen oder wenn Umweltinstitute oder Verbraucherorganisationen ökologische Probleme von Produkten publik machen. Proaktives Verhalten zeichnet sich auch durch einen gewissen Grad an Eigenverantwortlichkeit der Unternehmen für die ökologischen Konsequenzen

---

42 In Anlehnung an Meffert und Kirchgeorg (1998, S. 22 resp. 199f.). Eine vergleichbare Definition findet sich bei Fülgraff (1993). Führ (1994, S. 446) definiert proaktives Verhalten leicht abweichend so: „Unter proaktivem Verhalten eines Unternehmens sind Massnahmen und Programme zu verstehen, die zu einer Verringerung der Umweltbelastung beitragen, ohne dass dieses Verhalten gesetzlich vorgeschrieben ist."

43 Vgl. Ansoff (1976, S. 133ff.).

ihrer Aktivitäten und Produkte aus.[44] Proaktive Unternehmen setzen sich deshalb in der Regel eigenständige und anspruchsvollere Zielsetzungen. Sie handeln nicht erst unter äusserem Zwang, sondern in grösserem Mass freiwillig.

Die Begriffe reaktiv und proaktiv können nicht nur auf das Verhalten von Unternehmen, sondern auch auf die Tätigkeit des Gesetzgebers bezogen werden.[45] Reaktive oder problem-induzierte Gesetzgebung entsteht entsprechend erst im Hinblick auf gesellschaftlich relevante Ereignisse wie beispielsweise grosse Chemieunfälle. Proaktive Umweltgesetzgebung versucht demgegenüber, auf der Basis von wissenschaftlichen Erkenntnissen und gesellschaftlichem Konsens langfristige Schutzziele zu definieren und marktliche Mechanismen zu nutzen (z.B. durch Lenkungsabgaben, Emissions-Zertifikate oder durch die EU-Verordnung zu Umweltzeichen für Produkte). Diese Tendenz hat für die vorliegende Arbeit insofern Bedeutung, als dass sie die Rahmenbedingungen von Unternehmen und im speziellen der Produktentwicklung beeinflussen und eine proaktive Ausrichtung des Unternehmensverhaltens umso mehr zu einer Notwendigkeit machen. Diese Thematik wird im letzten Abschnitt dieses Kapitels noch einmal aufgegriffen.

2.3.2 Konkrete und potentielle Umweltansprüche

Für ein differenziertes Verständnis des proaktiven Unternehmensverhaltens muss geklärt werden, was man sich unter dem Entstehungsprozess von Umweltanliegen und unter schwachen Signalen konkreter vorstellen muss. Ausgangspunkt bildet die Tatsache, dass konkrete Ansprüche wie gesetzliche Umweltauflagen über eine lange Zeitspanne entstehen. In der Literatur wird hier von einem Lebenszyklus gesellschaftlicher Anliegen gesprochen, der unterschiedliche Phasen aufweisen kann:[46] von der Latenzphase oder Problemerkennung über die Emergenz- und Aufschwungphase bis zur Reifephase, in der Problemlösungen wie staatliche oder marktliche Massnahmen vorliegen. Die Phasen sind vereinfacht in Abb. 5 angedeutet.

---

44 Vgl. Hummel (1997, S. 26); Hungerbühler, Ranke et al. (1998, S. 50).

45 Vgl. Hungerbühler, Ranke et al. (1998, S. 27ff. und S. 50). Hummel (1997, S. 16) verweist ebenfalls auf den Trend, dass sich Gesetze vermehrt marktlicher Mechanismen bedienen.

46 Vgl. Dyllick (1989, S. 241ff.) zusammengefasst in Meffert und Kirchgeorg (1998, S. 97ff.). Dyllick, Belz et al. (1997, S. 5ff.) sprechen in ähnlichem Zusammenhang auch vom „ökologischen Transformationsprozess". Demzufolge werden ökologische Probleme erst dann für ein Unternehmen relevant, wenn sie durch die unterschiedlichen Akteure der Wirtschaft, Politik und Gesellschaft aufgegriffen und in Forderungen an Unternehmen umgewandelt werden.

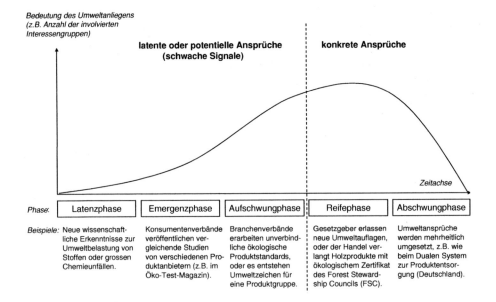

Abb. 5:   Lebenszyklus-Modell von Umweltansprüchen zur Unterscheidung von potentiellen und konkreten Ansprüchen (in Anlehnung an Dyllick (1989, S. 241ff.))

Das Lebenszyklus-Modell illustriert, über welche zahlreichen Stufen und Ereignisse schliesslich ein konkreter Anspruch entsteht. In der vorliegenden Arbeit wird das Modell für die Unterscheidung von **konkreten und potentiellen Umweltansprüchen** verwendet. Sämtliche Ereignisse und Trends im Vorfeld von konkreten Ansprüchen werden also als potentielle oder latente Ansprüche (schwache Signale) betrachtet. Unternehmen, die derartige Signale in ihren Planungsentscheiden berücksichtigen, zeigen somit eine proaktive Ausrichtung. Sie orientieren sich zum Zeitpunkt ihrer strategischen Planung oder operativen Planungsaktivitäten wie der Produktentwicklung nicht nur an gegenwärtigen und konkreten, sondern auch an potentiellen, erst schwach erkennbaren Umweltforderungen.

2.3.3 Initiativaktiv und kontingenzaktiv als Unterformen proaktiver Ausrichtung

Eine proaktive Ausrichtung hat ihre Bedeutung einerseits als Frühwarnsystem bezüglich potentieller Umweltansprüche, anderseits wird in diesem

Zusammenhang auch gefordert, dass Untenehmen in Bezug auf Umweltfragen vermehrt eigenverantwortlich – also unabhängig von externen Impulsen – handeln.[47] Ensprechend wird proaktives Verhalten in der Literatur zur strategischen Unternehmensplanung in zwei weiteren Unterformen unterschieden, die hier auf die Situation der Produktentwicklung übertragen werden.[48]

Eine **initiativaktive Ausrichtung** der Produktentwicklung zeigt sich darin, dass Unternehmen autonom nach einer Vorreiterposition streben, indem sie eigenständig und eigenverantwortlich anspruchsvolle Lösungen zur Umweltverträglichkeit von Produkten suchen. Sie orientieren sich kaum an Impulsen von direkten Anspruchsgruppen, sondern an zukunftsweisenden Leitvorstellungen wie beispielsweise Konzepten der nachhaltigen Entwicklung.

Eine **kontingenzaktive Ausrichtung** der Produktentwicklung zeigt sich darin, dass Unternehmen versuchen, sich schrittweise an die zu erwartenden Umweltansprüche ihrer Kunden oder anderer Interessengruppen anzupassen. Sie halten sich damit Handlungsspielräume offen, um auf unterschiedliche Interessenkonstellationen, die in Zukunft eintreten könnten, geplant reagieren zu können.

Initiativaktive Unternehmen orientieren sich demnach nur wenig an der externen Anspruchssituation oder an Konkurrenten, sondern versuchen eigenständige und anspruchsvolle Zielsetzungen zu setzen und innovative Lösungen zu suchen. Ihre Produktentwicklungen zeichnen sich dadurch aus, dass sie Umweltprobleme ursächlich und integriert zu lösen versuchen. Ein typisches Beispiel für die initiativaktive Ausrichtung in der Produktentwicklung ist die Rohner Textil AG.[49] Das Unternehmen hat auf der Basis eines allgemeinen Konzepts für öko-intelligente Produkte[50] einen biologisch abbaubaren Möbelbezugsstoff entwickelt und offensiv vermarktet. Bei der Entwicklung wurde der gesamte Produktlebenszyklus und insbesondere ökologische Problemfelder im Herstellungsprozess analyisiert, um die Ursache von Umweltproblemen des Produkts anzugehen. In der Folge wurde eine enge Kooperation mit sämtlichen Akteuren der Wertschöpfungskette

---

[47] Vgl. bspw. Fiksel (1996, S. 19f.); Hummel (1997, S. 26); Hungerbühler, Ranke et al. (1998, S. 50); Züst (1998b).

[48] In Anlehnung an Scholz (1997, S. 53) zusammengefasst in Meffert und Kirchgeorg (1998, S. 199). In Anlehnung an Züst (1998a) kann die Unterscheidung zwischen initiativ- und kontingenzaktivem Verhalten auch anhand des Konzepts der Öko-Performance verdeutlicht werden. Dieses fordert, dass Unternehmen sich nicht auf eine ausschliessliche Orientierung an Stakeholdern beschränken, sondern ihre Umweltleistung – also die Umweltauswirkungen ihrer Tätigkeit und Produkte – eigenständig entwickeln sollten. Bei kontingenzaktivem Unternehmensverhalten dominiert demnach die Stakeholder-Orientierung, während sich initiativaktive Unternehmen dezidierter mit der Analyse und Optimierbarkeit ihrer Umweltleistung auseinandersetzen.

[49] Vgl. Ries (1998b).

[50] Vgl. Braungart (1995).

aufgebaut, um die ökologische Qualität der einzelnen Herstellungsschritte zu garantieren.

Kontingenzaktive Unternehmen verhalten sich bei der Produktenwicklung eher adaptiv im Sinne einer Adaption an in der Zukunft wahrscheinliche Forderungen und Entwicklungen. Sie sind also immer im Hinblick auf absehbare Forderungen aktiv, machen kleine Schritte (Kontingente), um sich in dem Mass anzupassen, damit ihr Handlungsspielraum maximal bleibt. Sie erarbeiten beispielsweise auf der Basis von Zukunftsszenarien „Schubladenpläne" wie beispielsweise Projekte zur Entwicklung von Produktalternativen, um ökologisch problematische Substanzen zu substituieren. Wenn es sich abzeichnet, dass diese Substanzen Gegenstand von öffentlichen Diskussionen werden, können die Unternehmen sofort Massnahmen ergreifen.

Bei einer kontingenzaktiven Ausrichtung wird die Art der Problemlösung demzufolge tendenziell von der Art der Gesetzgebung oder der Kundenwünsche bestimmt.[51] Zeichnet es sich beispielsweise ab, dass FCKW-haltige Treibgase kontrovers diskutiert und in Zukunft verboten werden könnten, so wird auf Alternativen wie Butan oder Propan ausgewichen. Diese werden ihrerseits jedoch nicht zwingend auf ihre ökologische Verträglichkeit geprüft. Massgeblich ist, dass sie gesellschaftlich noch toleriert werden.

Die schon erwähnten Fallstudien bei innovativen Textilunternehmen[52] deuten auf einen weiteren Unterschied zwischen initiativ- und kontingenzaktiven Unternehmen hin. Das Zustandekommen und der Erfolg der ökologischen Produktinnovationen hing in beiden Fällen sehr stark mit dem Engagement und einer ideellen wie betriebswirtschaftlichen Überzeugung des Managements zusammen. In beiden Fällen waren die verantwortlichen Personen überzeugt, dass sie mit der Lösung ökologischer Probleme ihrer Produkte ein wesentliches Fundament für die Zukunft ihres Unternehmens bereiten und dass Produkte über den gesamten Lebenszyklus ökologisch optimiert werden müssen, um damit eine ursächliche Problemlösung zu erreichen.

Bei kontingenzaktiven Unternehmen fehlt diese ideelle Komponente vermutlich, und die betriebswirtschaftliche Raison setzt auf ursprüngliche Erfolgspotentiale. Die proaktive Ausrichtung kommt eher aus der Motivation, den angestammten Pfad der Innovationstätigkeit nicht zu gefährden. Ökologische Anforderungen werden so früh wie möglich einbezogen, um sich damit über die Rahmenbedingungen der Geschäftstätigkeit – weniger über die zusätzlichen Chancen – Klarheit zu verschaffen.

---

[51]   Vgl. Hungerbühler, Ranke et al. (1998, S. 50).

[52]   Vgl. Ries (1998b) mit einer Fallstudie zur Rohner Textil AG und Edelmann und Ries (1997) mit einer Studie über Herstellung ökologischer Bekleidung der Coop Schweiz.

2.3.4 Bedeutung einer proaktiven Ausrichtung der Produktentwicklung

Im Folgenden werden einige Argumente dargelegt, warum eine proaktive Verhaltensausrichtung gerade im Kontext der umweltorientierten Produktentwicklung von Bedeutung sein kann.

‒ Eine proaktive Haltung ist insbesondere in einem sehr **dynamischen Unternehmensumfeld** relevant, um die Planungssicherheit zu erhöhen. Es gibt zahlreiche Hinweise, dass die Dynamik, mit der sich neue ökologische Herausforderungen für Unternehmen und insbesondere auch für Produkte ergeben, noch zunimmt: Verbraucher- und Umweltorganisationen sind zunehmend professioneller organisiert und international vernetzt und versuchen wie auch die Behörden vermehrt Marktmechanismen für ihre Zwecke zu mobilisieren (z.B. durch Umweltzeichen für ökologische Produkte).[53] Nicht zuletzt verfolgen Unternehmen und Branchenverbände freiwillige Vereinbarungen wie das Responsible Care-Programm der chemischen Industrie oder der Coalition for Environmentally Responsible Economies (CERES).[54]

‒ Durch die Antizipation künftiger Anforderungen wird **Planungsspielraum und Flexibilität** erhalten, in dem Zeitvorteile geschaffen werden. Unternehmen mit einer reaktiven Haltung werden durch neue Gesetzesauflagen oder gewandelte Kundenforderungen überrascht; deren Planung wird durch Sachzwänge und Vollzugsdruck geprägt.[55]

‒ Eine proaktive, auf eigenverantwortliche Problemlösung ausgerichtete Haltung ist von zentraler Bedeutung, um eine **imagefördernde und vertrauensbildende Wirkung** in der Öffentlichkeit und bei Kunden aufzubauen.[56] Produkte sind besonders exponiert und gewissermassen das Aushängeschild eines Unternehmens. Während die Verursacher von Umweltschäden aus rechtlicher Sicht oft nur schwer zu ermitteln sind, reichen für die Öffentlichkeit und Medien oft schon Verdachtsmomente.[57] Unternehmen, die demonstrieren, dass sie sich aktiv mit den ökologischen Risiken ihrer Produkte auseinandersetzen und aus eigenem Antrieb Lösungen suchen, können damit indirekt auch zu deren Vermarktung beitragen.

---

[53] Vgl. Hummel (1997, S. 16ff.); Meffert und Kirchgeorg (1998, S. 104).

[54] Vgl. Fiksel (1996, S. 39ff.); Hungerbühler, Ranke et al. (1998, S. 48f.).

[55] Vgl. Fülgraff (1993, S. 43); Hungerbühler, Ranke et al. (1998, S. 50); Meffert und Kirchgeorg (1998, S. 199).

[56] Vgl. Fülgraff (1993, S. 39ff.); Hungerbühler, Ranke et al. (1998, S. 50).

[57] Vgl. Hummel (1997, S. 18f.).

Neben diesen Argumenten für eine proaktive Ausrichtung der Produktentwicklung gibt es auch eine Reihe von Risiken, die nicht unerwähnt bleiben sollen.[58] Eine vorbeugende Haltung kann beispielsweise die Kosten der Forschung und Entwicklung erhöhen, wenn Produkte ökologisch optimiert werden sollen. Bei der Klärung potentieller Umweltprobleme und -ansprüche können auch andere Funktionsbereiche wie Marketing oder Umweltfachstellen betroffen sein. Dieser Mehraufwand wird sich in der Regel nicht kurzfristig auszahlen. Ein zweites Problem kann sich bei der Vermarktung von umweltverträglicheren Produkten ergeben, da hier die Bereitschaft von Kunden gering sein kann, derartige Mehrwerte zu begleichen. Dies ist noch gravierender der Fall, wenn umweltgerechte Produkte qualitative Mängel aufweisen. Unternehmen können hier also wiederum nicht auf einen unmittelbaren Erfolg zählen. Die Beispiele zeigen, dass eine proaktive Ausrichtung in aller Regel auf der Basis eines längerfristigen Commitments stehen muss.

2.4 Zusammenfassung

Die verschiedenen Verhaltensausrichtungen zwischen reaktiv und proaktiv werden zusammenfassend den vorgeschlagenen umweltstrategischen Unternehmenstypen zugeordnet (siehe Abb. 6). Die Zuordnung verdeutlicht, dass proaktives Verhalten nicht nur bei Öko-Innovatoren sondern auch Öko-Integratoren von Bedeutung sein kann.

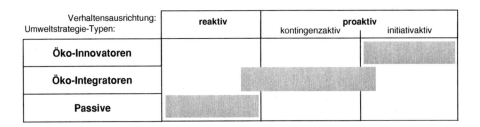

Abb. 6: **Dominierende Ausrichtung der Produktentwicklung bei den drei unterschiedlichen Umweltstrategie-Typen**

---

[58]   Vgl. Steger (1988, S. 68ff.) zusammengefasst in Meffert und Kirchgeorg (1998, S. 200).

Die Unterscheidung proaktiven Verhaltens in die zwei Unterformen von kontingenz- und initiativaktiver Ausrichtung ermöglicht eine weitere Differenzierung der Zuordnung. In Anlehnung an die empirischen Befunde zu den Umweltstrategie-Typen wird postuliert, dass bei Öko-Integratoren aufgrund ihrer selektiven Strategie sämtliche Verhaltensausrichtungen von Bedeutung sind, dass die Akzente aber vermutlich bei reaktiver und kontingenzaktiver Ausrichtung liegen. Sie passen sich eher inkrementell an bestehende und absehbare Umweltansprüche in ihrem Unternehmensumfeld an. Bei Öko-Innovatoren hat demgegenüber die initiativaktive Ausrichtung der Produktentwicklung einen höheren Stellenwert. Sie streben eine umweltorientierte Vorreiterposition an und orientieren sich dabei weniger am Unternehmensumfeld, sondern an eigenen oder allgemeinen Zukunftsleitbildern zu umweltverträglichen Produktkonzepten.

Welche Konsequenzen diese unterschiedlichen proaktiven Verhaltensausrichtungen für die erforderlichen Umweltkompetenzen in der Produktentwicklungen haben, wird im folgenden Kapitel theoretisch erörtert. In der Fallstudie werden diese Fragen dann an einem konkreten Beispiel untersucht. Es handelt sich dabei um ein Unternehmen, das dem Typus des Öko-Integrators und um ein Entwicklungsprojekt, das dem Typ der ökologischen Integration zugeordnet werden kann.

3 Grundlagen zu Umweltkompetenzen der Produktentwicklung

Das Kapitel behandelt die Thematik, welche umweltbezogenen Kompetenzen die Unternehmen im Rahmen der Produktentwicklung benötigen. Dabei werden zwei Zielsetzungen verfolgt:

Als erstes wird anhand der Grundbegriffe Daten, Information, Wissen und Kompetenz dargelegt, worin der qualitative Unterschied besteht und warum gerade im Kontext der Produktentwicklung eine Auseinandersetzung mit Wissen und Kompetenzen von Bedeutung ist.

Der zweite Abschnitt geht näher darauf ein, welche unterschiedlichen Kompetenzen oder welches Kompetenzportfolio im Rahmen der Produktentwicklung von Bedeutung ist. Anschliessend wird der Fokus zweifach eingeschränkt: in einem ersten Schritt auf diejenigen Kompetenzen, die spezifisch für die Bewältigung von umweltbezogenen Problemstellungen der Produktentwicklung relevant sind und unter dem Begriff „Umweltkompetenzen" zusammengefasst werden. In einem zweiten Schritt geht es um diejenigen Umweltkompetenzen, die für eine proaktive Ausrichtung der Produktentwicklung erforderlich sind.

3.1 Klärung der Grundbegriffe Wissen und Kompetenz

Produktentwicklung ist in erster Linie eine schöpferische Leistung von Menschen.[59] Entwicklungsteams verfügen über vielfältiges *Wissen* und *Kompetenzen* und verarbeiten *Daten* und *Informationen*, um auf dieser Basis neuartige Problemlösungen und Produkte zu erschaffen. Daten, Informationen, Wissen und Kompetenzen sind grundsätzlich als Mittel zur Produktentwicklung zu verstehen, die sich qualitativ in wesentlichen Merkmalen unterscheiden. Die einzelnen Begriffe werden im Folgenden kurz erörtert, um die wesentlichen Unterschiede zu klären.[60]

---

[59] Vgl. Lullies, Bollinger et al. (1993, S. 13); Bennauer (1994, S. 155).

[60] Die Definition der Begriffe orientiert sich weitgehend an North (1998), der sich auf eine Reihe von Quellen stützt.

Wissen kann vereinfacht als Schatz an Kenntnissen und Fähigkeiten bezeichnet werden, über den eine Person verfügt und den sie zur Lösung von Problemen einsetzen kann.[61]

Das wichtigste Merkmal von Wissen besteht darin, dass es im Gegensatz zu Daten und Informationen eine personengebundene Ressource ist.[62] Das persönliche Wissen wird im Verlauf des Lebens aufgebaut, einerseits in der Ausbildung, wo wesentliche fachliche Spezialisierungen und Fähigkeiten gewonnen werden, wie auch in der beruflichen Tätigkeit. Wissen umfasst auch individuelle Wertmassstäbe, Überzeugungen, Erfahrungen[63] und Intuition, die in unzähligen Problemsituationen erworben wurden. Das Wissen eines Entwicklungsteams umfasst beispielsweise:[64] produktbezogenes Wissen, das sich die Beteiligten in früheren Projekten aneigneten; bereichsübergreifendes Wissen, das in der Zusammenarbeit mit anderen Funktionsbereichen wie dem Marketing oder der Beschaffung erworben wird; organisationsbezogenes Wissen über geeignete Formen der Teamarbeit und die Rolle der Projektleiter; Erfahrungen, wie die formalen Richtlinien zum Entwicklungsablauf in der Praxis anzuwenden und wie sie allenfalls angepasst oder umgangen werden müssen, um den Projekterfolg sicherzustellen.[65] Wissen umfasst auch die Kenntnis von Methoden und Instrumenten, die für die Problemlösung und Informationsbeschaffung in der Entwicklung relevant sind.

Wissen ist das Ergebnis der Verarbeitung von Daten und Informationen durch das Bewusstsein.[66] Daten und Information können folgendermassen umschrieben werden:

Daten sind Symbole wie die Zahlen einer Messreihe, die Zustände und Sachverhalte repräsentieren. „Data is what comes directly from sensors, reporting on the measurement level of some variable."[67]

---

[61]   In Anlehnung an Probst, Raub et al. (1999, S. 49).

[62]   Vgl. Lullies, Bollinger et al. (1993, S. 23); Leonard-Barton (1995, S. 20); Probst, Raub et al. (1999, S. 36ff. und 49).

[63]   Gemäss Böhme und Potyka (1995, S. 68) kann Erfahrung als jener Teil von Kenntnissen und Fähigkeiten verstanden werden, der auf bestimmtem Tätigkeitsfeld durch regelmässige Lösung von entsprechenden Aufgaben erworben wird.

[64]   Vgl. Lullies, Bollinger et al. (1993, S. 24ff.).

[65]   In der Literatur wird in diesem Zusammenhang von der „stillen Leistung" von Entwicklungsteams gesprochen. Sie ergänzen die formellen Prozesse und Abläufe durch informelle Vorgehensweisen, indem sie sich z.B. vorzeitig mit Mitarbeitern der Produktion in Verbindung setzen. Laut einer Studie würde ohne diese stille Leistung kaum je ein Entwicklungsprojekt zum Erfolg kommen (Lullies, Bollinger et al. (1993, S. 91) mit Verweis auf empirische Studien in Software-Entwicklungsprojekten Weltz und Ortmann (1992)).

[66]   Vgl. Albrecht (1993, S. 45).

Informationen basieren auf Daten, die in einen Bedeutungskontext gestellt, das heisst in Bezug auf eine Problem- oder Fragestellung interpretiert werden. Sie dienen in der Regel für die Vorbereitung von Entscheidungen. „Information is data that has been organized or given structure – that is, placed in context – and thus endowed with meaning."[68]

Generell wird der Unterschied zwischen Daten, Information und Wissen also als Steigerung in der Kontextgebundenheit, Vernetztheit und Personengebundenheit gesehen. Informationen sind Daten in einem Bedeutungskontext, Wissen ist die zweckdienliche Vernetzung von Informationen in Bezug auf eine Problemstellung.[69] Wissen ermöglicht darüber hinaus neue Ideen oder Assoziationen mit ähnlichen Problemen. Abb. 7 illustriert Aspekte dieser qualitativen Unterschiede.[70] Sie enthält über Wissen hinaus noch die Stufe der Kompetenz.

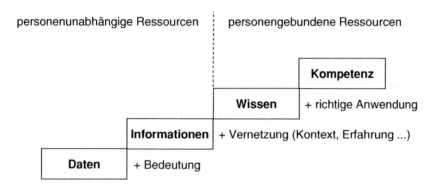

Abb. 7: **Die verschiedenen Stufen der Wissenstreppe (in Anlehnung an North (1998, S. 41))**

Der Begriff der Kompetenz hat im Gegensatz zum Wissen einen stärker handlungsorientierten Charakter. Über geeignetes Wissen zu verfügen ist aber Voraussetzung für Problemlösung.

Kompetenz zeigt sich darin, dass eine Person Wissen in Zusammenhang mit einer konkreten Aufgabe oder Herausforderung zweckorientiert nutzen kann. Kom-

---

[67] Vgl. Glazer (1991) zit. aus Probst, Raub et al. (1999, S. 432).
[68] Vgl. Glazer (1991) zit. aus Probst, Raub et al. (1999, S. 432). Eine ausführlichere Diskussion des Informationsbegriffs findet sich auch in Schott (1998, S. 185).
[69] Vgl. North (1998, S. 40ff.); Probst, Raub et al. (1999, S. 36ff.).
[70] Probst, Raub et al. (1999, S. 39) weisen darauf hin, dass die Unterscheidung von Daten, Information und Wissen als Kontinuum mit fliessenden Übergängen zu verstehen ist.

petenzen konkretisieren sich demnach im Moment der Wissensanwendungen. „They exist only when the knowledge (and skill) meet the task."[71]

Kompetenz bezeichnet also stärker als der Wissensbegriff die tatsächliche Problemlösungsfähigkeit und zeigt sich in konkreten Problemstellungen. Der Kompetenzbegriff bezeichnet weniger die grundsätzlich zur Verfügung stehenden Mittel einer Person. Es bezeichnet eher, inwiefern diese Mittel nutzbringend umgesetzt werden können. In der Literatur finden sich allerdings keine einfachen und klaren Abgrenzungskriterien zwischen Wissen und Kompetenzen. Der Unterschied wird eher mit Beispielen umschrieben. Ein Lehrmeister erprobt und verfeinert durch die tagtägliche Auseinandersetzung mit einer Vielfalt von Problemstellungen sein Wissen. Durch diesen Erfahrungsvorsprung ist er deshalb im Gegensatz zum Lehrling kompetenter.[72]

In der vorliegenden Arbeit wird keine strenge Unterscheidung zwischen Wissen und Kompetenz vorgenommen. In den folgenden Abschnitten wird der Kompetenzbegriff verwendet, da es um Überlegungen zur erforderlichen Qualifikation der in die Produktentwicklung involvierten Personen geht. Im nachfolgenden Kapitel zum Wissensmanagement wird der Wissensbegriff verwendet, um sich auf die vorherrschende Terminologie in der Literatur zu stützen.

Die zentrale Schlussfolgerung aus den obigen Ausführungen ist der qualitative Unterschied zwischen einer Daten-/Informationsperspektive und einer Wissens- oder Kompetenzperspektive. Der Unterschied beruht im Wesentlichen darauf, dass Wissen und Kompetenzen persönliche Ressourcen sind. Im Folgenden werden die wichtigsten Argumente für diese Fokussierung oder Ergänzung kurz dargelegt.

3.2 Argumente für eine wissens- oder kompetenzorientierte Perspektive

Im Kontext der Produktentwicklung ist eine Auseinandersetzung mit Wissen und Kompetenzen aus drei Gründen von zentraler Bedeutung.

---

[71]   Vgl. von Krogh und Roos (1996) zit. aus North (1998, S. 42).
[72]   Vgl. North (1998, S. 42).

Argument 1: *Wissen ist die Voraussetzung für die gezielte Informationsnutzung.*

Informationen, wie beispielsweise die Ergebnisse zur Umweltanalyse von Vorgängerprodukten, sind eine wichtige Ressource für Entwicklungsvorhaben. In der Literatur wird aber darauf verwiesen, dass die produktive Verwendung dieser Informationen nur auf der Basis von bereits vorhandenem Vorwissen möglich ist.[73] Eine Studie zu Hindernissen in Produktinnovationsprozessen charakterisiert den qualitativen Unterschied oder die Verbindung zwischen Wissen und Information folgendermassen: Wissen umfasst alle Wertmassstäbe und den gesamten Erfahrungshintergrund einer Person, beinhaltet also sogenannte „interpretative structures".[74] Diese mentalen Modelle ermöglichen Personen, Informationen im Hinblick auf ihre Relevanz einzuordnen und zu bewerten, sie also produktiv für die Problemlösung zu nutzen. Wissen und Kompetenzen versetzen Entwicklungsteams demnach in die Lage, Informationen nutzbringend zu verarbeiten.

Argument 2: *Wissen ist die Basis für kreative Prozesse.*

Produktentwicklung ist in erster Linie eine kreative Leistung von Menschen.[75] Kreativität kann als Fähigkeit gesehen werden, aus der Vielzahl der bestehenden Erkenntnisse und Konzepte neuartige Kombinationen zu finden.[76] Kreativität ist eine spezifisch menschliche Eigenschaft.[77] Dabei spielen Daten- und Informationsressourcen eine unterstützende Rolle. Jedoch erst die Verknüpfung von problemspezifischer Information und Wissen ermöglicht das Erkennen von Zusammenhängen und das Kombinieren von Bestehendem zu Neuem. „Knowledge goes further [than Information]; it allows the making of predictions, causal associations, or prescriptive decisions about what to do."[78] Eine Wissensperspektive berücksichtigt demnach im Gegensatz zu einer Informationsperspektive auch die zentrale menschliche Fähigkeit zur Kreativität.

Argument 3: *Wissen ermöglicht den Umgang mit Unbestimmtheit und Informationsdefiziten.*

Eine wichtige Eigenschaft von Entwicklungsprojekten besteht darin, dass vor allem in den frühen Phasen erst sehr vage Ziele und eine geringe Definiert-

---

[73]   Vgl. Osterloh und von Wartburg (1998, S. 150).

[74]   Vgl. Dougherty (1989) zusammengefasst in Lenox und Ehrenfeld (1997a, S. 189).

[75]   Vgl. Lullies, Bollinger et al. (1993, S. 13); Bennauer (1994, S. 155).

[76]   Vgl. Ehrlenspiel (1995, S. 350).

[77]   Vgl. Pahl und Beitz (1993, S. 62).

[78]   Vgl. Bohn (1993) zit. aus Probst, Raub et al. (1999, S. 432).

heit des künftigen Produkts vorliegt.[79] Entsprechend weiss das Entwicklungsteam anfangs noch kaum, welche Fragestellungen oder Lösungsvarianten sich im Verlauf des Projekts ergeben. Es muss sich schrittweise ein
Problemverständnis aufbauen. Studien, die Erfolgsfaktoren der Produktentwicklung untersuchen, sehen die Fähigkeit zum Umgang mit dieser Unbestimmtheit als zentrale Kompetenz von Entwicklungsteams. Sie wird als
„dynamic performance" bezeichnet und folgendermassen hergeleitet:[80] In
der Entwicklungstätigkeit ergeben sich laufend Problemstellungen und
Situationen, die für die Beteiligten neu sind. Es gibt deshalb selten eine
Kongruenz zwischen den vorhandenen und den tatsächlich benötigten Informationen und Entscheidungsgrundlagen. „Dynamic Performance" besteht
in der Kompetenz von Entwicklungsteams, diese Lücke immer wieder zu
schliessen.

Die Ausführungen zeigen: Eine Wissensperspektive ist als qualitative Ergänzung zur Informationsperspektive zu sehen, die sehr explizit auf die
menschlichen Qualitäten und Fähigkeiten in der Problemlösung eingeht und
den speziellen Bedingungen und Arbeitsweisen in Entwicklungsteams
Rechnung trägt.

3.3 Kompetenzportfolio der Produktentwicklung

Verschiedene Autoren haben die sehr allgemeinen Begriffe Wissen oder
Kompetenzen weiter konkretisiert, indem sie unterschiedliche Kategorien
unterscheiden. Es handelt sich dabei einerseits um generelle Wissenskate-
gorien, andererseits gibt es auch Überlegungen, welche Kompetenzen spezifisch für die Produktentwicklung relevant sind. Die vorliegende Arbeit orientiert sich für die Umschreibung der Kompetenzen der Produktentwicklung an
der Unterscheidung zwischen Know-why, Know-what und Know-how[81]
(siehe Abb. 8).

– **Know-why** steht für das Problembewusstsein, also das Erkennen der
   Wichtigkeit, ein bestimmtes Problem im Entwicklungsprozess aufzugrei-

---

79 Im englischen werden derartige Probleme treffend als *ill-defined problems* bezeichnet.

80 Vgl. Iansiti und Clark (1994) zusammengefasst in Osterloh und von Wartburg (1998, S.
    151ff.).

81 Vgl. Gardner (1995) aus North (1998, S. 47) sowie Albrecht (1993, S. 36ff.). Die Begriffe
    werden auch zur Unterscheidung von verschiedenen Ebenen von Wissenszielen verwendet.
    Know-why repräsentiert die normative, Know-what die strategische, Know-how die operative
    Ebene (North (1998, S. 149 und 215)). Kompetenzkategorien mit Bezug auf die Pro-
    duktentwicklung finden sich in Hanssen und Kern (1992, S. 161f.); Lullies, Bollinger et al.
    (1993, S. 24ff.); Ehrlenspiel (1995, S. 50ff.).

fen und zu lösen.[82] Es ist die Fähigkeit, (umwelt)relevante Probleme zu identifizieren und Wesentliches von Unwesentlichem zu unterschieden, um sinnvolle Prioritäten zu setzen (Radarfunktion). Es ist eine wertende Sicht, die bestimmt, für welche Probleme Zeit und Engagement aufgewendet wird.[83] Sie wird einerseits durch individuelle Wertmassstäbe, anderseits durch die Werte und Zielsetzungen des Unternehmens beeinflusst.[84] Im Rahmen der Produktentwicklung wird bei Letzterem auch von **Kontextwissen** gesprochen. Dieses umfasst das Wissen „über Ziele und Hintergründe der im fortschreitenden Entwicklungsprozess getroffenen Entscheidungen oder Vereinbarungen und den grösseren geschäftspolitischen Zusammenhang, in dem diese stehen."[85]

– **Know-what** steht für die **Fachkompetenz** und betrifft damit das inhaltliche Problemverständnis. Fachkompetenz umfasst beispielsweise die Bestände an Modellen über konkrete und abstrakte Objekte (Märkte, Produkte, Technologien etc.) sowie Kenntnisse von relevanten Fakten und Ereignissen.[86] Fachkompetenz ist für die Problemlösung von besonderer Bedeutung und kann nicht durch besonders ausgeprägte Methodenkompetenz ersetzt werden.[87] Sie wird in der Ausbildung im Rahmen von Fachdisziplinen wie Ingenieurswissenschaften, Betriebswirtschaftslehre oder Naturwissenschaften erworben und wird in der beruflichen Tätigkeit in der praktischen Auseinandersetzung im Kontext der ausgeübten Funktion wie dem Marketing, der Beschaffung oder Entwicklung erweitert.[88] Gemäss verschiedender Beiträge ist für die Produktentwicklung eine T-förmige Fachkompetenz erforderlich.[89] Der vertikale Balken steht dabei für das fundierte und spezialisierte Wissen in einer Disziplin, der horizontale Balken symbolisiert verbreitertes, interdisziplinäres Wissen, das beispielsweise durch die Zusammenarbeit mit fachfremden Personen oder anderen Funktionsbereichen erworben wird.

---

[82] Vgl. hierzu auch Ulrich (1970, S. 138): „Probleme sind nicht von Natur aus da, sondern werden vom Menschen aufgeworfen."

[83] Leonard-Barton (1995, S. 19) sieht Werte als einen „knowledge-screening and -control mechanism". Nach Pahl und Beitz (1993, S. 62ff.) verfügen gute Problemlöser (Konstrukteure) u.a. über die Fähigkeit, die Wichtigkeit (sachliche Bedeutung) und Dringlichkeit (zeitliche Bedeutung) einzelner Dinge zu erkennen und beim Vorgehen zu berücksichtigen.

[84] Vgl. Leonard-Barton (1995, S. 25). Dyllick und Hummel (1996, S. 33ff.) sehen das ökologische Problem- und Leistungsverhalten als Kategorien des Unternehmensverhaltens auf strategischer und operativer Ebene ihres Konzepts des integrierten Umweltmanagements.

[85] Vgl. Lullies, Bollinger et al. (1993, S. 34).

[86] Vgl. Hennings (1991, S. 5); Schüppel (1996, S. 55).

[87] Vgl. Ehrlenspiel (1995, S. 51).

[88] Vgl. Lullies, Bollinger et al. (1993, S. 24).

[89] Vgl. Osterloh und von Wartburg (1998, S. 154) in Anlehnung an Iansiti und Clark (1994). Hanssen und Kern (1992, S. 161) spricht in demselben Zusammenhang von Hybridqualifikationen, wie sie z.B. Wirtschaftsingenieure aufweisen.

Know-why oder Kontextwissen	Know-what oder Fachkompetenz	Know-how oder Problemlösungs-kompetenz
Beinhaltet das Problem-bewusstsein, das auf in-dividuellen und unterneh-mensspezifischen Werten und Zielsetzungen beruht.	Beinhaltet den Umfang der Kenntnisse für das inhaltliche Problemver-ständnis, idealerweise T-förmige Kompetenz-struktur von Spezial- und interdisziplinärem Wissen.	Beinhaltet Kompetenzen für einen geeigneten Pro-blemlösungsprozess: - Methodenkompetenz, - Interaktionskompetenz, - Heuristische Kompetenz.

Abb. 8: Kompetenzportfolio der Produktentwicklung, das aus drei Kompe-tenzkategorien besteht

– **Know-how** steht für die **Problemlösungskompetenz**. Diese Kategorie ist insbesondere dann relevant, wenn die Lösung einer Fragestellung nicht sogleich auf der Hand liegt, es sich also um komplexere Probleme handelt und ein vertiefteres Problemverständnis erst erarbeitet werden muss. Im Kontext der Produktentwicklung sind drei Unterkategorien der Problemlösungskompetenz von Interesse:[90]

– Die *Methodenkompetenz* wird in dieser Arbeit als Fähigkeit verstan-den, geeignete Vorgehensweisen für die Problemlösung auszuwählen und effizient anzuwenden.[91] Diese Kompetenz umfasst auch un-bemerkt ablaufende Programme, mit denen Probleme gelöst werden. Dies wird in der Literatur als „unbewusstes Methodenkönnen" be-zeichnet, das weit häufiger zum Zuge kommt und für die Produkten-wicklung deshalb gleichermassen von Bedeutung ist.[92]

– Die *Interaktionskompetenz* bezeichnet Fähigkeiten, die für den Erfolg von teamorientierter Arbeit und für die Zusammenarbeit unterschied-licher Spezialisten relevant sind.[93] Es handelt sich zum Beispiel um soziale und kommunikative Kompetenzen, um fachfremden Team-mitgliedern das eigene Wissen verständlich zu machen, umgekehrt deren Standpunkte und Perspektiven zu verstehen oder angemessen

---

[90] Vgl. Hanssen und Kern (1992, S. 161); Ehrlenspiel (1995, S. 50ff.).

[91] In der Methodenkompetenz ist vereinfacht auch der weitergefasste Begriff der Methodiken enthalten. Nach Züst (1998c, S. 3 und 1997, S. 19ff. und 62ff.) „regelt eine Methodik den Einsatz verschiedener Methoden in einem relativ grossen Problemfeld."

[92] Vgl. Ehrlenspiel (1995, S. 63ff.), der diesen unbewussten Modus auch als „Normal-" im Gegensatz zum „Rationalbetrieb" des Denkens bezeichnet.

[93] Vgl. Hanssen und Kern (1992, S. 161); Lullies, Bollinger et al. (1993, S. 171).

mit Stress- und Konfliktsituationen umzugehen. Zur Interaktionskompetenz kann auch der persönliche Schatz an Kontakten und Beziehungen zu internen und externen Fachpersonen und Wissensträgern gezählt werden. Studien über die Erfolgsfaktoren von Entwicklungsprojekten erachten diese Vernetzungskompetenz als eine der zentralen Problemlösungsfähigkeiten von Entwicklungsteams.[94] Die Kenntnis darüber, wo wertvolle Informationen vorhanden sind, hilft noch wenig, wenn nicht aktive Kanäle da sind, diese schnell und in geeigneter Form verfügbar zu machen. Erfahrene Entwickler zeichnen sich darum vor allem dadurch aus, dass sie gute Beziehungen zu Lieferanten, Fachinstituten und teilweise sogar zu Konkurrenten haben, die das Ergebnis von persönlichen Begegnungen und wiederholter Zusammenarbeit sind.

– *Heuristische Kompetenz* ist gewissermassen der verbleibende Sammelbegriff menschlicher Problemlösungskompetenzen. Sie umfasst Elemente wie die Kreativität,[95] die innere Flexibilität und gedankliche Beweglichkeit, um das Vorgehen oder geeignete allgemeine Modelle an die Gegebenheiten eines Problems anzupassen.[96]

Für die Produktentwicklung wird die Kompetenzverteilung bei den beteiligten Personen erfolgskritisch angesehen. Idealerweise verfügen sie in allen der drei genannten Kompetenzkategorien über eine gute oder angemessene Qualifikation und sind nicht einseitig fachlich oder kommunikativ befähigt.

3.4 Fachliche Eingrenzung der Umweltkompetenz

Um Qualitäts-, Kosten-, Zeit- und Umweltziele der Produktentwicklung zu erreichen, benötigen Entwicklungsteams eine breite Vielfalt von Fachkompetenzen: Kenntnis von Werkstoffen und ihren Eigenschaften, Konstruktionsprinzipien, Erfahrungen zu den Leistungen der Lieferanten oder Wissen zu den Bedürfnissen der Kunden. Umweltkompetenzen können als Teil dieser Fachkompetenzen verstanden werden. In diesem Abschnitt wird

---

[94] Vgl. Brown und Eisenhardt (1995, S. 353ff.).

[95] Ehrlenspiel (1995, S. 350) umschreibt Kreativität „als Fähigkeit des Menschen, Ideen, Konzepte, Kombinationen und Produkte hervorzubringen, die in wesentlichen Merkmalen neu sind und den Bearbeitern vorher unbekannt waren. Kreativität beinhaltet die Übertragung bekannter Zusammenhänge auf neue Situationen, wie auch die Entdeckung neuer Beziehungen zwischen bekannten Elementen."

[96] Vgl. Ehrlenspiel (1995, S. 51).

versucht, diesen umweltbezogenen Teil der Fachkompetenz zu umschreiben.

Es gibt in der Literatur verschiedene Beiträge, die das Fach- oder Sachgebiet der umweltorientierten Produktentwicklung oder diesbezügliche Elemente und Anforderungen umreissen.[97] Die vorliegende Arbeit verwendet folgende Definition, bei der die Problemstellung der umweltorientierten Produktentwicklung als System, genauer als sozio-technisches System,[98] verstanden wird (siehe <u>Abb. 9</u>).[99]

Fachliche **Umweltkompetenz** zu Fragen der Produktentwicklung zeigt sich im möglichst objektiven und vollständigen Verständnis der Zusammenhänge zwischen den (technischen) Gestaltungsoptionen (Produktsystem resp. Gestaltungsebene) und zwei weiteren Teilsystemen:

- den umweltbezogenen Ansprüchen von relevanten Interessengruppen (Anspruchssystem resp. Zielebene) sowie
- den ökologischen Auswirkungen (Effektsystem resp. Auswirkungsebene).

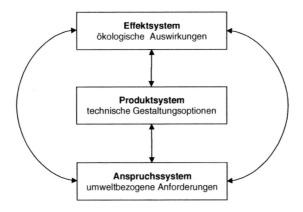

Abb. 9:   Umweltkompetenz als Verständnis dreier Teilsysteme und deren Zusammenhänge (in Anlehnung an Frei (1999, S. 34ff.))

---

[97]   Vgl. Winter (1997, S. 119); van Hemel (1998, S. 61); Dyllick und Belz (1996, S. 75ff.); Frei (1999, S. 38ff.); Ritzén, Bäckmar et al. (1997, S. 159f.); Hungerbühler, Ranke et al. (1998, S. 229ff.).

[98]   Ein sozio-technisches System ist gemäss Cummings und Srivasta (1977, S. 55 zit. aus Frei (1999, S. 35)) „eine organisierte Menge von Menschen und Technologien, die in einer Weise strukturiert sind, um ein spezifisches Ergebnis zu produzieren".

[99]   In Anlehnung an Frei und Züst (1998). Hofstetter (1998, S. 28f.) unterscheidet in konzeptionellen Arbeiten zu Modellen für die Wirkungsabschätzung beim Life Cycle Assessment zwischen der „technosphere", „ecosphere" und „valuesphere", die vergleichbar sind mit den verwendeten Ebenen.

Umweltkompetenz beruht also auf der Kenntnis der einzelnen Teilsysteme und vor allem auch im Verständnis der Ursache-Wirkungs-Zusammenhänge. Eine Reihe von Autoren beschränken den Gegenstand der Umweltkompetenz auf die Zusammenhänge zwischen technischen Gestaltungsoptionen der Produktentwicklung und den ökologischen Konsequenzen.[100] „Umweltwissen [...] ist Wissen über die Auswirkungen technischer Produkte und Prozesse auf die natürliche Umwelt."[101] Diese Auffassung greift jedoch zu kurz, da sich Unternehmen bei der Produktentwicklung immer zunächst an den Forderungen der Kunden und anderer Interessengruppen orientieren. Ökologische Belastungen werden durch diese Gruppen in Ansprüche übersetzt, ein Prozess der in der Literatur als „ökologische Transformation" bezeichnet wird.[102] Gerade in den frühen Phasen des Entwicklungsprozesses muss das Entwicklungsteam derartige externe (und interne) Forderungen identifizieren.

3.4.1 Teilsysteme der Umweltkompetenz

Ein Entwicklungsteam bewegt sich in den frühen Phasen der Produktentwicklung von ersten vagen Zielsetzungen und Produktvisionen über eine genauere Bestimmung der Ziele (Lastenheft) und die Suche nach Lösungsvarianten bis hin zur quantitativen Beschreibung des besten Produktkonzepts (Pflichtenheft). Die Produktentstehung verläuft also über diverse Stufen, in denen das Spektrum von Gestaltungsoptionen geöffnet (Divergenz) und durch Selektion geeigneter Varianten wieder eingeengt wird (Konvergenz). Fachliche Umweltkompetenz befähigt das Entwicklungsteam Lösungsoptionen in Bezug auf umweltbezogene Ansprüche und ökologische Auswirkungen zu gestalten und zu beurteilen. Im Folgenden werden die Teilsysteme, die die Lösungssuche und Auswahl beeinflussen, kurz zusammengefasst, um deren Komplexität zu illustrieren.

Das **Anspruchssystem** besteht aus unterschiedlichen Interessengruppen, die mit ihren direkten oder indirekten Forderungen an die Produkte oder an das Unternehmen ein sich ständig wandelndes Zielsystem der Produktent-

---

[100] Vgl. Seidl (1993, S. 102); Ritzén, Bäckmar et al. (1997, S. 159f.); Winter (1997, S. 119); Schott (1998, S. 119).

[101] Vgl. Schott (1998, S. 119).

[102] Vgl. Dyllick, Belz et al. (1997, S. 5ff.). Die Anforderungen der Kunden oder anderer Interessengruppen decken sich nicht zwangsläufig mit den effektiven ökologisch relevanten Umweltaspekten Frei (1999, S. 39). Züst (1998b) weist deshalb darauf hin, dass eine direkte Auseinandersetzung mit den spezifischen Umwelteinwirkungen der eigenen Produkte für Unternehmen im Rahmen einer proaktiven Ausrichtung von zentraler Bedeutung ist.

wicklung bilden. Die ausreichende Kenntnis der bedeutenden Anforderungen leitet Entscheidungen vor allem in den frühen Phasen der Entwicklung. Hierzu sind folgende Kenntnisse von Bedeutung:

-   Die relevanten Anspruchsgruppen können je nach Unternehmen und Produkten variieren. Bei Umweltfragen kann es sich zudem im Vergleich zu Qualitätsfragen um andere oder zusätzliche Stakeholder handeln. Als wichtigste Gruppen werden in Umfragen Kunden, Behörden, unternehmensinterne Stellen, die Öffentlichkeit (lokale Bevölkerung) sowie Mitbewerber genannt.[103]

-   Bei den umweltbezogenen Anforderungen an Produkte kann zwischen eher allgemeinen Bedürfnissen (Produkte müssen umweltverträglich sein) und sehr spezifischen, konkreten Anforderungen (chlorfreie Produkte, garantierte Produktrücknahme) unterschieden werden. Im ersten Fall ergibt sich für die Produktentwicklung insbesondere in den frühen Phasen die Notwendigkeit, diese Bedürfnisse zu konkretisieren und Zielsetzungen abzuleiten.

-   Umweltbezogene Anforderungen müssen aus der Perspektive eines Entwicklungsteams nach ihrer Relevanz beurteilt werden. Vereinfacht können zwingende Forderungen (v.a. gesetzliche Standards) und optionale Zielsetzungen unterschieden werden.[104]

-   Umweltbezogene Anforderungen können auch im Hinblick auf das Stadium der Konkretisierung, also ob sie erst latent oder schon sehr konkret vorliegen, unterschieden werden. Wie in Kapitel 2.3.2 dargelegt, zeigt sich eine proaktive Ausrichtung der Produktentwicklung darin, inwiefern latente Ansprüche erkannt und einbezogen werden.

Das **Effektsystem** umfasst sämtliche (negativen) ökologischen Auswirkungen, die auf allen Ebenen des Produktsystems auftreten können.

-   Das Produktsystem umfasst einerseits das gesamte physische Produkt. Hier kann vereinfacht zwischen drei Ebenen unterschieden werden:[105] das Kernprodukt, das die zentralen Grundfunktionen umfasst; das formale Produkt, das Elemente wie Design, Verpackung und Markengestaltung vereint sowie das erweiterte Produkt mit Serviceleistungen wie Reparatur oder Produktrücknahme.

---

103   Vgl. Baumast und Dyllick (1998, S. 24). Eine britische Studie bei 125 Unternehmen nennt zudem „retailer/wholesaler pressure" als wichtiger Einfluss auf ökologie-orientierte Produktinnovationen (Green, McMeekin et al. (1994) zit. aus van Hemel (1998, S. 69ff.)).

104   Vgl. Keoleian und Menerey (1994, S. 655) sowie Züst (1997) mit der Unterscheidung von Muss- und Wunschzielen, resp. zwingenden und optionalen Zielen.

105   Vgl. Meffert und Kirchgeorg (1998, S. 291).

– Das Produktsystem bezeichnet anderseits den gesamten physischen Produktlebenszyklus,[106] der sämtliche Prozesse umfasst, die mit der Herstellung, Nutzung und Entsorgung des Produkts verbunden sind. Dabei kann grob zwischen den vorgelagerten und nachgelagerten Herstellungsphasen, der Nutzungs- und Entsorgungsphase unterschieden werden.[107] Je nach Produktvariante können unterschiedliche Lebensphasen mehr oder weniger umweltrelevant sein.

– Für das Verständnis des Effektsystems müssen diejenigen Ebenen des Produktsystems identifiziert werden, die Auswirkungen auf die Umwelt haben (sogenannte Umweltaspekte[108] wie z.B. Herstellungsprozesse mit CO_2-Emissionen). In Abb. 10 sind die verschiedenen Ebenen, die für das Verständnis von Umweltauswirkungen von Belang sind, grob angedeutet.[109]

– In- oder Outputs des Produktsystems in die Umwelt können als Ebene der Umwelteinwirkung bezeichnet werden.[110] Sie führen zu Umweltauswirkungen, die verschiedenen räumlichen (lokal, global) und zeitlichen Horizont haben können, z.B. erst mit grosser Verzögerung sichtbar werden (atmosphärischer Ozonabbau oder Treibhauseffekt).[111] Diese nehmen wiederum Einfluss auf unterschiedliche Elemente der Ökosphäre, die als Schutzziele oder Schutzobjekte bezeichnet werden (z.B. Mensch, Ökosystem und Ressourcenerhaltung).[112] Für Unternehmen stehen hierbei vorallem Mitarbeiter und Produktanwender

---

[106] Eine Zusammenstellung relevanter Definitionen findet sich bspw. in Schaltegger und Kubat (1995, S. 106) oder in ISO 14040 (1997). Fiksel (1996, S. 73f.) spricht vom „physical life cycle", um diesen vom ökonomischen Produktlebenszyklus zu unterscheiden, der von der Produktidee über Entwicklung, Herstellung, Vermarktung und Service reicht und mit der Lancierung eines Nachfolgeprodukts endet.

[107] Phasen des Produktlebenszyklus z.B. in Keoleian, Menerey et al. (1994, S. 13); Wenzel, Hauschild et al. (1997). Verschiedene Autoren verweisen auf die Notwendigkeit, die Systemgrenzen weiter zu fassen und über das Produktsystem hinaus das gesamte Bedürfnisfeld in die Betrachtung einzubeziehen, d.h. alle Unternehmen und Branchen, die zusammenwirken, um ein bestimmtes Bedürfnis zu befriedigen (Minsch, Eberle et al. (1996, S. 66ff.) oder Graedel und Allenby (1995) mit dem Konzept der „Industrial Ecology").

[108] Bedeutende Umweltaspekte sind nach ISO 14001 (1996, Absatz 3.3) derjenige Bestandteil von Tätigkeiten, Produkten und Dienstleistungen (eines Unternehmens oder im Produktlebenszyklus), der bedeutende Umweltauswirkungen verursacht. Der „Aspekt" ist also die ursächliche Handlung für die Umweltauswirkung.

[109] Für die differenzierte Betrachtung der ökologischen Auswirkungen von Produkten wurde auf die Grundlagen des Life Cycle Assessments (LCA) zurückgegriffen.

[110] Vgl. Schaltegger und Kubat (1995, S. 97) zum Begriff der in- und outputs.

[111] Vgl. Schaltegger und Kubat (1995, S. 93/94) zum Begriff der impacts.

[112] Vgl. Schaltegger und Kubat (1995, S. 84/94) zum Begriff der effects sowie Hofstetter (1998, S. 30f.) mit einer Übersicht über die verschiedenen im Life Cycle Assessment gebräuchlichen Kategorien von Schutzobjekten (safeguard subjects oder areas of protection).

als Schutzziele im Zentrum, während die Menschheit als solches oder Ökosysteme weniger konkrete Schutzbemühungen erfahren.[113]

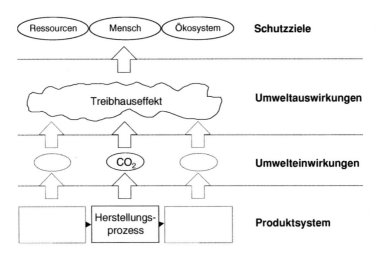

Abb. 10: Verschiedene Ebenen, die zu ökologischen Auswirkungen von Produkten führen

– Umweltaspekte eines Produktsystems müssen im Weiteren nach ihrer Relevanz beurteilt werden. Dabei können unterschiedliche Bewertungskriterien verwendet werden. Grundsätzlich kann sich die Beurteilung der Relevanz eher an ex- und internen Anforderungen oder aber an naturwissenschaftlichen Kriterien orientieren, die eine möglichst objektive Beurteilung anstreben (z.B. Bewertungsansätze im Rahmen von Ökobilanzen[114]). Die geschilderten Optionen von Referenzen für die Bestimmung bedeutender Umweltaspekte verdeutlicht, dass die Wahl der Be-

---

[113] Eine ähnliche Unterscheidung zeigt sich in den verschieden gelagerten Aufgabenbereichen der Sicherheit, des Gesundheits- und des Umweltschutzes. In Anlehnung an Hungerbühler, Ranke et al. (1998, S. 23f.) kann Sicherheits-, Gesundheits- und Umweltschutz grob nach folgenden Kriterien unterschieden werden:
Sicherheitsprobleme betreffen ereignisorientierte Risiken. Sie sind in hohem Mass orts- und im Ereignisfall zeitspezifisch (z.B. Störfälle wie Brände, Explosionen oder Austritt giftiger Substanzen mit akuten Wirkungen).
Probleme des *Gesundheitsschutzes* betreffen Einwirkungen auf Arbeiter und/oder Konsumenten. Sie sind oft durch eine grössere Expositionsdauer und dementsprechend durch chronische Wirkungen gekennzeichnet.
Probleme des *Umweltschutzes* betreffen Summeneffekte aus einer Vielzahl von inkrementellen Einwirkungen mit Langzeitwirkungen und aus oft zahlreichen diffusen Quellen (z.B. Umweltprobleme aus problematischen Substanzen im Abwasser oder aus Abfällen).

[114] Eine Übersicht von gebräuchlichen Bewertungsansätzen in Ökobilanzen findet sich bei Hungerbühler, Ranke et al. (1998, S. 72); Schott (1998, S. 27).

wertungskriterien und die Gewichtung verschiedener Ziele ein zentraler Bestandteil der Umweltkompetenz eines Entwicklungsteams oder Unternehmens ist.

–   Zur Betrachtung des Produktsystems gehört auch eine zeitliche Komponente, nämlich auf welche Einsatzdauer die geplanten Produkte ausgelegt werden. Diese Betrachtungsebene kann massgeblichen Einfluss auf den ökologischen Vergleich von Alternativen haben.[115]

3.4.2 Anforderungen an die Umweltkompetenz

Die Definition der Umweltkompetenz enthält zwei qualitative Anforderungen an die Umweltkompetenz: die Forderung nach Objektivität und nach Vollständigkeit. Diese Anforderungen sind folgendermassen zu verstehen:

–   *Umweltkompetenz muss zur Schaffung objektiver Entscheidungsgrundlagen führen:*[116] Die Modelle und Kenntnisse über Produkt- und Umwelt-Zusammenhänge sollten möglichst realitätsgetreue Aussagen ermöglichen. Umweltfragen wie z.B. der Vergleich der Umweltrelevanz von Holz und Kunststoffen werden oft auf subjektiven Erwartungen („Holz ist natürlich") gefällt. Umweltkompetenz muss zur Reduktion der Subjektivität beitragen.

–   *Umweltkompetenz muss zur Schaffung eines vollständigen Problemverständnisses führen:*[117] Die Modelle und Kenntnisse sollten alle wichtigen Elemente und Parameter einbeziehen, die die ökologische Relevanz von Produkten beeinflussen. Z.B. sollte der gesamte Produktlebenszyklus,[118] alle auftretenden Umweltein- und daraus resultierenden -auswirkungen[119] oder alle relevanten Anspruchsgruppen einbezogen werden.[120] Dies gilt insbesondere im Rahmen der Problemanalyse und der Bewertung. Das Problemverständnis soll dergestalt sein, dass es die Produktentwicklung befähigt, ökologische Auswirkungen effektiv zu

---

[115]   Stahel (1997) schlägt bspw. unterschiedliche Konzepte zur Erhöhung der Langlebigkeit von Produkten vor.

[116]   Hofstetter und Braunschweig (1994, S. 228) nennt Objektivität zusammen mit Transparenz und Nachvollziehbarkeit als eine der zentralen Anforderungen an ökologische Bewertungsmethoden.

[117]   Vgl. Seidl (1993, S. 101f.); Hofstetter und Braunschweig (1994, S. 228).

[118]   Vgl. Hummel (1997, S. 25 und 78ff.); Hungerbühler, Ranke et al. (1998, S. 235).

[119]   Vgl. Hofstetter und Braunschweig (1994, S. 228).

[120]   Vgl. Hummel (1997, S. 25).

verringern und nicht einfach zu verlagern.[121] Vereinfachungen sollten
auf einem ausreichenden Problemverständnis beruhen.[122]

3.5 Proaktive Umweltkompetenz

Die Ausführungen zur Umweltkompetenz zeigen, dass neben Kompetenzen
zur Analyse des Anspruchs- und Effektsystems auch Fähigkeiten und
Kenntnisse zur Beurteilung der Relevanz unterschiedlicher Ansprüche oder
Auswirkungen von zentraler Bedeutung sind. In der Praxis müssen Ent-
wicklungsteams bei der Ziel- und Lösungssuche zwischen Relevantem und
Unbedeutendem unterscheiden, was eine wertende Tätigkeit ist. Allgemeine
Zielsetzungen und Wertmassstäbe des Unternehmens leiten Entwicklungs-
teams bei dieser Bewertung.

Die in Kapitel 2.3 vorgestellte Unterscheidung zwischen reaktiver und proaktiver Ausrichtung der Produktentwicklung stellt eine Möglichkeit dar, diese
wertende Komponente in der Entwicklungstätigkeit differenzierter zu betrachten. In diesem Abschnitt wird anhand dieser Kategorien von Verhaltensausrichtungen dargestellt, welche Umweltkompetenzen Unternehmen
im einen oder anderen Fall benötigen. Dabei interessieren insbesondere die
Erfordernisse, die bei einer proaktiven Ausrichtung notwendig sind.

Bei einer reaktiven Ausrichtung der Produktentwicklung werden bei Analyse
und Beurteilung von Ziel- und Lösungsoptionen ausschliesslich konkrete
Umweltansprüche und -probleme berücksichtigt. Bei einer proaktiven Ausrichtung der Produktentwicklung werden bei Analyse und Beurteilung von
Ziel- und Lösungsoptionen neben konkreten auch latente oder potentielle
Umweltansprüche berücksichtigt (kontingenzaktiv) oder sogar eigenverantwortlich anspruchsvolle Umweltzielsetzungen verfolgt (initiativaktiv). Proaktive Umweltkompetenz können demnach vereinfacht folgendermassen umschrieben werden:

Proaktive Umweltkompetenzen umfassen Kenntnisse und Fähigkeiten zur
Analyse und Beurteilung
- der potentiellen umweltrelevanten Ansprüche (kontingenzaktiv) und
- der spezifischen ökologischen Auswirkungen der Gestaltungsoptionen der
  Produktentwicklung auf der Basis von allgemeinen ökologischen Leitbildern
  (initiativaktiv).

---

[121] Vgl. Minsch, Eberle et al. (1996, S. 33) mit Postulaten zur Nachhaltigkeit.
[122] Vgl. Züst (1998c, S. 175).

Bei einer kontingenzaktiven Ausrichtung liegt die Kompetenz demnach vor allem darin, latente Ansprüche an das Unternehmen zu erkennen. Für Unternehmen erweist es sich als besondere Herausforderung, solche Entwicklungen und Trends frühzeitig zu erkennen und deren Relevanz für konkrete Entwicklungsvorhaben zu beurteilen. Mitarbeiter des Marketing müssen beispielsweise einschätzen, ob der Umstand, dass die öffentliche Hand vermehrt ökologische Produkte nachfragt, für das Unternehmen von Bedeutung ist. Neue Ansprüche und sich abzeichnende Trends müssen in den konkreten Kontext des Unternehmens gestellt werden und im Zusammenhang mit bestehenden Meinungen und Unternehmenszielen interpretiert werden.[123] Bei diesem wertenden Prozess können also sowohl die individuellen Überzeugungen der Mitarbeiter wie auch explizite Zielsetzungen von Unternehmen einfliessen.

Bei einer initiativaktiven Ausrichtung brauchen Unternehmen ein differenziertes Verständnis der spezifischen umweltrelevanten Problemfelder ihrer Prozesse und Produkte und müssen fähig sein, eigene Soll-Vorstellungen und Produktvisionen zu generieren. Dabei können unterschiedliche Wertesysteme eine Rolle spielen. In der Literatur werden als massgebliche normative Referenzsysteme für die Beurteilung von ökologischen Auswirkungen das Konzept der nachhaltigen Entwicklung oder verwandte Leitbilder wie die Industrial Ecology, Öko-Effizienz oder Kreislaufwirtschaftsmodelle genannt.[124] Die Ansätze sind teilweise als allgemeine Grundsätze zu verstehen, anderseits sind sie als Bestandteil von Bewertungsmethoden wie beispielsweise im Rahmen der Ökobilanzierung operationalisiert. Die Kenntnis geeigneter Leitbilder oder ökologischer Produktkonzepte und die Fähigkeit, diese auf die eigenen Produkte zu übertragen, ist ein massgeblicher Bestandteil der Umweltkompetenz bei einer initiativaktiven Ausrichtung. Dabei können Analyse- und Bewertungsmethoden wie Ökobilanzen Unterstützung leisten, was eine entsprechende Methodenkompetenz erfordert.

3.6 Zusammenfassung

Mit den Erörterungen zur proaktiven Umweltkompetenz sind die Grundlagen zur Thematik der Umweltkompetenz abgeschlossen. Zusammenfassend

---

[123] Vgl. Dyllick (1985) zur Frage, wie neue Erkenntnisse über das Umfeld von Unternehmen zu verändertem Verhalten führen.

[124] Vgl. bspw. Seidl (1993, S. 90ff.); Enquête-Kommission (1994); Minsch, Eberle et al. (1996, S. 27ff.) mit den Postulaten zur Nachhaltigkeit, WBCSD-UNEP (1996) zur Öko-Effizienz; Fiksel (1996, S. 444ff.) zur Industrial Ecology sowie Meffert und Kirchgeorg (1998, S. 206ff.) zu Kreislaufstrategien.

wurden vier zentrale Elemente erarbeitet, die ein differenziertes Verständnis der Umweltkompetenz, die im Rahmen der Produktentwicklung erforderlich ist, erlauben.

– Kompetenz wird mit dem Wissensbegriff, der bereits vielfältig in der betriebswirtschaftlichen Literatur diskutiert ist, gleichgesetzt. Wichtigstes Merkmal der Kompetenz ist der Umstand, dass sie eine *personengebundene Ressource* ist. Kompetenzen oder Wissensressourcen eines Unternehmens können deshalb nur in der expliziten Auseinandersetzung mit den Kenntnissen und Fähigkeiten der Mitarbeiter (z.B. des Entwicklungsteams) erfasst werden.

– Kompetenz besteht nicht nur aus Fachwissen. In der Produktentwicklung sind weitere Kompetenzkategorien von ebenso grosser Bedeutung. In der vorliegenden Arbeit wird deshalb neben der inhaltlichen *Fachkompetenz* die prozessbezogene *Problemlösekompetenz* sowie als dritte Kategorie das sogenannte *Kontextwissen* eingeführt. Kontextwissen bezeichnet die Kenntnis sämtlicher unternehmens- oder projektspezifischer Zielsetzungen, Werte und Hintergrundinformationen, die für die Einschätzung der ökologischen Fragestellungen notwendig sind.

– Die Eingrenzung der *Umweltkompetenz* wird in der vorliegenden Arbeit ausschliesslich auf der Ebene der Fachkompetenz vorgenommen. Umweltkompetenz bezeichnet denjenigen Teil der Fachkompetenz des Entwicklungsteams, der für die Lösung umweltbezogener Problemstellungen notwendig ist. Umweltkompetenz wird auf der Basis eines *Systemmodells der Produkt-Umwelt-Zusammenhänge* definiert. Der Begriff Umwelt umfasst dabei sowohl das ökologische wie auch das soziale Umfeld von Unternehmen. Um Umweltkompetenzen beurteilen zu können, werden zwei *allgemeine Kriterien der Systemkenntnis* vorgeschlagen: die Vollständigkeit und die Objektivität. Damit sollen im Rahmen der Fallstudie Schwerpunkte und Defizite der Kompetenzbasis identifiziert werden.

– Mit dem Begriff der *proaktiven Umweltkompetenzen* werden diejenigen Umweltkompetenzen eingegrenzt, die eine proaktive Ausrichtung der Produktentwicklung erlauben. D.h. es wird ein Ansatz dargelegt, um diejenige Umweltkompetenz zu erfassen, die eine ökologische Verbesserung der Produkte über das unmittelbare gesetzliche Minimum hinaus ermöglichen. Entsprechend der Unterformen proaktiven Verhaltens werden zwei Kompetenzschwerpunkte vorgeschlagen: Bei einer kontingenzaktiven Ausrichtung dominiert die Orientierung am engeren Unternehmensumfeld. Es wird eine prognostische Fähigkeit benötigt, die wichtigen Umweltansprüche möglichst frühzeitig zu erkennen. Bei einer initiativaktiven Ausrichtung steht die unabhängige und objektive Beurteilung der Umweltauswirkungen im Vordergrund, um anspruchsvolle und innovative Zielsetzungen zu verfolgen.

Die genannten Konzepte zur Beurteilung der Umweltkompetenz werden in der Fallstudie am Beispiel eines konkreten Entwicklungsprojekts wieder aufgegriffen (Kapitel 8).

4 Grundlagen zum Wissens- management

Nach der Darstellung, was unter Umweltkompetenzen im Kontext der Produktentwicklung zu verstehen ist, widmet sich dieses Kapitel der zweiten Forschungsproblematik der Arbeit. Umweltkompetenzen sind in der Regel auf viele Funktionsbereiche und Abteilungen verteilt oder in spezialisierten Umweltfachstellen konzentriert. Unter dem Stichwort Wissensmanagement wird der Frage nachgegangen, wie Wissen in den frühen Phasen der Produktentwicklung möglichst systematisch und effizient nutzbar gemacht werden kann.

Im ersten Abschnitt wird kurz eingeführt, was unter Wissensmanagement zu verstehen ist und wie dieses Konzept im Zusammenhang mit anderen verwandten Forschungsrichtungen einzuordnen ist. Im zweiten Abschnitt werden die wichtigsten Bausteine des Wissensmanagements im Kontext der Produktentwicklung erörtert und der Schwerpunkt der Arbeit eingegrenzt. Im Anschluss an diese Grundlagen geht es im vierten und letzten Abschnitt um konkrete Massnahmen, um die Verfügbarkeit von Umweltkompetenzen in der Entwicklungstätigkeit zu verbessern. Es wird ein Überblick über die in der Literatur dargestellten Ansätze gegeben, um diese im Hinblick auf die spezifische Problematik der Arbeit zu diskutieren.

4.1 Was ist Wissensmanagement?

Wissensmanagement hat sich in der Literatur im Verlauf der 80er Jahre als eine neuere Denkrichtung etabliert, die die strategische Bedeutung der Ressource Wissen für Unternehmen betont. Wissen wird als zentraler Faktor gesehen, der ermöglicht, dass sich Unternehmen nachhaltige Wettbewerbsvorteile aufbauen können. Es wird argumentiert, dass Wissen deshalb zu langandauerenden Vorteilen führt, weil es sowohl kontextgebunden wie immateriell und deshalb schwer imitierbar ist. Es ist ein komplexes Gebilde, das eng mit den Mitarbeitern und ihrem kulturellen Kontext im Unternehmen verknüpft ist.[125] Aus der strategischen Bedeutung von Wissen ergibt sich die Notwendigkeit, nach Konzepten und Massnahmen zu suchen, die einen systematischeren und professionelleren Umgang mit Wissen ermöglichen. Vor

---

[125] Vgl. Osterloh und von Wartburg (1998 S. 150); von Krogh, Venzin et al. (1998, S. 120ff.).

diesem Hintergrund erklärt sich die Entstehung von Ansätzen zum Wissensmanagement. Wissensmanagement kann demnach folgendermassen definiert werden:

Wissensmanagement bezweckt die gezielte Gestaltung und Lenkung von Wissen und Kompetenzen, damit diese effektiver und effizienter genutzt werden können.[126]

Im Brennpunkt der Bemühungen des Wissensmanagements sollten die Kernkompetenzen des Unternehmens stehen. Kernkompetenz ist die „Summe des Wissens einer Organisation, das im Verlauf der Zeit durch Erfahrungen entwickelt wurde, nur schwer anzueignen und imitierbar ist und den zentralen Wettbewerbsvorteil gegenüber Konkurrenten darstellt."[127]

Inwiefern Umweltkompetenzen ein Teil der Kernkompetenzen darstellen, hängt sehr von der strategischen Ausrichtung des Unternehmens ab. In Anlehnung an die Unterscheidung zwischen Öko-Innovatoren, Öko-Integratoren und Passiven (siehe Kapitel 2.2.1) kann zum Beispiel davon ausgegangen werden, dass bei den Öko-Innovatoren Umweltkompetenzen einen Teil der Kernkompetenzen ausmachen. In der schon erwähnten Fallstudie im Textilsektor zeigte sich, dass im Rahmen von ökologischer Produktinnovation Kompetenzen für das unternehmensübergreifende Stoffstrommanagement aufgebaut wurden.[128] Die Unternehmen haben mit den beteiligten Lieferanten und Abnehmern der Wertschöpfungskette eine Zusammenarbeit zur gemeinsamen ökologischen Optimierung und Kontrolle der textilen Produkte entwickelt. Die Fähigkeit zu dieser Kooperation kann als Kernkompetenz betrachtet werden. Bei Öko-Integratoren und in jedem Fall bei den Passiven können Umweltkompetenzen in der Regel kaum zu den Kernkompetenzen gerechnet werden. Da aber Öko-Integratoren dennoch eine systematischere und gezieltere Integration ökologischer Faktoren in die Produktentwicklung verfolgen, ist der Umgang mit den hierfür notwendigen Wissensressourcen gleichfalls von Bedeutung, auch wenn beispielsweise Kompetenzen zur Weiterentwicklung der Kerntechnologien grundsätzlich höhere Priorität haben werden.

---

[126] In Anlehnung an Lullies, Bollinger et al. (1993, S. 16); Schüppel (1996, S. 191f.); North (1998, S. 145); Probst, Raub et al. (1999, S. 46f.).

[127] Vgl. Pawlowsky (1998, S. 34f.).

[128] Vgl. Ries (1998a); Ries (1998b).

4.1.1 Wissensmanagement und organisationales Lernen

Die Entstehung der Forschungsrichtung des Wissensmanagements ist eng verknüpft mit der Thematik des organisationalen Lernens. Lernfähigkeit ist ein wesentliches Merkmal von Menschen und wird auch als zentralen Erfolgsfaktor von Unternehmen gesehen.[129] Theorien zum organisationalen Lernen versuchen Lernprozesse in Unternehmen zu beschreiben und Konsequenzen abzuleiten, wie diese Lernfähigkeit eines Unternehmens beeinflusst und gesteigert werden kann. Wie Lernen und Wissen zusammenhängen, zeigt sich in einer Umschreibung von organisationalem Lernen:

Organisationales Lernen wird als Prozess verstanden, der zu einer Vergrösserung und qualitativen Verbesserung der Wissensbasis eines Unternehmens führt.[130] Lernen ist ein Prozess des Wissenserwerbs, und Lernerfolge werden gewissermassen in Wissen „konserviert".[131]

Wissensmanagement kann als Teilbereich der Forschungsthematik des organisationalen Lernens verstanden werden. Massnahmen des Wissensmanagements verfolgen direkt oder indirekt das Ziel, Voraussetzungen zu schaffen, dass die Lernfähigkeit eines Unternehmens unterstützt und gesteigert wird.[132]

Wissensmanagement wird in der Literatur auch als Versuch gesehen, das Konzept des organisationalen Lernen operabler und für die Praxis zugänglicher zu machen.[133] Wissen wird als Ressource aufgefasst. Wissensmanagement ist der Versuch einer gezielten Bewirtschaftung dieser Ressource. Wissensmanagement orientiert sich an typischen Steuerungsinstrumenten von Unternehmen wie das Festlegen von (Wissens-) Zielen, die Gestaltung von (Wissens-) Prozessen und deren Kontrolle durch Erfolgsgrössen. Es scheint, dass dieser Ansatz einfacher fassbar ist, als die Auseinandersetzung mit der komplexen Thematik von Lernprozessen.

Trotz diesem Anspruch auf Praktikabilität ist Wissensmanagement im Gegensatz zu anderen Managementansätzen wie dem Qualitäts- oder Umweltmanagement gegenwärtig noch ein akademisches Konstrukt. In der

---

[129] Vgl. Osterloh und von Wartburg (1998, S. 150).

[130] Vgl. Duncan und Weiss (1979, S. 89f.) zit. aus Gerhard (1997, S. 201) sowie Probst, Raub et al. (1999, S. 46). Ein weiteres zentrales Merkmal des organisationalen Lernens besteht darin, dass es sich bei dem erworbenen Wissen nicht nur um individuelles, sondern auch kollektives Wissen handelt. Darunter können geteilte Erfahrung, Regeln und Routinen verstanden werden, die unabhängig vom Weggang einzelner Mitglieder sind (Osterloh und von Wartburg (1998, S. 150)). Kollektives Wissen ist in diesem Sinne mehr als die Summe der individuellen Kompetenzen (Probst, Raub et al. (1999, S. 43)).

[131] Vgl. Pautzke (1989, S. 2).

[132] Vgl. Rehäuser und Krcmar (1996, S. 18).

[133] Vgl. North (1998, S. 151); Probst, Raub et al. (1999, S. 47).

Praxis wird Wissensmanagement erst in wenigen Unternehmen als eigentliche Führungsaufgabe verstanden.[134] Das heisst allerdings nicht, dass Firmen bis dato keine Anstrengungen unternommen haben, um ihre Wissensressourcen aktiv zu lenken. Wissensmanagement hilft, diese Aktivitäten expliziter zu definieren und isolierte Massnahmen in einen grösseren Kontext zu setzen.

4.1.2 Wissensmanagement auf normativer, strategischer und operativer Ebene

In der Literatur finden sich bereits zahlreiche Konzepte und Modelle zum Wissensmanagement.[135] Ihnen ist weitgehend gemeinsam, dass sie Wissensmanagement als neue Aufgabe verstehen, die in den bestehenden Führungsablauf von Unternehmen integriert werden muss. Entsprechend unterscheiden sie zwischen der normativen, strategischen und operativen Managementebene, die um die Auseinandersetzung mit Wissen ergänzt werden soll. Welche Kompetenzen brauchen wir, um unsere Unternehmensziele zu erreichen? Müssen bestimmte Wissensbereiche gezielter entwickelt und entsprechende Programme oder Projekte eingesetzt werden? Unterstützt unsere Unternehmenskultur den nutzbringenden Umgang mit Wissen?[136] Die vorliegende Arbeit befasst sich mit Fragen, wie die operative Produktentwicklung im Hinblick auf den Umgang mit Umweltkompetenzen gezielter unterstützt werden kann. Insofern interessieren in erster Linie Fragen des operativen Wissensmanagements. Zielsetzungen des operativen Wissensmanagements sind beispielsweise:[137] Sicherstellen, dass für Geschäftsentwicklung und Geschäftsprozesse benötigtes Wissen zur Verfügung steht; sicherstellen, dass Wissen an der geeignetsten Stelle in- oder ausserhalb des Unternehmens entwickelt wird; sicherstellen, dass Wissen optimal nutzbar gemacht und auch genutzt wird.

---

[134] Probst, Raub et al. (1999, S. 22) nennt einige Beispiel von Unternehmen, die über sogenannte *knowledge manager* verfügen.

[135] Übersicht über verschiedene Konzepte des Wissensmanagements finden sich bei Schüppel (1996, S. 187ff.); North (1998, S 153ff.); von Krogh, Venzin et al. (1998, S. 123ff.).

[136] Vgl. North (1998, S. 167, 215); Probst, Raub et al. (1999, S. 57ff.).

[137] Vgl. North (1998, S. 149).

4.1.3 Wissensmanagement ist ein Supportprozess

Wissensmanagement kann als Prozess verstanden werden, der die Entwicklung und Verteilung von Wissen im Hinblick auf den Bedarf, der sich aus der Abwicklung bestehender Geschäftsprozesse ergibt, koordinieren muss. Es muss beispielsweise sichergestellt werden, dass Umweltfachstellen Methoden- und Fachkompetenzen aufbauen, die den Bedürfnissen anderer Funktionsbereiche oder Aufgaben entsprechen. Und es bedeutet auch, Massnahmen zu ergreifen und Voraussetzungen zu schaffen, damit vorhandene, auf zahlreiche Akteure, Stellen und Bereiche verteilte Wissensressourcen für konkrete Aufgaben im Entwicklungsprozess möglichst effizient mobilisiert werden können. Wissensprozesse sind in diesem Sinne als Supportprozesse der zentralen Geschäftsprozesse wie der Produktentwicklung zu verstehen.

4.1.4 Wissensmanagement versus Daten- und Informationsmanagement

Im Gegensatz zu Daten und Informationen handelt es sich bei Wissen und Kompetenzen um eine personengebundene Ressource (siehe Kapitel 3.1). Wissensmanagement muss der Tatsache Rechnung tragen, dass ein Grossteil des Wissens und das Know-how eines Unternehmens in den Köpfen der Mitarbeiter stecken.[138] Massnahmen des Wissensmanagements unterscheiden sich deshalb in wesentlichen Punkten von Massnahmen des Daten- und Informationsmanagements. Daten- und Informationsmanagement basiert in der Regel eher auf technikorientierten Ansätzen wie die computergestützte Datenverarbeitung oder die Etablierung von Informationstechnologien wie zum Beispiel ein Intranet. Wissensmanagement stellt eher humanzentrierte Ansätze ins Zentrum. Es geht um den Menschen als Wissensträger, um die optimale Nutzung der Qualifikation und Erfahrung der Mitarbeiter sowie deren Förderung und bestmögliche Vernetzung.[139] Die beiden Ansätze schliessen sich selbstredend nicht aus, sondern ergänzen sich. In der Literatur wird Wissensmanagement jedoch als umfassenderes und übergeordnetes Rahmenkonzept gesehen, das sich der Mittel des Daten- und Informationsmanagements bedient und diese in einen breiteren Zusammenhang stellt.[140]

---

[138]   Vgl. Probst, Raub et al. (1999, S. 40).
[139]   Vgl. Schüppel (1996, S. 187f.).
[140]   Vgl. Albrecht (1993).

4.2 Bausteine des Wissensmanagements zur Unterstützung der Produktentwicklung

Die Produktentwicklung ist eine betriebliche Tätigkeit, bei der eine Vielfalt von Wissen und Kompetenzen gebündelt und in kurzer Zeit verarbeitet werden muss. Operatives Wissensmanagement hat in diesem Zusammenhang zur Aufgabe, dass das relevante Wissen im Entwicklungsprozess zur rechten Zeit am rechten Ort verfügbar ist.[141]

In der Unternehmenspraxis wie in der Literatur finden sich bereits eine Fülle von Gestaltungsmassnahmen, mit denen Unternehmen Einfluss auf die Effizienz und Effektivität ihrer Geschäftsprozesse – und insbesondere der Produktentwicklung – nehmen. Es stellt sich die Frage, ob sich diese Massnahmen auch für die gezielte Steuerung des Wissensflusses eignen.

Um Arbeits- und Vorgehensweisen, Prinzipien und Praktiken zur Unterstützung der Produktentwicklung aus einer wissensorientierten Perspektive zu beurteilen, wird im Folgenden ein Rahmenmodell vorgestellt, das die wichtigsten Bausteine des Wissensmanagements umfasst. Das Modell schafft Grundlagen, um im abschliessenden Kapitel 4.4 Massnahmen zur (umweltorientierten) Produktentwicklung im Hinblick auf ihre Kraft, die Verfügbarkeit der relevanten Umweltkompetenzen im Entwicklungsprozess sicherzustellen, einzuordnen und zu diskutieren.

4.2.1 Rahmenmodell des Wissensmanagements

In der Literatur finden sich bereits eine kaum überschaubare Vielfalt von Beiträgen zu organisationalem Lernen und Wissensmanagement. Die vorgeschlagenen Modelle und Konzepte weisen jedoch eine Reihe von Gemeinsamkeiten auf. Sie unterscheiden die folgenden Bausteine (siehe Abb. 11):[142]

– unterschiedliche Ebenen von **Wissensressourcen** wie einzelne Individuen oder Arbeitsteams,

– unterschiedliche **Wissensprozesse** wie Wissenserwerb, Wissenstransfer, Wissensintegration und Wissensnutzung.

---

141 Vgl. Lullies, Bollinger et al. (1993, S. 35).

142 Vgl. Pawlowsky (1998, S. 17f.), der anstelle von Wissensressourcen den Begriff der Lernebenen verwendet, anstelle von Wissensprozessen von Lernphasen spricht. Als weitere Bausteine nennt er zudem die unterschiedlichen Lerntypen und Lernformen, auf die in der vorliegenden Arbeit jedoch nicht näher eingegangen wird.

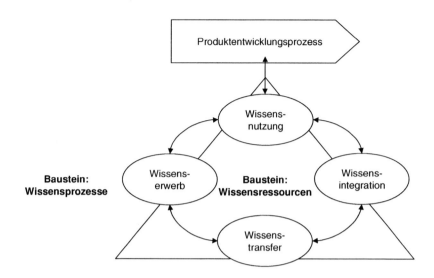

Abb. 11: Rahmenmodell des Wissensmanagements zur Unterstützung der Produktentwicklung (in Anlehnung an Pawlowsky (1998, S. 22))

Die Wissensprozesse haben die Funktion, die verschiedenen Wissensressourcen entsprechend dem wechselseitigen Bedarf bei der Abwicklung konkreter Aufgaben zu koordinieren. Sie dienen demnach der optimierten Bewirtschaftung der Wissensressourcen.

Die Wissensressourcen und -prozesse, die im Kontext der umweltorientierten Produktentwicklung von Bedeutung sind, werden im Folgenden eingeführt, um im Anschluss den Fokus der Arbeit auf die Betrachtung des Prozesses des Wissenstransfers einzugrenzen.

4.2.2 Baustein: Wissensressourcen der Produktentwicklung

Eine zentrale Charakteristik der Produktentwicklung besteht darin, dass eine Vielzahl von Funktionsbereichen sowie externer Akteure wie Lieferanten oder Kunden direkt oder indirekt beteiligt sind. Durch ihre spezialisierten Kenntnisse und Erfahrungen sind sie wichtige Wissensressourcen, auf die ein Entwicklungsprojekt angewiesen ist und die im Verlauf des Projekts mobilisiert und integriert werden müssen.

a)   Unterscheidung zwischen Wissens- und Informationsressourcen

Wissensressourcen werden in der vorliegenden Arbeit folgendermassen definiert:[143]

> Die **Wissensressourcen** der Produktentwicklung setzen sich aus demjenigen Wissen der Mitarbeiter und externen Fachkräfte zusammen, auf das bei der Lösung von Problemen und Aufgaben der Produktentwicklung grundsätzlich zurückgegriffen werden kann.

Diese Definition legt den Schwerpunkt auf den Umstand, dass Wissen in erster Linie eine personengebundene Ressource ist und entsprechend nur von Personen weitergegeben werden kann. In Bezug auf die Umweltproblematik der Produktentwicklung können zum Beispiel folgende Wissensressourcen von Belang sein:

–   interne Umweltfachstellen, die über Kompetenzen zu Fragen der Gesetzeskonformität oder der umweltrelevanten Aspekte des Unternehmens verfügen;

–   Produktentwickler, die durch spezielles Engagement Kompetenzen im Umgang mit Datenbanken zu den ökologischen Auswirkungen von verschiedenen Standardmaterialien haben;

–   Umweltbeauftragte von eigenen Produktionswerken oder Lieferanten, die Kenntnis über die Energieeffizienz unterschiedlicher Prozesse oder deren Emissionen haben;

–   Forschungsinstitutionen oder Beratungsunternehmen, die über Kompetenzen zur Umweltanalyse von Produkten verfügen und konsultiert werden können.

Daneben verfügen Unternehmen über eine grosse Vielfalt von personenunabhängigen Ressourcen, die sie für die Problemlösung einsetzen. Sie werden in dieser Arbeit zusammenfassend als **Informationsressourcen** bezeichnet.[144] Sie zeichnen sich vor allem dadurch aus, dass sie in formulierter Form vorliegen (z.B. als Dokumente oder in Form von elektronischen Daten- und Informationsträgern), was bei Wissen oft nicht der Fall ist. Informationsressourcen, die für die umweltorientierte Produktenwicklung Bedeutung haben, sind zum Beispiel interne Handbücher und Checklisten über

---

[143] In Anlehnung an Schüppel (1996, S. 198).

[144] In der Literatur findet sich beispielsweise folgende Definition von Informationsressourcen, die aber für die vorliegende Arbeit nicht geeignet erscheint. Sie betont schwergewichtig den Bedeutungsgehalt des Begriffs Ressource. „An information resource is literally and concretely a source of information that has been established so that ift can be reused. In other words, it is a stock of information that has been societally institutionalized for repeated use by one or many classes of users. That is what makes it a re-source." (Levitan (1982) zit. aus Schott (1998, S. 68)).

umweltorientierte Produktentwicklung oder allgemein zugängliche Datenbanken zur Toxizität chemischer Substanzen.[145]

Da das Wissen einer Person zu einem wesentlichen Teil auf der Verarbeitung von Informationen und Daten beruht (vgl. Kapitel 3.1), stehen Wissens- und Informationsressourcen in engem Zusammenhang (siehe Abb. 12). Die Informationsressourcen können für die Problemlösung gezielt herangezogen werden, anderseits können neue Erkenntnisse und Erfahrung laufend als Informationen gespeichert werden und sind damit für weitere Mitarbeiter verfügbar.

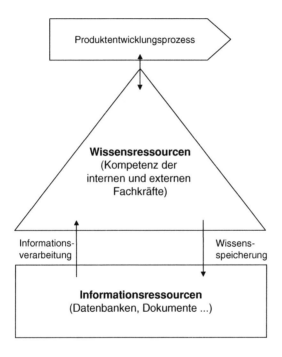

Abb. 12: Zusammenhang zwischen Wissens- und Informationsressourcen (in Anlehnung an Probst, Raub et al. (1999, S. 35ff. und 46))

Die Differenzierung zwischen Wissens- und Informationsressourcen orientiert sich einerseits an Trägermedien, anderseits an der Lernfähigkeit. Eine aktive Weiterentwicklung von Wissen ist nur dem Menschen gegeben.[146] Er nimmt deshalb im Gegensatz zu Papier oder elektronischen Trägermedien

---

[145] Eine ausführliche Zusammenstellung von umweltrelevanten Informationsressourcen der Produktentwicklung findet sich bspw. bei Schott (1998, S. 81ff. und 120ff.).

[146] Vgl. Rehäuser und Krcmar (1996, S. 14f.).

eine Sonderstellung ein und bildet gewissermassen das Scharnier zwischen Informationsressourcen und deren problembezogener Auswahl und Nutzung. Wissensmanagement, wie es im Rahmen dieser Arbeit ausgelegt wird, muss sich deshalb in erster Linie mit der Gestaltung und Lenkung der Wissensressourcen auseinandersetzen.

b) Vier Ebenen von Wissensressourcen

Wissensressourcen können aus der Perspektive der Produktentwicklung in vier Ebenen gegliedert werden. Zunächst kann zwischen in- und externen Wissensressourcen unterschieden werden. Interne Wissensressourcen können im weiteren in eine allgemeine Ebene des Geschäftssystems und die Ebene der unmittelbar projektspezifischen Wissensressourcen differenziert werden (siehe <u>Abb. 13</u>). Letztere umfasst im Wesentlichen das Projektteam mit den einzelnen Mitgliedern.

Die vier Ebenen von Wissensressourcen werden im Hinblick auf ihre Besonderheiten im Folgenden kurz erläutert.

– Auf der **individuellen Ebene** stellt sich die Frage nach der Qualifikation der direkt am Entwicklungsprozess beteiligten Personen. Ergibt sich in der Entwicklungstätigkeit ein Problem oder eine Aufgabe, so stehen dem einzelnen Mitarbeiter zunächst einmal seine eigenen Kenntnisse, Fähigkeiten und Erfahrungen zur Verfügung. Das Kompetenzprofil, wie es für die Produktentwicklung und insbesondere für ökologische Aspekte relevant sein könnte, wurde in <u>Kapitel 3.3</u> und <u>3.4</u> bereits eingeführt. Die individuelle Kompetenz ist von besonderer Bedeutung, da bestimmte Aufgaben in der Produktentwicklung von einzelnen Mitgliedern autonom gelöst oder erste Vorschläge, Abklärungen und Lösungsvarianten erarbeitet werden.

– Produktentwicklung wird massgeblich in Gruppen oder Teams abgewickelt. Ein Projektteam ist eine temporäre Organisation, das Personen aus unterschiedlichen Bereichen in Bezug auf ein bestimmtes Problem oder eine Zielsetzung zusammenfasst.[147] Aus einer wissensorientierten Perspektive ist die **Teamebene** als Bindeglied zwischen der individuellen und der Organisationsebene zu verstehen. Ihr kommt aus zwei Gründen besondere Bedeutung zu:[148]

Einerseits werden in Gruppen die Summe der Kompetenzen aller Mitglieder vereint und stehen unmittelbar für die Bearbeitung von Aufgaben

---

[147] Vgl. Ehrlenspiel (1995, S. 168).

[148] Vgl. Lullies, Bollinger et al. (1993, S. 235ff.); Ehrlenspiel (1995, S. 168ff.); Rehäuser und Krcmar (1996, S. 28); Probst, Raub et al. (1999, S. 200ff.) und Pawlowsky (1998, S. 28). Letzterer bezeichnet Team- und Gruppenarbeit als „natürliche Diffusionsebene von Wissen und Erfahrungen".

zur Verfügung. Die Zusammensetzung von Teams ist demnach ein wichtiger Ansatzpunkt, um unterschiedliches Wissen nutzbar zu machen. Bei Entwicklungsprojekten kann dabei zwischen Kernteam und erweitertem Team unterschieden werden.[149] Gewisse Funktionen sind also kontinuierlich in den Entwicklungsprozess einbezogen (z.B. Marketing, Entwicklung), andere können nach Bedarf beigezogen werden (z.B. Controlling, Beschaffung, Qualitätssicherung, Umweltfachstellen, Lieferanten). Die Teamzusammensetzung kann sich überdies im Verlauf des Projektfortschritts verändern, was zusätzliche Anforderungen an das Wissensmanagement – insbesondere den Wissensaustausch – stellt.

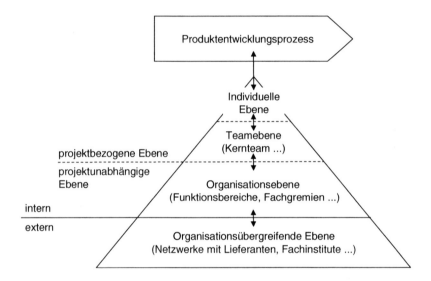

Abb. 13: **Unterschiedliche Ebenen von Wissensressourcen, die im Kontext der Produktentwicklung von Bedeutung sind (in Anlehnung an Probst, Raub et al. (1999, S. 35))**

Eine zweite Besonderheit von Teams ist, dass durch die Interaktion der Teilnehmer laufend neues Wissen entsteht. Vorhandene Kenntnisse und Erfahrungen werden neu kombiniert und wechselseitig ergänzt. In Gruppen laufen deshalb wertvolle Lernprozesse ab. Für diese Prozesse spielen neben guten Fachkompetenzen auch die Interaktionskompetenzen (vgl. Kapitel 3.3) eine besondere Rolle. Sie ermöglichen beispiels-

---

[149] Vgl. Ehrlenspiel (1995, S. 167).

weise, dass die verschiedenen funktionalen Perspektiven diskutiert und
ausgehandelt werden.[150]

–   Die **Organisationsebene** umfasst alle übrigen internen Wissensres-
    sourcen. Dabei handelt es sich um sämtliche Funktionsbereiche und üb-
    rigen Organisationseinheiten, die über Wissen verfügen, das für die
    Produktentwicklung relevant ist. Aus wissensorientierter Sicht ist von
    besonderem Interesse, inwiefern in Funktionsbereichen wie dem Mar-
    keting, der Beschaffung und Umweltfachstellen projektunabhängig und
    über einen längeren Zeitraum Kenntnisse und Fähigkeiten aufgebaut
    werden, die für die Produktentwicklung relevant sind. Kundenbefragun-
    gen, Lieferantenbewertungen oder die Umweltanalyse des bestehenden
    Produktspektrums sind Beispiele solcher langfristiger Aktivitäten, die
    zum Aufbau von spezifischen Kenntnissen in den entsprechenden
    Unternehmenseinheiten führen, die in Entwicklungsvorhaben von Be-
    deutung sein können.

–   Die **organisationsübergreifende Ebene** umfasst Wissensressourcen,
    die ausserhalb des Unternehmens für die Erfüllung der Aufgaben der
    Produktentwicklung zur Verfügung stehen. Hier kann es sich beispiels-
    weise um die Zusammenarbeit mit Lieferanten handeln, die zu wertvol-
    len Kooperationsbeziehungen führt. Auf dieser Ebene stellt sich die
    Frage, wie gut ein Unternehmen in der Lage ist, externe Wissensres-
    sourcen aktiv nutzbar zu machen. Es ist gerade bei umweltbezogenen
    Kompetenzen unmöglich, dass ein Unternehmen alles notwendige
    Spezialwissen auf sich vereinigt. Unternehmen entscheiden bewusst
    oder unbewusst: Welche Kompetenzen werden intern aufgebaut und
    gepflegt, bei welchen kauft man externes Wissen ein (Make-or-Buy-
    Entscheid)?

Die unterschiedlichen Ebenen von Wissensressourcen verdeutlichen, dass
die gezielte und systematische Bewirtschaftung von Wissen eine sehr komplexe Koodinationsaufgabe darstellt.

4.2.3 Baustein: Prozesse des Wissensmanagements

Wissensmanagement muss ermöglichen, dass die genannten Wissensressourcen optimal genutzt werden können. Zu diesem Zweck braucht es ein
Verständnis, wie Wissen im Unternehmen entsteht und wie es über die verschiedenen Unternehmenseinheiten ausgetauscht wird, damit es zur rechten

---

[150]   Vgl. Lullies, Bollinger et al. (1993, S. 26ff.).

Zeit am rechten Ort eingesetzt werden kann. Dieser dynamische Prozess kann vereinfacht in vier Teilprozesse unterschieden werden, die gewissermassen den Lebenszyklus von Wissen im Unternehmen beschreiben. Diese Wissensprozesse sind, wie schon erwähnt, als Supportprozesse zu verstehen, die bestehende Geschäftsabläufe wie die Produktentwicklung unterstützen sollen.

Die vier Prozesse sind im Folgenden erläutert und in <u>Abb. 11</u> dargestellt:[151]

– Der **Wissenserwerb** oder die Wissensentwicklung umfasst sämtliche Aktivitäten, die zu neuem Wissen und neuen Kompetenzen führen. Da es sich bei Wissen um eine personenbezogene Ressource handelt, ist Wissenserwerb in erster Linie als das Erlernen neuer Sachverhalte oder Fähigkeiten durch die Mitarbeiter eines Unternehmens zu verstehen. Die Mitarbeiter erwerben Wissen einerseits durch traditionelle Massnahmen wie interne oder externe Weiterbildungsseminare. Viel bedeutsamer sind jedoch die Kenntnisse und Erfahrungen, die sie sich im Rahmen ihrer täglichen Arbeit aneignen. Marketing-Mitarbeiter besuchen Kunden, führen Marktanalysen durch, Qualitätsabteilungen nehmen Kundenreklamationen entgegen und werten diese aus, Umweltfachstellen erstellen Analysen der ökologischen Schwachstellen der Produkte. Ein wesentlicher Teil neuen Wissens wird, wie im vorangehenden Abschnitt erwähnt, in Gruppen und Teams aufgebaut. Neben dieser internen Wissensentwicklung spielt beim Wissenserwerb auch die Erschliessung von externen Wissensressourcen eine wichtige Rolle (Kooperationen mit Lieferanten oder Fachinstituten).

– Der **Wissenstransfer** umfasst sämtliche Aktivitäten, um vorhandenes Wissen im Unternehmen zu verteilen, respektive für die Erfüllung von konkreten Aufgaben gezielt zu mobilisieren. Wenn beispielsweise Qualitätsfachstellen Kundenanfragen bearbeiten, so werden sie Kenntnisse und Einsichten über Probleme bei der Produktanwendung erwerben. Diese Erfahrungen können für andere Funktionsbereiche und auch bei der Entwicklung neuer Produkte wesentlich sein. Massnahmen des Wissenstransfers haben zum Ziel, das Wissen, das in den einzelnen Abteilungen oder in Projekten entsteht, möglichst bedarfsorientiert für andere Stellen nutzbar zu machen. Wissenstransfer ist der Prozess der

---

[151] In Anlehnung an Pawlowsky (1998, S. 21). Andere Autoren schlagen Modelle vor, die noch differenziertere Teilprozesse unterscheiden (bspw. Probst, Raub et al. (1999, S. 53ff.) mit Wissensidentifikation, Wissenserwerb (bezüglich externem Wissen), Wissensentwicklung (bezüglich internem Wissen), Wissens(ver)teilung, Wissensnutzung und Wissensbewahrung oder Schüppel (1996, S. 192) mit Wissensproduktion, Wissensreproduktion, Wissensdistribution, Wissensverwertung und Wissenslogistik). Grundsätzlich können diese jedoch vereinfacht in den genannten Hauptprozessen zusammengefasst werden.

Verbreitung und Verteilung des bereits vorhandenen Wissens innerhalb des Unternehmens. Wissenstransfer wird deshalb in der Literatur auch mit den Begriffen der Wissensdiffusion, -distribution, -multiplikation oder der Wissenslogistik belegt.[152]

Die Problematik des Wissenstransfers steht in engem Zusammenhang mit der Unternehmensgrösse. Bei grösseren Unternehmen ist die Kommunikation zwischen den verschiedenen Unternehmenseinheiten zunehmend erschwert. Sie können sich im Gegensatz zu Kleinunternehmen durch die Viehlzahl der Mitarbeitenden, Abteilungen, Projekte und Geschäftsbereiche nicht mehr auf den informellen Wissensaustausch verlassen. Wesentliche Kenntnisse und Fähigkeiten werden nicht mehr automatisch an alle relevanten Mitarbeiter weitergegeben, sondern es bedarf geeigneter Rahmenbedingungen, Strukturen und Prozesse, um die wichtigen Schnittstellen durchlässiger zu gestalten und geeignet zu koordinieren.

– **Wissensintegration** ist der Vorgang, wie Personen neues Wissen in ihr bestehendes Vorwissen eingliedern. Diese Problematik ist deshalb von Interesse, weil Lernen nicht einfach darin besteht, Wissen hinzuzufügen. Neue Kenntnisse und Fähigkeiten sind vor allem dann wertvoll, wenn sie sinnvoll in die bestehenden Weltbilder oder Modelle integriert werden können.[153] Wie gehen Mitarbeiter beispielsweise mit neuen Erkenntnissen zu Kundenbedürfnissen, Märkten, Konkurrenzverhalten um, wenn sich diese nicht mit ihren bisherigen Erfahrungen decken oder mit den Unternehmenszielen in Konflikt stehen? Wissensintegration ist demnach ein Prozess der Auseinandersetzung mit Zusammenhängen und Widersprüchen, der auf der Basis von Werten, Überzeugungen und Weltbildern geschieht. Diese mentalen Modelle werden in der Literatur als Handlungstheorien bezeichnet.[154] Sie widerspiegeln Vermutungen

---

[152] Vgl. Schüppel (1996, S. 191ff.); Pawlowsky (1998). Lullies, Bollinger et al. (1993, S. 16) haben den Begriff der Wissenslogistik spezifisch in Bezug auf die Wissensproblematik von Entwicklungsvorhaben eingeführt.

[153] Dyllick (1985) schlägt fünf Stufen vor, wie neue Erkenntnisse über das Umfeld des Unternehmens zu einer Reaktion und zu verändertem Verhalten führen. Die ersten drei Stufen umfassen das *Wahrnehmen* bedeutsamer Ereignisse, das *Integrieren* dieser Erkenntnisse in ein zusammenhängendes, ganzheitliches Bild, das *Akzeptieren* neuer Umstände, in dem diese im Kontext bestehender Meinungen und Zielsetzungen interpretiert werden. Die Stufen weisen Ähnlichkeiten zu den Wissensprozessen auf, sind jedoch nicht deckungsgleich. Die Wissensintegration umfasst sowohl Elemente des Integrierens wie des Akzeptierens.

[154] Handlungstheorien können als „Stukturen zur Organisation und Verarbeitung von Informationen" angesehen werden (Schroder, Driver et al. (1975, S. 22) zit. aus Pawlowsky (1998, S. 31)). Es ist deshalb im Kontext des Wissensmanagements bedeutsam, ein Verständnis für die Mechanismen der Wissensintegration aufzubauen. Ein möglicher Mechanismus der Wissensintegration ist beispielsweise: Je differenzierter Kenntnisse zu einer Problematik vorliegen, desto eher können neue Informationen eingeordnet werden. Bei sehr rudimentä-

über Ursache-Wirkungs-Zusammenhänge. Neben den individuellen Handlungstheorien der einzelnen Mitarbeiter (z.B. „Ökologische Produkte sind teurere Produkte") verfügen Unternehmen über gemeinsam verbindliche Handlungstheorien, die mehr oder weniger explizit formuliert sind. Die genannten Umweltstrategietypen (vgl. Kapitel 2.2.1) sind ein Beispiel hierfür. Passive Unternehmen haben die ex- oder implizite Überzeugung, dass ökologische Fragen keinen nennenswerten Einfluss auf ihre Geschäftstätigkeit haben und dass deshalb keine diesbezüglichen Aktivitäten erforderlich sind.[155]

Im Rahmen des Wissensmanagements kann eine Unterstützung der Wissensintegration beispielsweise darin bestehen, weiche Faktoren wie die Unternehmenskultur so zu beeinflussen, dass eine Kultur des kontinuierlichen Hinterfragens festgefahrener Überzeugungen gefördert wird. Ein anderer Ansatz ist die Förderung von Prozessen, die unterstützen, dass gemeinsame, verbindliche Handlungstheorien aufgebaut werden. Das kann zum Beispiel durch Techniken der Szenario-Planung geschehen. Damit werden Überzeugungen und Zukunftsbilder explizit thematisiert und kollektiv festgelegt.[156]

– In der Phase der **Wissensnutzung** entscheidet sich, inwiefern Wissen in Handlung oder Verhalten umgesetzt wird. Am Beispiel der Produktentwicklung kann sich hier beispielsweise zeigen, ob Methoden wie die Risikoanalyse in konkreten Projekten tatsächlich nutzbringend und effizient eingesetzt werden oder ob hierfür noch Erfahrungen der Methodenanwendung erforderlich sind. In der Literatur wird der Prozess der Wissensnutzung vergleichsweise knapp behandelt. Es scheint, dass hier nur wenig Gestaltungsmöglichkeiten für das Wissensmanagement gesehen werden. Die Phase der Wissensnutzung ist wohl eher als Erfolgskontrolle zu sehen. Hier erweist es sich, ob durch Massnahmen Wissenserwerb, -transfer und Wissensintegration erreicht wurde, damit Wissen in konkreten Aufgaben effektiv und effizient genutzt werden kann.

Die dargelegten Wissensprozesse geben einen ersten Überblick über die verschiedenen Ansatzpunkte und Aufgabenfelder des Wissensmanagements. Sie verdeutlichen, dass Wissensmanagement nicht nur darin besteht

---

rem Verständnis, das nur auf Schwarz-Weiss-Kategorien beruht, besteht nur eine geringe Sensibilität, relevante Informationen zu erkennen (Pawlowsky (1998, S. 31)).

[155] Seidl (1993) hat die individuellen und kollektiven Handlungstheorien, die Einfluss auf eine Umweltorientierung der Produktinnovation haben können, ausführlich am Beispiel der Pflanzenschutzdivision der (ehemaligen) Ciba-Geigy AG untersucht.

[156] Die Szenario-Planung wurde bespielsweise von dem an anderer Stelle schon erwähnten Textilunternehmen zur Festlegung strategischer Umweltziele verwendet (vgl. Ries (1998b)).

sicherzustellen, dass neues Wissen generiert wird. Es handelt sich vielmehr um das Gestalten und Steuern des gesamten Zyklus von der Entstehung von Wissen, über die Verbreitung und Konsolidierung bis zur Nutzung.

4.3 Bausteine zum Prozess des Wissenstransfers

Die vorliegende Arbeit konzentriert sich auf die Problematik des Wissenstransfers, geht also genauer auf die Frage ein, wie Wissen im Unternehmen zu verteilen ist und in Bezug auf bestimmte Aufgaben möglichst effizient mobilisiert werden kann. Diese Eingrenzung wird im ersten Abschnitt begründet. Anschliessend werden weitere Bausteine und Modelle eingeführt, die für eine differenziertere Betrachtung der Problematik des Wissenstransfers von Bedeutung sind.

4.3.1 Argumente für den Schwerpunkt Wissenstransfer

Nach Einschätzung zahlreicher Beiträge handelt es sich beim (internen) Wissenstransfer um eine der schwierigsten und am meisten unterschätzten Aufgaben des Wissensmanagements.[157] Im Folgenden wird kurz diskutiert, weshalb im Zusammenhang mit der Produktentwicklung und insbesondere der Integration von ökologischen Aspekten Fragen des Wissenstransfers von besonderem Interesse sind.

Im Kontext der Produktentwicklung können drei gegenläufige Trends beobachtet werden, die eine systematische Auseinandersetzung mit Prozessen des internen Wissensaustauschs notwendig machen:[158]

–   **Trend zur Effektivität und Integration**: Produkte müssen zunehmend effektiver, respektiv integrierter entwickelt werden. Effektiv heisst dabei, dass sie immer genauer auf die Bedürfnisse der Kunden sowie anderer in- und externer Anspruchsgruppen angepasst sein müssen. Integriert heisst, dass Lösungen gefunden werden, die die Gesamtheit der relevanten Ansprüche vereinen.[159] Ökologische Anforderungen sind ein

---

157   Vgl. Lullies, Bollinger et al. (1993, S. 13ff.); Pawlowsky (1998, S. 26f.); Probst, Raub et al. (1999, S. 224).

158   Vgl. Lullies, Bollinger et al. (1993, S. 18f.); Griffin (1997); Frankl und Rubik (1998, S. 39).

159   Integration ist hier also in einem weiteren Sinn „als Herstellung einer Einheit und der Eingliederung in ein grösseres Ganzes" (Gabler Wirtschaftslexikon (1993, sp. 1924)) zu verstehen und beschränkt sich nicht auf die im vorangehenden Kapitel dargelegten Prozesse der Wissensintegration.

vergleichsweise neuer Anspruch an Produkte, der dazu führt, dass der Zielkatalog der Produktentwicklung zusätzlich komplexer wird.

– **Trend zur Spezialisierung und Differenzierung**: Das für die Entwicklung relevante Wissen ist zunehmend spezialisierter und auf eine wachsende Zahl von unterschiedlichen internen und externen Stellen und Experten verteilt. Umweltrelevante Kompetenzen für die Produktentwicklung sind oft in spezialisierten Umweltfachstellen konzentiert, die noch kaum in den Entwicklungsprozess einbezogen sind. Gleichzeitig können diese Kompetenzen auf verschiedene Mitarbeiter in den Funktionsbereichen verteilt sein, die sich in diesem Bereich ein Expertenwissen angeeignet haben oder über gute Kontakte zu externen Fachkräften verfügen. Es gibt demzufolge eine Differenzierung in der formalen Organisationsstruktur von Unternehmen, zugleich kann es auch eine Differenzierung und Spezialisierung innerhalb der bestehenden Funktionsbereiche geben, indem sich informelle Experten etablieren.

– **Trend zur Effizienz**: Entwicklungsprojekte müssen zunehmend effizienter werden. Effizienz heisst dabei, dass Projekte mit gleichbleibenden Ressourcen an Personen und anderen Mitteln auskommen müssen, um gleichzeitig anspruchsvollere und vielschichtigere Ziele zu erreichen. Dabei steht insbesondere die Verringerung der Entwicklungszeit und der Entwicklungskosten im Zentrum. Gerade für neuere und unter Umständen eher untergeordnete Faktoren wie die Ökologie stehen damit kaum zusätzliche Ressourcen zur Verfügung. Das relevante Wissen muss in möglichst geringer Zeit und ohne massgeblichen zusätzlichen Mitteleinsatz eingebracht werden.

Die drei Trends führen zu folgendem Spannungsfeld, aus dem sich die Bedeutung des Wissenstransfers erklärt:[160] Einerseits besteht die Notwendigkeit zur Differenzierung, um in spezialisierten Bereichen und Stellen das notwendige Fach- und Sachwissen aufzubauen. Anderseits steht die Produktentwicklung vor dem Problem, eine wachsende Zahl von Zielen und Ansprüchen mit beschränktem Ressourcenbudget unter einen Hut zu bringen. Das spezialisierte Wissen muss hier also problemspezifisch zusammengebracht und integriert werden. Wissenstransfer ist als Brücke zu verstehen, die zwischen dem dezentralen, spezialisierten Aufbau von Wissen und der konzentrierten Nutzung der unterschiedlichen Kompetenzen unter den Bedingungen von Entwicklungsprojekten geschlagen werden muss.

Die operativen Probleme, die sich in der Unternehmenspraxis bei der stärkeren Einbindung ökologischer Aspekte in die Produktentwicklung ergeben,[161] können demnach als Probleme des Wissensmanagements und im speziellen besonders als Aufgaben des (internen) Wissenstransfers ver-

---

160 Vgl. Lullies, Bollinger et al. (1993, S. 30).
161 Vgl. hierzu die Ausführungen zur Problemstellung der Arbeit in der Einleitung (<u>Kapitel 1</u>).

standen werden. Unternehmen brauchen nicht nur Verfahren, Strukturen und Methoden, um Umweltkompetenzen aufzubauen. Sie brauchen auch Massnahmen, um diese spezialisierten und auf unterschiedliche Funktionsbereiche und Fachstellen verteilten Kompetenzen in Entwicklungsprojekten nutzbar zu machen. Die vorliegende Arbeit setzt hier den Schwerpunkt, beschränkt sich also in der Betrachtung der Fragen und Aufgaben des Wissensmangements auf die Problematik des Wissenstransfers.

4.3.2 Formen des Wissenstransfers

Wissenstransfer beinhaltet grundsätzlich die Übermittlung von Wissen zwischen zwei oder mehreren Personen. Es können drei Formen dieser Wissensübermittlung unterschieden werden (siehe Abb. 14):[162]

– Bei der **direkten Interaktion** wird Wissen im Gespräch weitergegeben. Dabei kann es sich um zwei Personen oder um die Kommunikation in einer Gruppe handeln.

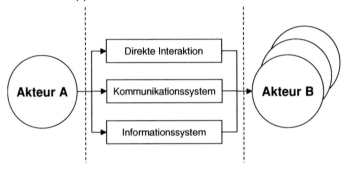

Abb. 14: Verschiedene Formen des Wissenstransfers
(in Anlehnung an Schott (1998, S. 97))

– Neben der direkten Interaktion spielen auch **Kommunikationssysteme** (oder Kommunikationstechnologien) für die indirekte Interaktion ein Rolle. Beispiele sind E-mail, Telefon, Videokonferenzen oder sogenannte groupware-Technologien, die eine interaktive Plattform für Projektteams schaffen. Im Gegensatz zur direkten Interaktion ermöglichen Kommunikationstechnologien, dass räumliche und zeitliche Distanzen zwischen den Beteiligten überwunden werden.

---

[162] In Anlehnung an Schott (1998, S. 97ff.).

–   **Informationssysteme** (oder Informationstechnologien) haben ihre Be-
    deutung insbesondere darin, Wissen unabhängig von Personen zu
    speichern und für einen grösseren Kreis zugänglich zu machen. Dies
    bedingt in der Regel, dass Wissen in formulierter Form vorliegt. Mitar-
    beiter machen damit einen Teil ihres Wissens explizit, das heisst Teile
    ihrer Erfahrungen und Erkenntnisse werden in Handbüchern, Prozess-
    anleitungen, Protokollen oder im Intranet festgehalten. Diese Teile des
    Wissens werden somit zu internen Informationsressourcen. Bei Informa-
    tionstechnologien ist die Möglichkeit zur Interaktion wesentlich geringer.

Untersuchungen zeigen, dass der Wissensaustausch durch die direkte Interaktion einen besonderen Stellenwert hat und oft die häufigste Form ist.[163]
Gewisse Autoren sehen es sogar als die einzige Form, die zu einem tatsächlichen Wissenstransfer führt: „If you believe that knowledge is private
and embodied in each person, rather than being an asset that can be moved
around, the only way to develop and transfer knowledge is through
conversation."[164] Dieses Verständnis widerspiegelt wiederum den zentralen
qualitativen Unterschied zwischen der Informations- und Wissensperspektive, der schon in Kapitel 3.2 erläutert wurde. Wissen besteht demnach aus
einer Kombination von objektiven Sachkenntnissen und persönlichen Erfahrungen oder Kontextwissen. Vor allem Letzteres ermöglicht es, dass Probleme differenziert beurteilt werden können. In der direkten Interaktion können diese Wissensbestandteile übermittelt werden, während sie bei Infor-
mationssystemen zunehmend verloren gehen.

Eine Untersuchung des Wissensaustausches im Kontext von Entwicklungsprojekten zeigt zusätzlich die Grenzen bei der Akzeptanz von Kommunika-
tions- und Informationstechnologien: „Technik allein kann keine Nähe
zwischen den Beteiligten herstellen und die Barrieren des Wissenstransfers
kaum überwinden. [...] Erst wenn es den Beschäftigten ermöglicht wurde,
durch intensive persönliche Kontakte Vertrauen und ein gemeinsames Ziel-
verständnis über das Projekt zu schaffen, sind sie bereit, ihr Wissen mittels
Technik auszutauschen."[165] Diese dominante Rolle der direkten Interaktion
zeigt, dass Wissenstransfer zu einem wesentlichen Teil als Kommunikati-
onsmanagement zu verstehen ist.[166]

---

[163]   Vgl. Frankenberger (1997) mit Studien zum Informationsverhalten von Entwicklern, zusam-
        mengefasst in Schott (1998, S. 79ff.).

[164]   Vgl. von Krogh, Venzin et al. (1998, S. 128). Eine ähnliche Auffassung findet sich auch bei
        Lullies, Bollinger et al. (1993, S. 23); Nonaka und Takeuchi (1995).

[165]   Vgl. Lullies, Bollinger et al. (1993, S. 237).

[166]   Vgl. von Krogh, Venzin et al. (1998, S. 128).

4.3.3 Unterschiedliche Stufen des Wissenstransfers

Der vorangehende Abschnitt hat gezeigt, dass Wissen in erster Linie in der direkten Kommunikation ausgetauscht wird. Wissenstransfer ist also als Organisation und Koordination von Kommunikationsbeziehungen zu verstehen. Damit Kenntnisse und Fähigkeiten wie beispielsweise Umweltkompetenzen in Entwicklungsprojekten verfügbar sind, müssen zwischen der Projektebene und den übrigen in- und externen Wissensressourcen geeignete Kommunikations- und Interaktionsmöglichkeiten geschaffen werden. In Abb. 15 ist diese unmittelbar projektbezogene Stufe des Wissenstransfers dargestellt und kann folgendermassen umschrieben werden:[167]

> Der unmittelbar **projektbezogene Wissenstransfer** hat zum Ziel, Wissen und Kompetenzen in Bezug auf ein bestimmtes Entwicklungsvorhaben verfügbar zu machen.

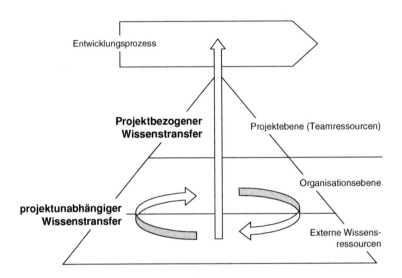

Abb. 15: Stufen des Wissenstransfers: projektbezogene und projektunabhängige Transferbeziehungen

---

[167]   Vgl. Hanssen und Kern (1992, S. 2ff.). Lullies, Bollinger et al. (1993, S. 16) verwenden in diesem Zusammenhang den Begriff der Wissenslogistik. Sie verstehen darunter „all jene Verfahren, Vorgehensweisen und Massnahmen, mit denen das im Unternehmen vorhandene, auf verschiedene Stellen verteilte Wissen in Entwicklungsprozessen gezielt und systematisch mobilisiert, ausgetauscht und integriert wird, um sicherzustellen, dass das für die Bewältigung der Entwicklungsaufgabe relevante Wissen zur richtigen Zeit beim richtigen Empfänger zur Verfügung steht."

Dabei können vier unterschiedliche Transferbeziehungen massgeblich sein: Fachkräfte aus parallel laufenden Entwicklungsprojekten, Kompetenzen aus den verschiedenen Unternehmenseinheiten (z.b. Funktionsbereiche, Fachstellen) sowie die Nutzung von externen Wissensressourcen (z.b. Berater, Fachinstitute). Da sich Entwicklungsprojekte über mehrere Phasen erstrecken, kann zudem der prozessübergreifende Wissenstransfer von Bedeutung sein. Beteiligte der Vorphase müssen relevantes Wissen an neue Mitglieder der folgenden Phasen weitergeben können.

Für die Thematik dieser Arbeit spielt neben dieser unmittelbar projektbezogenen Stufe des Wissenstransfers noch eine weitere Ebene eine Rolle. Diese Ergänzung basiert auf folgender Annahme: Der projektbezogene Wissenstransfer kann nur effizient gestaltet werden, wenn schon im Vorfeld von konkreten Entwicklungsprojekten Bemühungen bestehen, die relevanten (Umwelt-) Kompetenzen an einen grösseren Kreis von Mitarbeitern weiterzugeben. Gerade wenn es um komplexeres Wissen und Kompetenzen geht, die über längeren Zeitraum aufgebaut werden müssen, ist der kontinuierliche Austausch auf der Ebene der verschiedenen Unternehmenseinheiten eine wichtige Vorstufe. Proaktive Umweltkompetenzen können zu dieser Wissenskategorie gezählt werden. Das Erkennen von Trends und wichtigen Umfeldentwicklungen oder die Analyse bedeutender Umweltaspekte kann in der Regel nicht ad hoc in Entwicklungsprojekten geschehen, sondern braucht einen kontinuierlichen Beobachtungsposten, eine laufende Auseinandersetzung. Wissenstransfer wird also nicht ausschliesslich als unmittelbar projektbezogene Aktivität, sondern als langfristige und permanente Aufgabe aufgefasst. Diese zusätzliche Stufe des Wissenstransfers kann folgendermassen umschrieben werden:[168]

> Der **projektunabhängige Wissenstransfer** hat zum Ziel, Wissen und Kompetenzen, die im Unternehmen an isolierten Stellen laufend erworben werden und im weitesten Sinne für die Produktentwicklung von Bedeutung sind, kontinuierlich auf eine grössere Zahl von Mitarbeitern zu verteilen.

Beim projektunabhängigen Wissenstransfer können vereinfacht vier relevante Transferbeziehungen unterschieden werden:[169] der Transfer von Erkenntnissen aus abgeschlossenen Entwicklungsprojekten in die verschiedenen Organisationseinheiten, der Wissensaustausch zwischen den einzelnen Unternehmenseinheiten, wobei zwischen horizontalem Wissenstransfer (zwischen Funktionsbereichen, Fachstellen, Geschäftsbereichen)

---

[168] Pawlowsky (1998) verwendet den Begriff der Wissensdiffusion, der verdeutlichen soll, dass es um eine noch wenig zielgerichtete Verteilung des Wissens auf möglichst viele Organisationsmitglieder geht.

[169] Vgl. Hanssen und Kern (1992, S. 2ff.); Lullies, Bollinger et al. (1993, S. 33); Studinka (1998, S. 77f.).

und vertikalem Wissenstransfer (zwischen Management- und operativer Ebene) unterschieden werden kann. Die dritte Transferbeziehung umfasst den Wissensaustauch mit externen Wissensträgern wie Kunden oder Lieferanten.

In der Literatur wird dem funktionsübergreifenden Wissenstransfer besonderes Gewicht beigemessen.[170] In diesem Zusammenhang wird auch von Schnittstellen-Management gesprochen.[171] Die Bedeutung dieser Thematik rührt daher, dass durch die rigiden organisationsstrukturellen Grenzen zwischen den Funktionsbereichen und allzu bürokratischen Arbeitsprozessen der aufgabennotwendige Wissensaustausch stark behindert wird.[172] Massnahmen zum internen Wissenstransfer müssen diesen strukturellen Voraussetzungen Rechnung tragen und für ausreichende Durchlässigkeit zwischen den Funktionsbereichen sorgen.

4.4 Massnahmen zum Wissenstransfer

In der Literatur und in der Unternehmenspraxis finden sich eine Vielzahl von Massnahmen, die darauf abzielen, den Entwicklungsprozess zu gestalten und zu steuern. Dieses Kapitel hat zum Ziel, einen Überblick über diejenigen Massnahmen zu geben, die dazu beitragen, den internen Wissenstransfer in Bezug auf die Bedürfnisse der Produktentwicklung geeignet zu gestalten.

Es existieren allerdings erst vereinzelt Beiträge, die explizit untersuchen, inwiefern Praktiken und Methoden einen förderlichen oder hemmenden Effekt auf den internen Wissenstransfer haben. Erkenntnisse aus verwandten Forschungsbereichen können jedoch auf die Problemstellung des Wissenstransfers übertragen werden.

Der erste Abschnitt gibt einen Überblick, welche Forschungsbeiträge einbezogen wurden. In den folgenden Abschnitten werden die Massnahmen, die für die Problematik von Interesse sind, jeweils kurz beschrieben und diskutiert.

---

[170] Vgl. Hanssen und Kern (1992, S. 6); Lullies, Bollinger et al. (1993, S. 24ff.).

[171] Nach Domsch, Gerpott et al. (1991, S. 1049) betont Schnittstelle den Austausch von Informationen sowie das Aufeinanderabstimmen von Zuständigkeiten zwischen zwei Funktionsbereichen, um die Trennung im Rahmen von gemeinsamer Zielerkenntnis und Zielverfolgung zu überwinden. Nach Brockhoff (1995, S. 439) ist eine Schnittstelle im organisatorisch kommunikativen Sinn die zur Vermeidung von Dienstwegen vorgesehenen Informations- und Transferpunkte zwischen Trägern von Teilaufgaben.

[172] Vgl. Davis und Wilkof (1988).

4.4.1 Überblick über die relevanten Forschungsbeiträge

In der Literatur finden sich in vier Kategorien von Forschungsbeiträgen Hinweise auf Massnahmen zur Gestaltung und Steuerung des Wissenstransfers. Die vier Forschungsrichtungen sind im Folgenden kurz erläutert, kurze Beschreibungen zu den einzelnen Forschungsbeiträgen finden sich in Anhang 1.

– Eine grosse Zahl von empirischen Studien zum erfolgreichen **Management der Produktentwicklung**[173] hat zu robusten Erkenntnissen geführt, welche organisatorischen Massnahmen und Vorgehensweisen die Effizienz und Effektivität von Entwicklungsvorhaben am besten unterstützen. Dabei spielen Ansätze des Integrations- und Kommunikationsmanagements eine zentrale Rolle. Die Befunde dieser Forschung können deshalb auch auf die Problematik des Wissenstransfers übertragen werden. Dabei handelt es sich vorwiegend um den projektbezogenen Wissenstransfer.

– Eine noch sehr geringe Zahl von empirischen Beiträgen befasst sich explizit mit Fragen des **Wissensmanagements der Produktentwicklung**.[174] Diese Ergebnisse enthalten spezifische Massnahmen des projektbezogenen Wissenstransfers.

– Die grosse Menge vorwiegend theoretischer Konzepte zu **allgemeinen Ansätzen des Wissensmanagements**[175] enthalten sehr generelle Massnahmen, die teilweise auf Fragen des Wissenstransfers in der Produktentwicklung übertragen werden können.

– Die wachsende Zahl von umfassenderen empirischen Untersuchungen zum **Management der umweltorientierten Produktentwicklung**[176] beinhaltet unter anderem Vorschläge, wie die Integration ökologischer Aspekte in die Produktentwicklung gefördert werden kann. Dabei kann es sich spezifisch um Fragen des Wissenstransfers handeln oder die Ergebnisse geben Hinweise, inwiefern im umweltbezogenen Kontext zusätzliche Massnahmen erforderlich sind. Die Befunde basieren meist auf Fallstudien und auf sehr unterschiedlichen Untersuchungskonzep-

---

[173] Folgende Beiträge enthalten eine Zusammenfassung und Besprechung der wichtigsten empirischen Studien zu Erfolgsfaktoren der Produktentwicklung: Hanssen und Kern (1992); Brown und Eisenhardt (1995); Nihtilä (1996); Griffin (1997).

[174] Die wohl ausführlichste Studie wurde von Lullies, Bollinger et al. (1993) durchgeführt.

[175] Die vorliegende Arbeit stützt sich auf folgende Autoren: Rehäuser und Krcmar (1996); Schüppel (1996); North (1998); Pawlowsky (1998); Probst, Raub et al. (1999).

[176] Die vorliegende Arbeit basiert vor allem auf folgenden ausführlichen empirischen Studien: Seidl (1993); Lenox und Ehrenfeld (1997a); Lenox und Ehrenfeld (1997b); Ritzén, Bäckmar et al. (1997); Frei und Waser (1998); McAloone (1998); Hoffmann (1999); Ritzén und Norell (1999); Hoffmann (2000).

ten. Sie sind deshalb nur bedingt vergleichbar und im Vergleich mit den Erkenntnissen aus der ersten Kategorie noch wenig robust.

4.4.2 Beschreibung und Diskussion einzelner Massnahmen

In den verschiedenen Forschungsbeiträgen konnten insgesamt sieben Ansatzpunkte identifiziert werden, die einen massgeblichen Beitrag zur Förderung des Wissenstransfers leisten. Dies sind:

a) Gruppen- und teamorientierte Massnahmen,

b) Definition von Schlüsselrollen für den Wissenstransfer,

c) Methoden und Instrumente zur Unterstützung des Wissenstransfers,

d) Kultur der Kooperation und Selbstorganisation sowie Bedeutung von Zielen,

e) Weiterbildung: Interdisziplinäre Kompetenzen und Transfer von Best Practices,

f) Raumkonzepte und Technikeinsatz.

Sie werden in den folgenden Abschnitten beschrieben und im Hinblick auf die spezifischen Fragen der Integration von Umweltkompetenzen in die Produktentwicklung diskutiert.

a)   Gruppen- und teamorientierte Massnahmen

Gruppen- und teamorientierte Massnahmen können als wichtigster Ansatz bezeichnet werden. Diese Massnahmen beruhen auf der schon verschiedentlich erwähnten Erkenntnis, dass der Austausch von Wissen in Gruppendiskussionen oder Teamarbeit am effektivsten und natürlichsten erfolgt. Dabei sind zwei Ansatzpunkte für Massnahmen von besonderer Bedeutung:

–   Die **Förderung von sich überlappenden Gruppen:**[177] Mitarbeiter sind gleichzeitig und immer wieder in mehreren Projekt- und Arbeitsgruppen oder Gremien aktiv und quer zu der vorherrschenden Organisationsstruktur vernetzt. Dadurch wird erreicht, dass die Kommunikation zwischen unterschiedlichen Funktions- und Fachbereichen wesentlich verbessert und der kontinuierliche Austausch von Wissen anhand konkreter Problem- oder Aufgabenstellungen erfolgt. Beispiele von Gruppen und Gremien sind Qualitätszirkel, in denen Probleme und Erfahrungen zu Fragen der Produkt- und Prozessqualität ausgetauscht werden, oder

---

[177]   Vgl. Likert (1961) zusammengefasst in Rehäuser und Krcmar (1996, S. 26f.).

Technology groups, die Kenntnisse über den Stand der relevanten Technologien diskutieren.[178]

– **Einsatz von multifunktionellen Teams:**[179] In der Produktentwicklung wie auch in der projektunabhängigen Teamarbeit wird die Zusammenarbeit von verschiedenen Funktionsbereichen in demselben Team als eine der effektivsten Massnahmen zum Wissenstransfer erachtet. In multifunktionellen Teams stehen unterschiedliche Kompetenzen der Beteiligten direkt zur Verfügung und können problemspezifisch ausgetauscht und genutzt werden. Dieser Effekt wird auch passend als „cross-fertilization"[180] bezeichnet. Dabei treffen sehr verschiedene Rationalitäten und Perspektiven direkt aufeinander (z.B. eher technisch-naturwissenschaftliche Denkmodelle der Entwickler und die betriebswirtschaftliche Logik des Marketings), die Beteiligten lernen diese dadurch authentisch kennen. Zielkonflikte und Unklarheiten können unmittelbar thematisiert und diskutiert werden. Multifunktionelle Teams führen demnach nicht nur zu Wissenstransfers, sondern auch zu einer Differenzierung des Wissens.[181] Bezogen auf den Entwicklungsprozess hat der durchgehende Einsatz von multifunktionellen Teams den Vorteil, dass schon in den frühen Phasen die wichtigen Ziele und Zielkonflikte aus unterschiedlichen Disziplinen und Funktionsperspektiven eingebracht werden. Damit sind sämtliche relevanten Bereiche an der Definition des Produkts beteiligt, was die Planungseffektivität erheblich erhöht.

Für die Förderung der Verfügbarkeit von Umweltkompetenzen in der Produktentwicklung können folgende Konsequenzen abgeleitet werden: Einerseits muss auf projektunabhängiger Ebene der Austausch von Wissen in geeigneten Gruppen und Gremien gefördert werden. In der Praxis sind diese Kompetenzen oft auf spezifische Umweltfachstellen oder einzelne Experten, die in verschiedenen Funktionsbereichen sitzen, konzentriert. Bereichsübergreifende Gremien wie beispielsweise Umwelt- und Qualitätsmeetings oder Arbeitsgruppen zur Szenarienentwicklung ermöglichen, dass das Wissen von Umweltexperten breiter zugänglich wird.

In mehreren Beiträgen wird die Schaffung von multifunktionellen Entwicklungsteams, die Bereiche oder Personen mit expliziten Umweltkompetenzen einbeziehen, als ideal für den Wissensaustausch und Lernprozess in Ent-

---

[178] Vgl. Rehäuser und Krcmar (1996, S. 28f.); Schüppel (1996, S. 206); Probst, Raub et al. (1999, S. 241).

[179] Vgl. Hanssen und Kern (1992, S. 153); Lullies, Bollinger et al. (1993, S. 235ff.); Brown und Eisenhardt (1995, S. 367); Nihtilä (1996, S. 17 und 27ff.); Griffin (1997, S. 435); Probst, Raub et al. (1999, S. 200).

[180] Vgl. Takeuchi und Nonaka (1986, S. 140).

[181] In Anlehnung an die Ausführungen zur Wissensintegration (vgl. Kapitel 4.2.3) kann hier auch von einer Differenzierung der Handlungstheorien gesprochen werden.

wicklungsteams gesehen.[182] In einer europäischen Studie[183] gaben 40 Prozent der befragten Unternehmen an, dass Umweltfachpersonen aktive Mitglieder des Projektteams sind. Dieser Befund deutet darauf hin, dass diese Massnahmen in der Praxis bereits einen Stellenwert haben. Aus der Studie wird allerdings nicht ersichtlich, ob die Umweltfachpersonen tatsächlich Teammitglieder sind oder eher zum weiteren Kreis der Projektbeteiligten gehören.

Selbstverständlich ist es nicht bei allen Entwicklungsvorhaben möglich und sinnvoll, umweltkompetente Personen im Team zu haben. Wenn ökologische Fragen in Projekten von sehr untergeordneter Bedeutung sind oder die Teamzusammensetzung durch andere Kriterien dominiert wird. Die schon zitierte europäische Studie[184] zeigt, dass Umweltfachstellen in vielen Fällen (ca. 50-60 Prozent) die Rolle der internen Berater (occasional consultants) haben, welche Entwicklungsteams nach Bedarf beiziehen. Dabei wird es als besonders effektiv gesehen, wenn umweltkompetente Personen bei den Design Reviews (Meilensteine) integriert werden.[185] Gerade dort werden wichtige Hintergrundinformationen und Kontextwissen (z.B. durch Dabeisein des Managements) vermittelt.

b)   Definition von Schlüsselrollen für den Wissenstransfers

Im Rahmen von Entwicklungsprojekten gibt es unterschiedliche Schlüsselrollen, die massgeblich zu einer Verbesserung der Kommunikation und des Wissensaustauschs zwischen Projekt und projektunabhängigen Wissensressourcen wie den Linienfunktionen beitragen. In der Literatur werden drei Schlüsselrollen hervorgehoben, die in Entwicklungsvorhaben gezielt definiert werden können:

–   **Gatekeepers** haben eine besondere Bedeutung für die Informationsversorgung von Entwicklungsteams.[186] Sie verfügen über aktive Kontakte zu externen Fachkräften oder kompetenten internen Experten und ein entsprechend interdisziplinäres Wissen. Sie tragen damit immer wieder relevantes Wissen in die Projektteams.

---

[182]   Vgl. Keoleian und Menerey (1994, S. 652); McAloone (1998, S. 112); Lenox und Ehrenfeld (1997b, S. 22/24); Ritzén, Bäckmar et al. (1997, S. 159).

[183]   Vgl. Frankl und Rubik (1998, S. 42) mit einer Befragung von Total 382 Unternehmen.

[184]   Vgl. Frankl und Rubik (1998, S. 42).

[185]   Vgl. Lenox und Ehrenfeld (1997b, S. 22); McAloone (1998, S. 59, 91).

[186]   Vgl. Brown und Eisenhardt (1995, S. 367) mit Verweis auf die diesbezüglich Untersuchung von Allen (1971). In den neueren Beiträgen zum Wissensmangement (z.B. Schüppel (1996, S. 205)) wird von sogenannten „Wissensbrokern" gesprochen. Deren Aufgabe besteht darin, Wissensträger und Wissensnutzer zusammenzubringen. Sie haben also eine vergleichbare Funktion wie Gatekeeper.

- **Produkt-Champions** spielen eine besondere Rolle bei der Vermittlung der Produktvision und Motivation von Entwicklungsteams für die zentralen Ziele.[187] Sie haben die spezielle Fähigkeit, die wichtigsten Unternehmensziele und Chancen im Markt in Produktvisionen zu vereinen.[188] Insofern verfügen sie über Kompetenzen, die in Kapitel 3.3 als Kontextwissen bezeichnet wurden.

- **Projektleiter** haben einerseits durch ihre Führungsfunktion im Projektteam eine meinungsbildende Rolle und können Entscheidungen wesentlich beeinflussen. Andererseits haben sie auch eine bedeutende Rolle im Wissenstransfer zwischen Projektteam und Mangement.[189] Sie sind gewissermassen als „Aussenminister" des Teams zu verstehen, der Anliegen mit dem Management aushandelt und deren Weisungen in das Team trägt.

Bei allen drei Rollen handelt es sich um Fähigkeiten und Kompetenzen zur Interaktion,[190] die ein eigenständiges Engagement der jeweiligen Personen erfordern. Ob derartige Qualifikationen resp. Personen in Unternehmen vorhanden sind oder nicht, kann vermutlich nur sehr indirekt durch eine geeignete Unternehmenskultur gefördert werden. In der Regel schaffen sich diese Personen ihre Rolle zunächst einmal auf informelle Weise, indem sie sich überdurchschnittlich engagieren, sehr kommunikativ sind und über die notwendigen fachlichen Kompetenzen verfügen. Verfügt ein Unternehmen einmal über derartige Schlüsselmitarbeiter, können diese jedoch gezielt eingesetzt und gefördert werden.

In Untersuchungen zum Management der umweltorientierten Produktentwicklung wird die Bedeutung von Gatekeepers und DFE-Champions (Design for Environment) ebenfalls betont. In der Tab. 1 sind eine Auswahl von typischen Charakteristika zusammengefasst, die in drei Studien gefunden wurden.[191] Sie verdeutlichen die Rolle dieser Personen für den Wissenstransfer.

In einem untersuchten Unternehmen[192] wurde es als besonders erfolgreich angesehen, Personen aus der Entwicklungsabteilung, die über kommunikative Kompetenzen verfügten (Gatekeeper-Profil), gezielt im Hinblick auf Herausforderungen und Ziele der umweltorientierten Produktentwicklung aus-

---

[187] Vgl. Peters und Waterman (1983, S. 35ff.).

[188] Brown und Eisenhardt (1995, S. 370): „Vision involves the cognitive ability to mesh a variety of factors together to create an effective, holistic view and to communicate it to others."

[189] Vgl. Brown und Eisenhardt (1995, S. 370f.).

[190] Hanssen und Kern (1992, S. 159) siehen diese Fähigkeiten als Schlüsselqualifikationen in der Produktentwicklung.

[191] Vgl. Lenox und Ehrenfeld (1997b, S. 20ff.); Lenox und Ehrenfeld (1997a, S. 194); Ritzén, Bäckmar et al. (1997, S. 158); McAloone (1998, S. 88–100).

[192] Vgl. Lenox und Ehrenfeld (1997a, S. 194).

zubilden. Diese Personen fungierten fortan in Projekten als Brücke zu den Umweltfachstellen und anderen umweltrelevanten Wissensressourcen.

Tab. 1:   Merkmale von DFE-Champions (Design for Environment)
(aus Lenox and Ehrenfeld (1997, S. 20ff.); Lenox and Ehrenfeld (1997,
S. 194); McAloone (1998, S. 88-100))

Design for Environment Champions ...	– werden vom Entwicklungsteam oft um Umweltinformationen angefragt,
	– weisen das Team aktiv auf relevante Probleme oder Informationen hin,
	– sind engagiert und kommunikativ,
	– sprechen die Sprache der Produktentwicklung und können Umweltsachverhalte für diese zugänglich machen,
	– sind keine Umweltexperten, sondern eher Generalisten und kennen ein weites Spektrum an relevanten Wissensquellen,
	– unterstützen insbesondere den internen Informationsaustausch sowohl vertikal, d.h. zwischen der Konzernebene, den Geschäftsbereichen und Projekten, wie auch horizontal, d.h. zwischen verschiedenen Projekten oder verschiedenen Geschäftsbereichen.

Der Projektleiter kann durch die konkrete Projektorganisation bessere oder ungünstigere Voraussetzungen schaffen. Fragen sind: Wird die Behandlung von Umweltfragen in der Projektplanung schon vorgesehen (z.B. als Thema im Quality Function Deployment)? Werden Umweltaspekte der Produkte durch den Projektleiter in Projektmeetings konsequent aufgegriffen? Der Einfluss der Projektleiter ist wahrscheinlich umso grösser, je geringer oder unspezifischer die Vorgaben zur Integration ökologischer Aspekte in formalen Richtlinien oder Prozessabläufen sind. Schliesslich vermittelt der Projektleiter auch durch seine persönlichen Einstellungen zu ökologischen Belangen starke Signale, wie diese zu gewichten sind.

c)   Methoden und Instrumente zur Unterstützung des Wissenstransfers

Methoden und Instrumente,[193] die in Entwicklungsprojekten oder im Vorfeld eingesetzt werden, decken ein breites Spektrum ab und unterstützen in un-

---

[193] Nach Züst (1998c, S. 3) und Züst (1997, S. 19ff. und 62ff.) können Methoden folgendermassen definiert werden: Eine Methode beschreibt bzw. empfiehlt ein gewisses Vorgehen bzw. einen Weg zur Erreichung eines bestimmten Ziels.

terschiedlich starker Weise den Wissenstransfer. Sie können vereinfacht in drei Kategorien eingeteilt werden (siehe Abb. 16):[194]

–   **Problemlösungsmethoden der Produktentwicklung** wie Systems Engineering, Simultaneous Engineering oder sachgebundene Methoden der Produktentwicklung wie QFD (Quality Function Deployment) oder FMEA (Failure Mode and Effect Analysis).

–   **spezifische Umweltanalysemethoden** wie Energie- und Risikoanalysen oder LCA (Life Cycle Assessments).[195]

–   **lösungsorientierte Umweltinstrumente** wie Designprinzipien (z.B. Design for Recycling) oder Best-Practice-Bespiele,[196] die in Checklisten, Leitfäden oder Handbücher zusammengefasst sein können.

Kategorie	Problemlösungs-methoden der Produktentwicklung	spezifische Umwelt-analysemethoden	lösungsorientierte Umweltinstrumente
Leistung	Austausch und Integration des im Team vorhandenen Wissens	Generierung von neuem Wissen auf der Basis von spezifischen Daten	externes Gedächtnis, Speicherung von vor-vorhandenem Wissen
Voraus-setzung	Beteiligte verfügen über eine ausreichende Kompetenzbasis	Anwender verfügen über eine ausreichende Methodenkompetenz	Handlungsrelevantes Wissen ist vorhanden und kann in geeigneter Form festgehalten werden.

Abb. 16: Kategorien von Methoden und Instrumenten der Produktentwicklung

In Abb. 16 sind einige Kriterien aufgeführt, die verdeutlichen, inwiefern sich die Hilfsmittel in wissensorientierter Sicht unterscheiden. Für die Thematik des Wissenstransfers ist folgender Unterschied von Bedeutung:

Problemlösungsmethoden wie QFD zeichnen sich vor allem dadurch aus, dass sie das Wissen – also auch Umweltkompetenzen,[197] die im Team vor-

---

194   Ehrlenspiel (1995, S. 289) unterscheidet zwischen allgemein anwendbaren, organisatorischen und sachgebundenen Methoden. Umweltbezogene Methoden werden von Sweatman und Simon (1996) in „analysis and improvement tools" unterschieden, Fiksel (1996, S. 57ff.) nennt „screening, assessment, trade-off and decisionmaking methods" als Elemente des Design for Environment, McAloone (1998, S. 83ff.) verwendet die drei Kategorien „assessing, reporting and prioritising methods".

195   Ein ausführlicher Vergleich von Umweltanalysemethoden findet sich in Beck und Bosshart (1995).

196   Z.B. die Sammlung der Working Group on Sustainable Product Development des United Nations Environment Programme (UNEP-SPD, siehe http://unep.frw.uva.nl).

handen sind – strukturiert und systematisch integrieren. Anhand von mehr oder weniger gezielten Diskussionen und Brainstormings im Team werden Ziele oder Varianten hinterfragt. Die Methoden eignen sich also für die Teamarbeit, insbesondere auch für multifunktionelle Teams.[198] Der Nutzen dieser Methoden hängt wesentlich davon ab, ob die Entwicklungteams über die notwendigen Fach- oder Sachkompetenzen verfügen, die für die Fragestellungen erforderlich sind. Da jedoch sämtliches Wissen und alle vorhandenen Erfahrungen[199] eingebracht und diskutiert werden, entstehen durch den Austausch auch neue Erkenntnisse. Die Methoden sind also teamfähig, an die prozesshafte Arbeitsweise der Entwicklung angepasst, fördern den unmittelbar problembezogenen Wissensaustausch wie auch das Lernen (Wissenserwerb) der Beteiligten.

Umweltanalysemethoden sind wesentlich sachgebundener und spezialisierter. Sie enthalten umweltspezifische Strukturierungs- und Bewertungselemente und entsprechende normative Konzepte. Sie tragen durch ihre meist beträchtliche Komplexität dazu bei, dass neues Wissen generiert wird, das zur Unterstützung von Entscheidungen relevant sein kann. Diese umweltspezifischen Erkenntnisse sind jedoch isoliert, müssen also in der Folge mit anderen Zielsetzungen der Produktentwicklung konfrontiert und integriert werden. Ein wesentliches Merkmal dieser Methoden ist auch, dass sie in der Regel quantitative Eingangsdaten erfordern, welche in den frühen Phasen der Produktentwicklung erst zu einem geringen Teil verfügbar sind.[200] Methoden wie LCA (Life Cycle Assessment) können nur von relativ erfahrenen Mitarbeitern angewendet werden, da sie ein beträchtliches Mass an Methodenkenntnis erfordern.[201] Sie verhelfen schwergewichtig zur Identifizierung der Umweltaspekte, aber unterstützen kaum die Transformation zu geeigneten „design features". Sie werden infolgedessen kaum eingesetzt.[202] Diese Einsicht hat im Falle des LCA zu vielen Studien über die Probleme bei der Anwendung in der Unternehmenspraxis und speziell auch in der Produktentwicklung geführt. Da diese Methode und Denkweise besondere Beachtung in Literatur und Praxis findet und oft als Ausgangspunkt für die Entwicklung anderer Ansätze dient, wird hier kurz näher darauf eingegangen.

---

[197] In der Literatur finden sich verschiedentlich Ansätze, ökologische Fragen explizit in Methoden wie QFD oder FMEA zu verankern. Vgl. bspw. Kaminske, Butterbrodt et al. (1999, S. 156ff.).

[198] Vgl. Norell (1993) zusammengefasst in Ritzén, Bäckmar et al. (1997, S. 154).

[199] Norell (1993) betont, dass bei diesen Methoden auch „non-trivial knowledge" berücksichtigt werden kann.

[200] Vgl. Hofmann III (1995); Lenox und Ehrenfeld (1997b, S. 18f.); McAloone (1998, S. 87).

[201] Vgl. McAloone (1998, S. 103).

[202] Vgl. Lenox und Ehrenfeld (1995, S. 43).

Exkurs zur Bedeutung von LCA in der Produktentwicklung: Mit LCA (auch Produktökobilanzen genannt) können die Umweltauswirkungen von Produkten entlang dem gesamten Produktlebenszyklus quantifiziert werden.[203] Das Konzept hat massgeblich eine ganzheitliche Denkweise zur Produkt-Umwelt-Beziehung gefördert,[204] wenngleich die Anwendung der gesamten Methoden – wie es zum Beispiel in der ISO-Norm 14040ff. empfohlen ist[205] – eher selten der Fall ist. Im Folgenden werden die Ergebnisse einiger Studien, die zur Bedeutung von Ökobilanzen in der Produktentwicklung gemacht wurden, zusammengefasst und im Hinblick auf eine wissensorientierte Perspektive kurz diskutiert (siehe Tab. 2).

Tab. 2:   **Ergebnisse von Studien zur Bedeutung von LCA für die Produktentwicklung (aus Ritzén, Hakelius et al. (1996); Frankl und Rubik (1998))**

Studie	Ergebnisse
Ritzén, Hakelius et al. (1996) Umfrage 1995 bei 3 schwedischen Grossunternehmen, die schon Erfahrung mit LCA haben	– Anwendung von LCA vor allem bei existierenden Produkten; – Durchführung der LCA durch interne Spezialisten, nicht durch Produktentwickler; – Einsatz in Projekten vor allem in der Konzeptphase oder in der Hautphase („detailed design"), insbesondere weil erst hier konkrete Daten verfügbar sind; – Ergebnisse unterstützen die Material- und Prozesswahl; – nachteilig ist der hohe Zeitaufwand und die Abhängigkeit der Resultate von diversen Annahmen; – unterstützt die interne Kommunikation über Produkt-Umwelt-Zusammenhänge; – hat einen hohen Lerneffekt in Bezug auf das „Life-Cycle-Thinking".

---

[203]   Für eine kurze Beschreibung vergleiche z.B. Hungerbühler, Ranke et al. (1998, S. 63ff.) oder Wenzel, Hauschild et al. (1997).

[204]   Alting und Legarth (1995, S. 570) verwenden im Zusammenhang mit der Produktentwicklung den Begriff des Life Cycle Engineering und definieren ihn als „the art of designing the product life cycle through choices about product concept, structure, materials and processes, and life cycle assessment is the tool that visualizes the environmental and resource consequences of these choices." Zur Bedeutung für die ökologische Produktverbesserung siehe auch Keoleian und Menerey (1994, S. 662f.) und Winter (1997, S. 147).

[205]   Vgl. ISO 14040 (1997).

Tab. 3:   Ergebnisse von Studien zur Bedeutung von LCA für die Produktentwicklung (Fortsetzung)

Frankl und Rubik (1998) Umfrage 1997 bei total 191 Grossunternehmen und Firmen mit explizitem Umweltengagement in der Schweiz, in Schweden, Deutschland und Italien[206]	– Wichtigste Anwendungsfelder sind die allgemeine Bestimmung der bedeutenden Umweltaspekte und die Information und Ausbildung der Kunden und anderer Interessengruppen; – 50–60% der Unternehmen setzen LCA für die ökologische Verbesserung von Produkten ein, aber nur durchschnittlich 30% geben einen Einsatz in F+E und in der Produktentwicklung an; – LCA werden hauptsächlich für ausgewählte bestehende Produkte angewendet, 60% der Schweizer und schwedischen Firmen setzen LCA ausserdem für den Vergleich von bestehenden Produkten und geplanten Alternativen ein; – LCA werden überwiegend durch interne Stellen durchgeführt, vor allem durch Umweltfachstellen, am zweithäufigsten durch F+E; – der Nutzen von LCA wird langfristig gesehen und nicht in der unmittelbaren Verwendbarkeit von Resultaten; – die Unternehmen vermuten im Allgemeinen, dass ihre Anwendung von LCA in der Zukunft zunehmen wird.

Die Ergebnisse deuten darauf hin, dass Unternehmen LCA für diverse, auch für produktbezogene Zwecke einsetzen. In Zentrum steht aber nicht die direkte Anwendung im Rahmen der Produktentwicklung. Es scheint, dass LCA vielmehr als Instrument verwendet wird, um mit Hilfe von Spezialisten gute Basiskenntnisse der Umweltrelevanz von bestehenden Produkten zu erlangen und diese dann intern und extern geeignet einzusetzen. Bei der Verwendung im Rahmen der Produktenwicklung stellt sich das schon erwähnte Problem, dass in frühen Phasen noch kaum ausreichende Daten für eine LCA vorhanden sind.

Unternehmen einer schwedischen Untersuchung von 1993 erhoffen sich von der vermehrten Anwendung der Methode einen hohen Lern- und Ausbildungseffekt. Die Beteiligten in Entwicklungsprojekten bauen im Vorfeld von Projekten oder in Pilotprojekten ein differenziertes Verständnis über den Zusammenhang von Produkteigenschaften und Umweltauswirkungen auf.

---

[206]   Insgesamt beteiligten sich 382 Unternehmen an der Umfrage. Davon gaben durchschnittlich 50 Prozent (191) an, LCA anzuwenden.

Es wird vermutet, dass sie damit künftig besser konkrete Abschätzungen machen und somit in Projekten kompetentere Entscheidungen treffen können. Ökobilanzen sind also ein Vehikel, um Umweltkompetenzen aufzubauen, werden aber weniger als unmittelbare Design-Tools gesehen.[207]

Die dritte Kategorie der **lösungsorientierten Umweltinstrumente** kann als externes Gedächtnis umschrieben werden. Allgemeine oder firmenspezifische Designprinzipien oder produktbezogene Umweltzielsetzungen werden in geeigneter Form festgehalten. Damit können sie in der konkreten Arbeit beigezogen werden, um beispielsweise Lösungsvarianten zu prüfen. Die Leistung dieser Instrumente besteht darin, dass sie umweltrelevantes Wissen anwendungsorientiert zusammenfassen und speichern. Sie dienen also als Gedächtnisstütze und Nachschlagewerke.[208] Eine amerikanische Studie bei 61 Grossunternehmen kommt zum Ergebnis, dass anstelle von ausführlichen analytischen Methoden solche lösungsorientierte Instrumente (z.B. Checklisten und Richtlinien) eher verwendet werden.[209]

### d)	Kultur der Kooperation und Selbstorganisation sowie Bedeutung von Zielen

Wissensaustausch kann nur sehr beschränkt verordnet werden. Effektive Massnahmen müssen deshalb Rahmenbedingungen für den freiwilligen und aktiven Wissenstransfer zwischen den Mitarbeitern schaffen.

In der Literatur wird hier eine **Kultur der Kooperation und des Vertrauens** als zentrale Voraussetzung gesehen.[210] In der vorliegenden Arbeit wird nicht näher auf die Problematik eingegangen, wie ein solches kommunikationsförderndes Klima erreicht wird, da es sich hier um eine sehr komplexe Thematik handelt.

Ein weiteres Element, das Mitarbeiter zu eigenverantwortlichem Wissenstausch führt, ist die **Selbstorganisation und Autonomie** in Arbeitsgruppen.[211] Ein ausreichendes Mass an Selbstorganisation und Handlungsfreiheit ist gerade bei der Produktentwicklung von zentraler Bedeutung, da im Verlauf des Entwicklungsprozesses laufend neuartige Aufgaben entstehen. Entwicklungsteams müssen in der Lage sein, hier eigenständig nach

---

[207]   Ritzén, Bäckmar et al. (1997, S. 154 und 160) zeigen anhand von typischen Merkmalen von erfolgreichen Design-Tools, dass LCA diese Bedingungen nur unzureichend erfüllt.

[208]   Vgl. Ehrlenspiel (1995, S. 371f.).

[209]   Vgl. Lenox, Jordan et al. (1996, S. 29); McAloone (1998, S. 103).

[210]   Vgl. Lullies, Bollinger et al. (1993, S. 232ff., 252ff.); Pawlowsky (1998, S. 27); Probst, Raub et al. (1999, S. 258ff.).

[211]   Vgl. Lullies, Bollinger et al. (1993, S. 241f.); Schüppel (1996, S. 203ff.); Takeuchi und Nonaka (1986, S. 139f.).

Lösungen zu suchen, wie diese Aufgaben mit den ihnen zur Verfügung stehenden Mitteln am besten angegangen werden können. Da hier immer wieder auch neuer Bedarf nach Wissen entsteht, müssen Entwicklungsteams bei der Wahl, wie Wissen von welchen Stellen zu erlangen ist, ebenfalls möglichst eigenständig sein. Eine Studie zeigt, dass Entwicklungsteams hier vor allem auf informelle Beziehungen zurückgreifen und dass dieses Vorgehen ein sehr produktiver Weg des Wissenstransfers ist.[212] Sie haben beispielsweise gute Kontakte zu Fachkräften bei Lieferanten oder kennen kompetente Personen in einem anderen Geschäftsbereich. Formelle Richtlinien oder ein rigides Projektmanagement können diese Kommunikationsbeziehungen behindern. Es wird deshalb ein „evolutionäres Projektmanagement"[213] gefordert, das den Umgang mit realen Verläufen des Projekts in den Vordergrund stellt und die Nutzung der informellen Wissensnetzwerke des Projektteams unterstützt.

Mögliche Massnahmen zur Förderung der Selbstorganisation ist die Anpassung von Richtlinien zum Entwicklungsprozess und das Training der Projektleiter. Ebenso wesentlich ist, dass Mitarbeiter übergeordnete Zielsetzungen kennen, um in der Autonomie eine klare Handlungsorientierung zu haben. Durch klar formulierte übergeordnete Zielvorgaben, die allen Beteiligten bekannt sind, kann eine "gelenkte Selbstständigkeit und Ermächtigung"[214] als Element der Selbstorganisation erreicht werden. Dadurch erklärt sich die **Bedeutung von Zielen** für den Wissenstransfer. Klare gemeinsame Zielsetzung geben der Kommunikation der Mitarbeiter eine Richtung.[215] Gerade umweltbezogene Ziele der Produktentwicklung werden oft auf projektunabhängiger Ebene im Kontext des Umweltmanagements festgelegt und müssen von den Projektteams dann in Bezug auf das Entwicklungsvorhaben konkretisiert werden. Aus einer wissensorientierten Perspektive sind hier zwei Aspekte relevant: Einerseits müssen Ziele aktiv kommuniziert werden, damit alle Betroffenen Bescheid wissen. Da sich durch neue Erkenntnisse aus Umweltanalysen oder durch eine Veränderung der gesetzlichen Bestimmungen die Zielsetzungen laufend ändern können, braucht es eine kontinuierliche Zielkommunikation. Anderseits reicht es gerade im Kontext des Umgangs mit Wissen nicht, wenn die Mitarbeiter die Wichtigkeit und die geschäftspolitischen Hintergründe der Entstehung von Zielsetzungen wie zum Beispiel den Verzicht auf schwermetallhaltige Farb-

---

[212]   Vgl. Lullies, Bollinger et al. (1993, S. 241ff.).

[213]   Vgl. Lullies, Bollinger et al. (1993, S. 241ff.).

[214]   Vgl. Seidl (1993, S. 228), die einen Mitarbeiter des untersuchten Unternehmens zitiert.

[215]   Nach Probst, Raub et al. (1999) setzt sich die Funktion von Zielen aus der Funktion Orientierung bei Entscheidungen (Entscheidungsfunktion), die Koordinationshilfe bei alternativen Zielmöglichkeiten durch Kenntnis von Zielhierarchien (Koordinationsfunktion), die Erhöhung des Engagements der Mitarbeiter durch gemeinsame Ziele (Motivationsfunktion) und die Kontrollfunktion durch die Messung und Bewertung von Fortschritten (in Anlehnung an Nagel (1992)) zusammen.

stoffe nicht kennen. In Kapitel 3.3 wurden diese Zusatzinformationen als Kontextwissen[216] bezeichnet. Nur mit derartigem Kontextwissen können Beteiligte der Produktentwicklung Zielsetzungen im Hinblick auf ihre Relevanz beurteilen und unter Umständen auch hinterfragen, ob sie bei der konkreten Fragestellung sinnvoll sind.

e) Weiterbildung: Interdisziplinäre Kompetenzen und Transfer von Best Practices

Die Weiterbildung der Mitarbeiter ist eine traditionelle Massnahme, die auch im Hinblick auf den Wissenstransfer Bedeutung hat. Mit Weiterbildungsmassnahmen kann ein gezielter Wissenstransfer erfolgen. Dies ist insbesondere dann sinnvoll, wenn konkrete Kenntnisse und Fähigkeiten vermittelt und trainiert werden sollen.

Mögliche Formen der Weiterbildung sind zunächst das individuelle Lernen mittels Schulungsunterlagen oder computergestützten Lernprogrammen. Formen, die die Interaktion der Mitarbeiter fördern, sind interne oder externe Trainingsworkshops, Seminare und Bildungsreisen von kleinen Gruppen an relevante Tagungen. Eine sehr praxisrelevante Form ist die Job Rotation, bei der Mitarbeiter in anderen Funktionsbereichen oder Projekten in der unmittelbaren Arbeitssituation lernen.[217]

Aus der Perspektive des Wissenstransfers sind bei der Weiterbildung zwei inhaltliche Aspekte von Bedeutung:

– Die Weiterbildung im Kontext der Produktentwicklung sollte explizit oder implizit die **interdisziplinären und interaktiven Kompetenzen** (vgl. Kapitel 3.3) fördern.[218] Damit sind Weiterbildungsformen, die mit funktionell gemischten Gruppe arbeiten, vorzuziehen. Dadurch haben Mitarbeiter aus unterschiedlichen Stellen und Abteilungen die Gelegenheit, unterschiedliche Erfahrungen und Perspektiven kennenzulernen sowie informelle Kontakte zu knüpfen.

– Ein weiteres Anliegen der Weiterbildung muss der **Transfer von Best Practice** und ein damit einhergehendes **Benchmarking** sein.[219] Durch die Auseinandersetzung mit erfolgreichen Entwicklungsprojekten oder gutem Projektmanagement können im persönlichen Austausch wichtige Hintergrundinformationen und Erfahrungen weitergegeben werden, die sich in der Regel nicht in internen Dokumenten finden. Solche Veran-

---

[216] Vgl. Lullies, Bollinger et al. (1993, S. 34).

[217] Vgl. Lullies, Bollinger et al. (1993, S. 237); Probst, Raub et al. (1999, S. 241). Seidl (1993, S. 315f.) spricht von „job enlargement", bei dem Personen in mehreren Funktionen oder Abteilungen Aufgaben wahrnehmen.

[218] Vgl. Hanssen und Kern (1992, S. 161); Lullies, Bollinger et al. (1993, S. 237ff.).

[219] Vgl. bspw. Probst, Raub et al. (1999, S. 260ff.).

staltungen führen also zur Erfahrungssicherung, die als besonders wertvoll angesehen wird.[220] Bedingung für solche Massnahmen ist wiederum, dass ein ausreichend vertrauensvolles Klima vorhanden ist, um Erfolge und Misserfolge offen zu diskutieren.

Weiterbildung und Trainings zu ökologischen Aspekten der Produktentwicklung haben gemäss einer grösseren deutschen Umfrage in Unternehmen einen relativ hohen Stellenwert.[221] In einer britischen Fallstudie wies einer der Ausbildungsverantwortlichen auf die Wichtigkeit hin, die Beteiligten mit realitätsnahen und möglichst anspruchsvollen Problemen zu konfrontieren. „They [die beteiligten Entwickler] realised we weren't telling them how to do their job, we were actually setting them a challenge. They realised it wasn't somebody going to come up and interfere and tell them how to design something but basically we were throwing the door open saying 'we don't know the answer to this', they really latched on to it."[222]

f)   Raumkonzepte und Technikeinsatz

In diversen Studien wird im Zusammenhang mit der Förderung des Wissensaustauschs das Element der Nähe aufgegriffen.[223]

Dabei handelt es sich zunächst um die **räumliche Nähe**, die durch entsprechende Raumkonzepte geschaffen werden kann. Diese Massnahme beruht auf zwei Erkenntnissen:

–   Der Austausch oder das Preisgeben von Wissen und Erfahrung beruht bis zu einem gewissen Grad auf dem gegenseitigen Vertrauen, der fachlichen und menschlichen Wertschätzung.[224] Mitarbeiter müssen deshalb die Gelegenheit zu ungezwungenem gegenseitigem Kennenlernen haben. Dies ist vor allem bei laufenden informellen Kontaktmöglichkeiten gegeben.

–   Studien zur Arbeitsweise von Produktentwicklern[225] haben gezeigt, dass ein überwiegender Teil der Informationen, die in die Entwicklungsarbeit einfliessen, Ergebnis von zufälligem Wissensaustausch sind. Die Informationen werden ungefragt in Gesprächen erlangt. Diese Befunde deuten darauf hin, dass neben formellem Austausch wie beispielsweise in Sit-

220   Vgl. Lullies, Bollinger et al. (1993, S. 35).

221   Vgl. VDI-Technologiezentrum (1999, S. 119ff.).

222   Vgl. McAloone (1998, S. 94).

223   Vgl. Lullies, Bollinger et al. (1993, S. 235); Schüppel (1996, S. 206); Probst, Raub et al. (1999, S. 228).

224   Vgl. Lullies, Bollinger et al. (1993, S. 235f.); Probst, Raub et al. (1999, S. 259).

225   Vgl. Frankenberger (1997) zit. aus Schott (1998, S. 81).

zungen auch Rahmenbedingungen geschaffen werden müssen, die den laufenden informellen Wissensaustausch fördern.

Kommunikations- und Informationstechnologien können zusätzlich zur räumlichen eine **virtuelle Nähe** schaffen.[226] Diese technologischen Massnahmen können die Kommunikation über zeitliche und räumliche Distanzen verbessern oder Informationen unmittelbar allen Projektbeiteiligten verfügbar machen (vgl. auch Kapitel 4.3.2). Computergestützte Systeme ermöglichen beispielsweise, dass der Stand des Projekts im Hinblick auf wichtige Zielgrössen wie die Kosten oder akutelle Konzeptpläne laufend in einem gemeinsamen Netzwerk abgerufen werden können. Die effiziente Verwendung von Kommunikations- und Informationstechnologien ist aber wiederum nur in einer geeigneten lern- und kommunikatonsorientierten Unternehmenskultur möglich.[227]

In den Studien zur umwelt-orientierten Produktentwicklung finden sich keine expliziten Befunde zu diesen Ansätzen.

4.5 Zusammenfassung

Mit der Beschreibung und Diskussion der verschiedenen Massnahmen zur Förderung des internen Wissenstransfers wird das Kapitel zum Wissensmanagement abgeschlossen. Zusammenfassend wurden folgende Grundlagen und Konzepte erarbeitet:

–   Wissensmanagement wird als *Supportprozess der Produktentwicklung* verstanden, der den bedarfsorientierten Aufbau und die effiziente Verteilung von Wissen gezielt unterstützt. Da es sich bei der Produktentwicklung um einen ausgesprochen wissensintensiven Prozess handelt, hat eine explizite Betrachtung von *Wissensprozessen* und *Wissensressourcen* im Unternehmen, wie es im Rahmenmodell vorgeschlagen wird, einen zentralen Stellenwert.

–   Die vorliegende Arbeit beschränkt sich bei der Untersuchung der Wissensprozesse auf den *internen Wissenstransfer*. Es geht also weniger um die Frage, wie neues Wissen entwickelt wird, sondern wie vorhandene Kompetenzen effizient nutzbar gemacht werden können. Diese Fokussierung beruht auf der Annahme, dass interne Barrieren beim Wissensaustausch (z.B. zwischen Umweltfachstellen und anderen Funktionsbereichen) massgeblich für die Ineffizienz bei der Integration

---

[226]   Vgl. Schüppel (1996, S. 206).
[227]   Vgl. Lullies, Bollinger et al. (1993, S. 237); Pawlowsky (1998, S. 27); Probst, Raub et al. (1999, S. 254).

ökologischer Zielsetzungen in den Entwicklungsprozess verantwortlich sind.

- Interner Wissenstransfer verläuft in erster Linie über die *direkte Interaktion*, das heisst im Gespräch zwischen verschiedenen Wissensträgern. Aus diesem Grund nimmt die *Gruppen- oder Teamarbeit* eine zentrale Rolle bei der Ausgestaltung des Wissensmanagements ein. Sie stellt die effizienteste Form des internen Wissensaustauschs dar, was in speziellem Mass für *multifunktionelle* Gruppen oder Teams zutrifft. Diese Erkenntnis zeigt sich übereinstimmend in zahlreichen Untersuchungen von Entwicklungsprojekten.

- In der vorliegenden Arbeit werden zwei Stufen des internen Wissenstransfers vorgeschlagen. Zunächst muss der unmittelbar *projektbezogene Wissenstransfer* sichergestellt werden, d.h. Umweltfachwissen aus verschiedenen Funktionsbereichen muss im Entwicklungsteam verfügbar gemacht werden. Ebenso relevant ist der *projektunabhängige Wissenstransfer*. Damit wird sichergestellt, dass ein geeignetes Problembewusstsein oder die komplexen Sachverhalte der Produkt-Umwelt-Zusammenhänge bereits im Vorfeld von Entwicklungsvorhaben über die Grenzen von Umweltfachstellen hinaus auf die wichtigen Exponenten der Produktentwicklung übertragen werden. Es wird deshalb postuliert, dass beide Stufen des internen Wissenstransfers mit geeigneten Massnahmen unterstützt werden müssen.

Die genannten Grundlagen werden im Rahmen der Fallstudie wieder aufgegriffen, um erfolgreiche Praktiken des internen Wissenstransfer in dem untersuchten Unternehmen darzustellen.

Teil II: Fallstudie Hilti AG

Die Fallstudie hat zum Ziel, die praktische Bedeutung von proaktiven Umweltkompetenzen in der Produktentwicklung sowie das betriebliche Management dieses Wissens am Beispiel eines konkreten Unternehmens aufzuzeigen.

Es wurde vorwiegend aus zwei Gründen die Methode der Fallstudie gewählt:[228] Einerseits ist es im gewählten Thema wichtig, Voraussetzungen
und Arbeitsweise der Produktentwicklung in ihrem praktischen Kontext zu
untersuchen. Anderseits ist die Forschungsthematik in dieser Form noch
kaum systematisch bearbeitet worden, und ein eher explorativer Ansatz
erscheint deshalb sinnvoll. Mit der Untersuchung wird also nicht ein reprä-
sentativer Überblick über die gewählten Problemstellungen verfolgt, sondern
ein vertieferes Verständnis und ein exemplarischer Einblick, wie sich die
Problematik in der Unternehmenspraxis zeigt.

Die Fallstudie gliedert sich in fünf Hauptkapitel (siehe Abb. 17). Im ersten
Kapitel werden die Forschungsfragen für die Untersuchung der Fallstudie
genauer spezifiziert und das methodische Vorgehen dargelegt. Im zweiten
Kapitel wird das Unternehmen und insbesondere Aufbau und Prozesse des
Umweltmanagementsystems sowie der Produktentwicklung vorgestellt, um
Voraussetzungen und Rahmenbedingungen von Entwicklungsvorhaben zu
klären. Die folgenden drei Kapitel widmen sich schliesslich der Be-
antwortung der drei Untersuchungsfragen der Fallstudie.

Abb. 17: Aufbau der Fallstudie (mit Kapitelnummerierung)

Die wichtigsten und interessantesten Erkenntnisse aus der Fallstudie sind
am Ende der vorliegenden Arbeit in den Schlussfolgerungen zusammengefasst (Kapitel 10).

---

[228]   Vgl. Yin (1994, S. 4ff.).

5 Analysekonzept und Fallstudienfragen

Für die Untersuchung der Fallstudie sind folgende Fragestellungen leitend. Sie bauen auf den allgemeinen Forschungsfragen auf und konkretisieren diese in einigen Punkten zusätzlich.

1. Wie wird die Notwendigkeit oder *Bedeutung einer proaktiven Ausrichtung der Produktentwicklung* im Unternehmen eingeschätzt?
   a) auf strategischer Ebene, d.h. nach Einschätzung des Managements.
   b) auf operativer Ebene, d.h. nach Einschätzung ausgewählter Mitarbeiter der unterschiedlichen Funktionsbereiche, die in die Produktentwicklung involviert sind.
2. Welche unterschiedlichen *proaktiven Umweltkompetenzen* sind in dem untersuchten Entwicklungsprojekt erkennbar?
   a) Inwiefern können diese Kompetenzen auf der Basis der theoretischen Unterscheidung zwischen kontingenzaktiv und initiativaktiv näher beschrieben werden?
   b) Zeigt sich ein Bedarf nach weiterführenden proaktiven Umweltkompetenzen?

3. Welche operativen Massnahmen und Strukturen tragen massgeblich dazu bei, damit intern vorhandene Umweltkompetenzen im untersuchten Entwicklungsprojekt produktiv genutzt werden können, d.h. gibt es gezielte Ansätze zur Gestaltung des internen *Wissenstransfers*? Dabei interessiert insbesondere
   a) inwiefern die beiden in der Theorie vorgeschlagenen Ebenen des projektbezogenen und projektunabhängigen Wissenstransfers unterschieden werden können?
   b) wie die Kompetenzen von Umweltfachstellen oder anderen spezialisierten Personen ins Projekt integriert werden?
   c) in welchem Mass Methoden und Instrumente der Produktentwicklung dazu beitragen, um relevante Umweltkompetenzen im Projekt verfügbar zu machen?

Für die Fallstudie wurde die Hilti AG gewählt. Der Hilti-Konzern ist ein weltweit tätiges Unternehmen, das Produkte für den professionellen Bausektor
herstellt und vertreibt. Aus der Perspektive der gewählten Forschungsthematik eignet sich das Unternehmen vor allem aus drei Gründen für eine
exemplarische Untersuchung:

- Das Unternehmen entwickelt einen Grossteil des Produktespektrums in
  den eigenen Geschäftsbereichen, verfügt also über eine aktive Entwicklungstätigkeit. Das Unternehmen entwickelt die Produkte in der Regel nicht im Auftragsverhältnis, kann also eigene Zielsetzungen verfolgen.

- Das Unternehmen verfügt über ein qualifiziertes Umweltmanagementsystem, das im Zuge der schon über zehnjährigen Auseinandersetzung mit
  ökologischen Fragen zur Unternehmenstätigkeit entstanden ist. Dabei
  bestehen explizite Zielsetzungen, ökologische Aspekte in der Produktentwicklung gezielt zu berücksichtigen.

- Das Umweltmanagement verfügt bereits über formale Strukturen und
  diverse andere Massnahmen zur Unterstützung der Produktentwicklung.
  Es bestehen jedoch erst Erfahrungen von 1–2 Jahren und deshalb ein
  Bedarf nach weitergehender Professionalisierung. Die Verantwortlichen
  vermuten ausserdem, dass die Problematik in Zukunft an Bedeutung
  gewinnt.

Für die Wahl des Unternehmens und das Zustandekommen der Untersuchung war nicht zuletzt auch der Umstand wichtig, dass ein Einverständnis
bestand, Interviews im Rahmen von laufenden Entwicklungsprojekten zu
führen, was im Hinblick auf Fragen der Geheimhaltung und Vertraulichkeit
nicht selbstverständlich ist.

Die Untersuchung in der Hilti AG wurde im Sommer 1999 durchgeführt. Es
wurde je ein laufendes Entwicklungsvorhaben aus zwei der insgesamt sechs
Geschäftsbereiche untersucht.[229] Es handelt sich um die Geschäftsbereiche
Bauchemie und Dübeltechnik, die starkes Interesse an umweltbezogenen
Fragen in der Produktentwicklung zeigten.

Methodisch wurde so vorgegangen, dass zunächst in Zusammenarbeit mit
den Leitern der Qualitäts- & Umwelt-Stellen der jeweiligen Geschäftsbereiche geeignete Entwicklungsvorhaben ausgewählt wurden sowie weitere
relevante Gesprächspartner aus den Funktionsbereichen, dem Management
der Geschäftsbereiche und auf Konzernebene. Es wurden insgesamt 25
ausführliche Interviews durchgeführt. Tab. 4 und Tab. 5 geben einen Überblick über die befragten Personen und deren Funktion.

---

[229]   Für eine Übersicht über verschiedene Geschäftsbereiche siehe Tab. 6 in Kapitel 6.1.

Tab. 4: **Anzahl Interviewpartner in den untersuchten Geschäftsbereichen**

Entwicklungsteam 1: (Bauchemie)	1	Marketing (Projektleitung)
	2	Entwicklung
	1	Qualitäts- & Umwelt-Stelle
	1	Beschaffung
Entwicklungsteam 2: (Dübeltechnik)	1	Marketing (Projektleitung)
	2	Entwicklung
	1	Qualitäts- & Umwelt-Stelle
Weitere Personen aus den Funktionsbereichen: (Dübeltechnik)	1	Qualitäts- & Umwelt-Stelle
	2	Entwicklung
Personen aus dem Management: (Bauchemie)	1	Geschäftsbereichs-Leiter
	3	Leiter Qualitäts- & Umwelt-Stelle
	1	Marktingleiter
	1	Entwicklungsleiter

Tab. 5: **Anzahl Interviewpartner auf Konzernebene und in anderen Organisationseinheiten**

Konzernebene:	1	Leiter Konzern-Qualitäts- & Umwelt-Stelle
	2	Mitarbeiter Konzern-Qualitäts- & Umwelt-Stelle
Produktionswerke:	1	Leiter Qualitäts- & Umwelt-Stelle
Marktorganisation Deutschland:	3	Produktmanager unterschiedlicher Produktlinien
	1	Reparaturmanagement (Kundenservice)

Die Gespräche dauerten durchschnittlich 90 Minuten und orientierten sich an einem Interviewleitfaden mit folgenden Themenblöcken, welche je nach Funktion der Gesprächspartner variiert wurden:[230]

– Rolle und Aufgaben im Funktionsbereich,

– Aufgabe und Vorgehen im Entwicklungsprojekt insbesondere in Bezug auf die Integration von Umweltaspekten und die erforderlichen Umweltkompetenzen,

– Einschätzung der Bedeutung von Umweltaspekten von Produkten (z.B. für Kunden, für das Unternehmen),

---

[230] Ein Beispiel eines Interviewleitfadens findet sich in Anhang 2.

– allgemeine Einschätzung der Kompetenzen zu umweltrelevanten Fragen der Produkte,

– Einsatz und Nutzen von Methoden und Instrumenten der Produktentwicklung.

Zum Zeitpunkt der Interviews waren die Entwicklungsprojekte schon weitgehend in der Abschlussphase und die Produktion der Nullserie im Gang. Die Gesprächspartner schilderten also Projektetappen, die schon 1–2 Jahre zurücklagen. Die Gespräche fanden jeweils im Unternehmen statt. Sie wurden mit zwei Ausnahmen[231] auf Tonband aufgenommen und anschliessend transkribiert.

Für die Auswertung standen neben den Interviewtranskripten zahlreiche interne Dokumente zu Organisation und Prozessen des Umweltmanagements und der Produktentwicklung sowie zu Instrumenten wie dem Umweltleitfaden für die Entwicklung zur Verfügung. Die Auswertung ist qualitativer Natur. Die Informationen aus Interviews und Dokumenten wurden mit Hilfe der Grundlagen, die im konzeptionellen Teil dargelegt sind, analysiert. Anschliessend wurden Erkenntnisse, die im Hinblick auf die Forschungsfragen relevant sind, zusammengefasst.

Die Darstellung der Fallstudie konzentriert sich auf den Geschäftsbereich der Bauchemie. Es wird also lediglich ein Entwicklungsprojekt ausführlicher beschrieben. Es hat sich in den Interviews gezeigt, dass die Arbeitsweise und die Aussagen der Entwicklungsteams sehr nahe beieinander liegen. Anderseits würde es den Rahmen der Fallstudie sprengen, den Kontext und die Entwicklungstätigkeit beider Bereiche ausführlicher darzustellen. Da im Geschäftsbereich Bauchemie ausserdem das gesamte Führungsteam (Management) in die Untersuchung einbezogen werden konnte, erscheint es sinnvoll und interessant, sich auf diesen Bereich zu konzentrieren.

---

[231] Die entsprechenden Personen wünschten aus Vertraulichkeitsgründen keine Tonbandaufnahme des Gesprächs. Die Verfasserin hat in der vorliegenden Arbeit keine vertraulichen Informationen verwendet.

6 Einführung: Umweltmanagement und Produktentwicklung der Hilti AG

In diesem Kapitel werden einleitend das Unternehmen und anschliessend die für die Untersuchung wichtigen Elemente des Umweltmanagementsystems sowie der Produktentwicklung vorgestellt. Damit sollen die Voraussetzungen und Rahmenbedingungen erläutert werden, die für die Durchführung von Entwicklungsvorhaben bestehen.

6.1 Unternehmen und Produkte

Die Hilti AG ist ein weltweit tätiges Unternehmen auf dem Gebiet der Befestigungs- und Abbautechnik. Das Spektrum der Produkte reicht von Bohrhämmern, Diamantsägen und Schraubgeräten über Dübeltechnik bis hin zu chemischen Bauprodukten. Die Tab. 6 gibt einen Überblick über die verschiedenen Geschäftsfelder und Produktlinien. Für die Fallstudie wurde vor allem der Geschäftsbereich der Bauchemie untersucht. Der Bereich stellt chemische Produkte zum Brandschutz und Schäume zur Dichtung und Fixierung her. Die Produkte richten sich an professionelle Kunden im Bausektor, vom Kleinst- bis zum Generalunternehmen. Das Leistungsspektrum wird durch Beratung, Anwendungsschulung und Service ergänzt. Der Name Hilti steht bei Kunden für Qualität und lange Lebensdauer der Produkte, höchstes technisches Know-how sowie stetige Verbesserung der Kundendienstleistungen. Die Produkte bewegen sich im höheren Preissegment.

Der Konzern beschäftigt weltweit rund 12 000 Mitarbeiter, davon 1400 im Hauptsitz in Schaan (Liechtenstein). In Abb. 18 ist die Organisationsstruktur des Unternehmens vereinfacht wiedergegeben. Für die Fallstudie sind vor allem die einzelnen **Geschäftsbereiche** von Interesse, die die Verantwortung für die Produktlinienstrategie und -umsetzung tragen. Sie verfügen über eigene Entwicklungsabteilungen. Die untersuchte Geschäftseinheit Bauchemie beschäftigt rund 50 Mitarbeiterinnen und Mitarbeiter, wovon ungefähr die Hälfte in der Entwicklung, 10 Personen im Marketing und drei Personen in der Qualitäts- & Umwelt-Stelle tätig sind.

Die Produkte werden teilweise in den zwölf eigenen **Produktionswerken** gefertigt (z.B. chemische Dübel und Kunststoffdübel, Diamantbohrkronen, Komponenten für Bohrhämmer). Die Fertigungstiefe liegt durchschnittlich bei

30 Prozent, im Geschäftsbereich Bauchemie wesentlich tiefer. Bislang wurde ein Grossteil extern produziert oder eingekauft, es ist aber eine Wende zu vermehrter Eigenfertigung vorgesehen.

Tab. 6:   Geschäftsbereiche und Produkte der Hilti AG

Geschäftsbereiche der Hilti AG	Beispiele von Produkten und Produktlinien
Bohr- und Abbautechnik	Bohrhämmer, Kombihämmer, Meisselhämmer, Bohr- und Meisselwerkzeuge
Direktbefestigung	Direktmontagegeräte, Direktmontageelemente, Schraubgeräte, Schrauben
Dübeltechnik	Mechanische Dübel, Chemische Dübel
Diamanttechnik	Diamantbohrgeräte, Diamantschneidgeräte, Diamantsägen, Diamantwerkzeuge
Bauchemie	Brandschutzprodukte, Schäume, Dichtmassen
Neue Geschäftsfelder	Holzbearbeitungssysteme, Laserpositioniergeräte

Der Konzern unterhält in allen wichtigen Märkten Einheiten, die über gute Vertriebsnetze in über 100 Ländern verfügen und für den Verkauf, die Beratung und den Service zuständig sind. Diese sogenannten **Marktorganisationen** beziehen die Produkte von den Geschäftsbereichen. Rund zwei Drittel der Gesamtheit der Mitarbeitenden sind im Markt beschäftigt. Durch den ständigen Kontakt zu den Kunden wird das Know-how über Kundenbedürfnisse laufend weiterentwickelt. Die Marktorganisationen kooperieren eng mit den Geschäftsbereichen, insbesondere in den frühen Phasen der Entwicklungsprojekte, um sicherzustellen, dass neue Produkte den Anforderungen der Märkte entsprechen.

Die **Konzernebene** ist für die Entwicklung einer einheitlichen Unternehmenspolitik und -strategie verantwortlich. Hilti verfolgt das Ziel, eine führende Stellung in allen Geschäftsfeldern zu halten. Die allgemeine Konzernstategie Champion 3C steht für die konsequente Kundenorientierung (Customer), die Weiterentwicklung der eigenen Kernkompetenzen und Professionalität (Competence) sowie die Konzentration auf Geschäftsfelder, in denen langfristige Profitabilität und Wettbewerbsfähigkeit möglich ist (Concentration). Führerschaft und Innovation, Kundenorientierung und Professionalität haben sich als wichtige Werte der Unternehmenskultur etabliert.

Die Geschäftstätigkeit der Hilti AG ist in hohem Mass von der Entwicklung des Baumarktes, von Trends in der Baubranche oder auch von Normen und technischem Standard in diesem Bereich (z.B. Brandschutznormen) abhängig. Ökologische Fragen sind für die Geschäftstätigkeit der Hilti AG generell von untergeordneter Bedeutung. Einzelne Märkte wie Schweden oder Deutschland und bestimmte Produkte wie Dichtmassen und Schäume sind die Ausnahme. Hier kann es konkretere Anforderungen der Abnehmer geben.

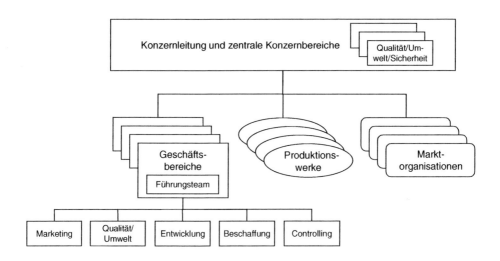

Abb. 18: Organisationsstruktur der Hilti AG

Zur Erreichung der Unternehmensziele hat Hilti 1995 ein prozessorientiertes Managementsystem entwickelt und eingeführt. Es definiert alle wichtigen Geschäftsprozesse. Forderungen des Qualitätsmanagements sind vollständig, diejenigen des Umweltmanagements beinahe vollständig in die Prozesse des Managementsystems integriert.

6.2 Elemente des produktbezogenen Umweltmanagements

Das Umweltmanagement des Unternehmens wurde seit Beginn der 90er Jahre systematisch aufgebaut. Es ist insbesondere in den Produktionswerken gut verankert. Zum Zeitpunkt der Fallstudie waren beinahe sämtliche

Produktionswerke und auch die untersuchten Geschäftsbereiche bereits nach der Norm ISO 14 001[232] zertifiziert. In den Geschäftsbereichen sind Erfahrungen mit dem Umweltmanagementsystem noch jungen Datums, die Bauchemie wurde als erster Bereich Ende 1997 zertifiziert, dabei standen die Produkte und die Prozesse zur Produktentwicklung im Zentrum der Bemühungen.

Die Zielsetzung des Umweltmanagements sind in einer gemeinsamen, konzernweiten Umweltpolitik festgehalten. Umweltverträglichkeit wird darin als unternehmerische Aufgabe festgeschrieben, die sich auf sämtliche Geschäftsaktivitäten und auch die Produkte bezieht. Die Produktverantwortung reicht gemäss allgemeinem Grundsatz von der Entwicklung über die Fertigung bis hin zur Anwendung und schliesslich zur Entsorgung der Produkte. Folgender Leitsatz verdeutlicht, dass mit dem Umweltmanagement grundsätzlich eine proaktive Verhaltensausrichtung angestrebt wird:

„Umweltschutz ist ein integraler Bestandteil unserer Kultur. Wir sehen Umweltschutz als Chance zur kontinuierlichen Verbesserung, um Umweltauswirkungen und Risiken zu reduzieren und gleichzeitig die Profitabilität zu steigern. Deshalb setzen wir notwendige und sinnvolle Massnahmen *aus eigener Initiative* in allen Bereichen des Unternehmens, auch *über gesetzliche Forderungen hinaus*, um."

Die strategische Ausrichtung des Unternehmens in Bezug auf ökologische Fragen entspricht dem Strategietyp des Öko-Integrators.[233] Produktbezogener Umweltschutz wird als Teil der Aufgabe wahrgenommen, tendenziell aber nicht als Innovationschance betrachtet.

Im Folgenden werden Organisation und Aufgaben sowie die wichtigsten Instrumente des Umweltmanagements kurz beschrieben. Es werden vor allem diejenigen Aspekte aufgegriffen, die für das Verständnis der Rahmenbedingungen der Produktentwicklung des Geschäftsbereichs Bauchemie relevant sind.

6.2.1 Organisation und Aufgaben des Umweltmanagements

Hilti verfügt vereinfacht über drei unterschiedliche Organisationsformen, um umweltbezogene Aufgaben im Unternehmen zu verankern.

–   Auf Konzern- wie auf Geschäftsbereichsebene übernehmen **institutionalisierte Umweltfachstellen** Aufgaben zu Umweltfragen (siehe Abb. 18). Sie sind gleichzeitig auch für Qualitäts- und Sicherheitsfragen zu-

---

[232]   Vgl. ISO 14001 (1996).
[233]   Vgl. Kapitel 2.2.1.

ständig. Auf der Konzernebene ist diese Stelle für die Entwicklung von übergeordneten Umweltzielen, das Monitoring der Erreichung der Ziele, interne Audits sowie die Weiterentwicklung des Managementsystems verantwortlich. Sie arbeitet eng mit den Geschäftsbereichen zusammen.

– Die Qualitäts- & Umwelt-Stellen der Geschäftsbereiche haben im wesentlichen vier Aufgaben: Sie sind für die operative Pflege des integrierten Managementsystems zuständig, führen beispielsweise diesbezügliche Schulungen durch. In Bezug auf die Produktentwicklung wirkt der Bereich als Moderator und Sparringspartner in Projekten mit, wobei sie insbesondere die Anwendung von geeigneten Methoden (z.B. Quality Function Deployment, Risikoanalyse) fördern und unterstützen. Der Bereich ist auch Fachstelle für umweltbezogene Gesetze und Normen und macht im Rahmen von Entwicklungsprojekten diesbezügliche Abklärungen (z.B. zur Einstufung chemischer Rezepturen nach der Gefahrstoffverordnung). Der Bereich ist im Weiteren für die Planung und Kontrolle von Massnahmen zur kontinuierlichen Verbesserung sowohl ökologischer wie qualitätsbezogener Art federführend. Dazu gehört auch die Umweltanalyse der Produkte und die Definition geeigneter produktbezogener Zielsetzungen. Diese letzte Aufgabe erfolgt in enger Zusammenarbeit mit den übrigen Funktionsbereichen.

– Eine weitere wichtige Organisationsform sind die unterschiedlichen **Umweltgremien**. Dabei handelt es sich um Arbeitsgruppen, die sich aus Mitgliedern verschiedener Organisationseinheiten zusammensetzen und periodisch Umweltziele planen und koordinieren. Auf operativer Ebene sind hier vor allem die sogenannten S&U-Teams (Sicherheit & Umweltschutz) von Bedeutung. Sie werden von der Qualitäts- & Umwelt-Stelle geleitet und umfassen Vertreter aus Marketing, Entwicklung und Beschaffung. Das Team trifft sich zweimal jährlich, um Ziele festzulegen und Massnahmen zu planen sowie um in der zweiten Periode einen Review vorzunehmen. Die wichtigste Basis für die Massnahmenplanung ist die Umweltanalyse und -beurteilung der Produkte, die mit Hilfe des internen Umweltrelevanzanalyse-Instruments vorgenommen wird (siehe Kapitel 6.2.2). Neben den S&U-Teams gibt es auch unterschiedliche geschäftsbereichübergreifende Umweltgremien, in denen verschiedene Aktivitäten der Geschäftsbereiche wie z.B. die ökologische Verbesserung der Produktverpackungssysteme koordiniert werden.

– Bei der Organisation des Umweltmanagements ist Hilti laufend bestrebt, Aufgaben soweit als möglich in die **Linienverantwortung** zu integrieren. Die ökologische Lieferantenbewertung liegt demnach bei der Beschaffung, die Festlegung von ökologischen Entwicklungsrichtlinien bei der Entwicklung. Die Qualitäts- & Umwelt-Stelle soll hier sukzessive nur noch beratende und unterstützende Funktion wahrnehmen.

Die Organisation der Zuständigkeiten zeigt, dass die Qualitäts- & Umwelt-Stelle eine wichtige Fach- und Koordinationsstelle für umweltbezogene Fragen der Produkte ist. Durch die zusätzlichen Gremien und die Integration von Aufgaben in die Linienverantwortung sind jedoch auch über die Umweltfachstelle hinaus Umweltkompetenzen vorhanden.

6.2.2 Instrumente des Umweltmanagements

Eines der zentralen Instrumente des Umweltmanagements ist das intern entwickelte Vorgehen für die **Umweltrelevanzanalyse** der Produkte. Das Ergebnis dieser Analyse ist eine Matrix, die für die unterschiedlichen Produkte oder Produktgruppen aufzeigt, welche Produktlebensphasen ökologisch relevant sind. Vereinfacht besteht das Vorgehen darin, dass Produktgruppen wie beispielsweise Polyurethan-Dichtmassen oder wasserbasierte Silikondichtmassen gebildet und deren wichtigste Rohstoffe und Komponenten aufgelistet werden. In der Folge wird für jede Substanz oder Komponente beurteilt, welche Umweltauswirkungen in den unterschiedlichen Produktlebensphasen vorliegen. Die Beurteilung ist qualitativ. Es werden drei Stufen unterschieden und mit Stichworten begründet: starke, bedingte oder keine Umweltrelevanz. Starke Relevanz hat zur Folge, dass das S&U-Team geeignete Massnahmen einleiten muss. Die Umweltrelevanzanalyse ist deshalb gegenwärtig das wichtigste Instrument für die Planung ökologischer Verbesserung der Produkte.

Kernstück der Umweltrelevanzanalyse sind die intern entwickelten, grösstenteils qualitativen Kriterien, um die Umweltrelevanz zu beurteilen. Die sechs übergeordneten Beurteilungskriterien sind vereinfacht in <u>Abb. 19</u> dargestellt und können in zwei Gruppen unterteilt werden:[234]

–   Relevanz zeigt sich einerseits durch das Vorhandensein von bedeutenden Ansprüchen: Darunter fallen gewichtige Forderungen von externen Anspruchsgruppen wie dem Gesetzgeber sowie absehbare Verbote und Einschränkungen oder das Vorhandensein von internen Forderungen und Zielsetzungen.

–   Neben dieser Orientierung an externen und internen Umweltansprüchen wird Umweltrelevanz auch eigenständig durch Beurteilung der eingesetzten Stoffe oder Prozesse eingeschätzt. Hier liegt der Schwerpunkt beim Erkennen von bedeutenden Gefahrenpotentialen oder interessanten Einsparpotentialen oder bedeutenden Stoffflüssen.

---

[234]   Vgl. <u>Kapitel 3.4.</u>

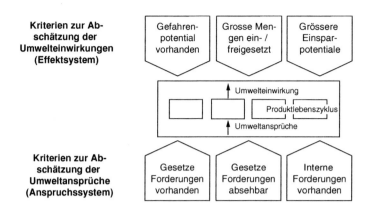

Abb. 19: Beurteilungskriterien des qualitativen Umweltrelevanzanalyse-Instruments

Die Umweltrelevanzanalyse der Produkte wird durch das S&U-Team vorgenommen. Da es sich bei den genannten Kriterien nicht um unmittelbar operable Bewertungsgrössen handelt, ist es die Aufgabe der S&U-Teams, einheitliche Unterkriterien und gemeinsame Bewertungsmassstäbe festzulegen, die für die Produkte und Prozesse des Geschäftsbereichs geeignet sind.

Neben der Umweltrelevanzanalyse, die seit knapp zwei Jahren angewendet wird, prüfen die Geschäftsbereiche Bauchemie und Dübeltechnik auch den Einsatz von **Produktökobilanzen** (LCA). Es bestehen bereits erste Erfahrungen und Pilotprojekte. Die Verantwortlichen der Qualitäts- & Umwelt-Stelle versuchen gegenwärtig abzuklären, inwiefern sich Ökobilanzen als ergänzende oder stellvertretende Methode für die ökologische Beurteilung von Produkten eignen.

6.3 Strukturen und Prozesse der operativen Produktentwicklung

Die einzelnen Geschäftsbereiche sind für das Angebot des Produktsortiments und somit auch für die Entwicklung von neuen Produkten verantwortlich. Um die Stossrichtung der Produktinnovation und letztendlich die konkreten Projekte zur Produktentwicklung festzulegen, wird periodisch eine auf fünf Jahre ausgelegte Innovationsstrategie definiert.

Aufbauend auf diesen strategischen Innovationszielen werden in der Geschäftseinheit aufgrund der verfügbaren Ressourcen und anderer Überlegungen wie beispielsweise dem Reifegrad der benötigten Technologien konkrete Projekte geplant. Dabei kommen grundsätzlich drei Projekttypen in Fragen: bei ungenügenden technologischen Grundlagen kann ein in- oder externes *Forschungsprojekt* lanciert werden; sind noch gewisse Fragen zur Wahl und Umsetzbarkeit bestimmter Technologien offen, wird ein *Technologieprojekt* gestartet; oder es wird bei genügender technologischer Reife sofort ein *Entwicklungsprojekt* geplant. Die vorliegende Fallstudie konzentriert sich auf die Kategorie der Entwicklungsprojekte. Im Folgenden werden die formalen Vorgaben zur Organisation und Lenkung von Entwicklungsprojekten erläutert.

6.3.1 Operativer Entwicklungsprozess

Der operative Entwicklungsprozess ist durch das konzernweite Managementsystem festgelegt. Die einzelnen Prozessphasen decken sich weitgehend mit dem allgemeinen Entwicklungsprozess aus Kapitel 2.1.2. Die formalen Prozessvorgaben werden als grober Rahmen betrachtet; sie sollen durch das Entwicklungsteam projektspezifisch angepasst werden. Der Ablauf enthält jedoch klar definierte Meilensteine, die Ziele festlegen, um über den Fortgang des Projekts zu entscheiden. Die allgemeine Prozessbeschreibung enthält eine Reihe von Vorgaben, wie ökologische Aspekte integriert werden sollen.

Die frühen Phasen des Entwicklungsprozesses und die entsprechenden formalen Umweltvorgaben werden im Folgenden kurz vorgestellt (siehe Abb. 20):

– Im Rahmen der **Projektvorbereitung** wird das Projektteam und die Projektleitung definiert. Diese liegt in der Regel beim Produktmanagement (Marketing). Das Kernteam der frühen Phase umfasst im weiteren Personen aus der Entwicklung und der Qualitäts- & Umwelt-Stelle. Diese Zusammensetzung des Projektteams ist nicht formal vorgeschrieben, hat sich im Geschäftsbereich aber als Praxis bewährt.

– Die erste Projektphase beinhaltet die **Machbarkeitsstudie** zur Prüfung, ob relevante Technologien verfügbar und die betriebswirtschaftliche Attraktivität (z.B. Return on Sales) des Projekts tatsächlich gegeben ist. In dieser Phase bestehen keine formalen Umweltvorgaben.

– In der Phase der **Anforderungsdefinition** werden anhand von Produktvisionen die konkreten Produktanforderungen erarbeitet und abschliessend im Lastenheft zusammengefasst. Die Prozessrichtlinien sehen vor, dass folgende Fragen geklärt werden: Wie ist der Stand der Technik im

Hinblick auf ökologische und Sicherheitsfragen einzuschätzen? Welche in- und externen Normen müssen beim Einsatz der Technologien berücksichtigt werden? Im Lastenheft müssen entsprechende ökologische Zielsetzungen oder Anforderungen integriert werden, was im abschliessenden Lastenheft-Review geprüft wird.

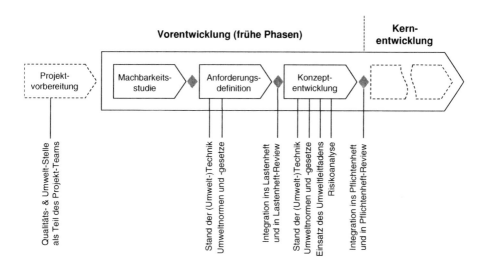

Abb. 20: Formale Verankerung ökologischer Aspekte im Entwicklungsprozess

–   In der Phase der **Konzeptentwicklung** steht die Erarbeitung und Auswahl von bestmöglichen Produktvarianten und die abschliessende Formulierung des Pflichtenhefts im Zentrum. Bei der Suche nach Konzeptvarianten sollen die relevanten umweltbezogenen Normen und Gesetze, der Stand der (umweltverträglichen) Technik sowie Leitsätze aus dem internen Umweltleitfaden einbezogen werden. Die formalen Prozessvorgaben sehen weiter vor, dass ein Sicherheits- und Umweltkonzept erarbeitet wird. Zur Zeit besteht dieses im Wesentlichen aus einer ausführlichen Risikoanalyse. Beim abschliessenden Pflichtenheft-Review sind ökologische Aspekte insofern festgeschrieben, als sie grundsätzlich bei der Erstellung des Pflichtenhefts berücksichtigt und geeignet integriert werden sollten.

6.3.2 Methoden und Instrumente der Produktentwicklung

In den frühen Phasen von Entwicklungsprojekten werden schwergewichtig vier Methoden oder Instrumente eingesetzt. Dabei handelt es sich vor allem um allgemeine Problemlösungsmethoden wie die **QFD-Methodik**.[235] Sie unterstützt das systematische Ableiten von Zielen aufgrund der erfassten Kundenforderungen und bildet den wichtigsten Vorgehensrahmen in den frühen Phasen. Mit der **FMEA**[236] werden in etwas späterem Stadium die vorliegenden Varianten systematisch auf potentielle Entwicklungsfehler hin untersucht. Beide Methoden werden seit einigen Jahren eingesetzt. Gemäss dem Entwicklungsleiter sollten sie in Zukunft tendenziell noch intensiver angewendet werden, da sie die Qualität der Entwicklungsprojekte nach Ansicht der Verantwortlichen wesentlich verbessern.

Im Weiteren verfügt das Unternehmen über zwei umweltspezifische Methoden. Mit der intern entwickelten **Risikoanalyse** werden Gefährdungspotentiale im Zusammenhang mit der Sicherheit und dem Gesundheitsschutz der Anwender, der Hersteller oder sonstiger direkt betroffener Akteure beurteilt. Liegen konkrete Produktvarianten vor, so wird jeweils der gesamte Produktlebenszyklus analysiert und Gefährdungen qualitativ in drei Klassen eingeteilt. Aufgrund dieser Analyse, die durch die Qualitäts- & Umwelt-Stelle durchgeführt wird, werden Erfordernisse oder Massnahmen für die Entwicklungsarbeit abgeleitet. Bei der Weiterentwicklung oder bei wichtigen Meilensteinen wie dem Lastenheft-Review wird dann jeweils geprüft, inwiefern die Forderungen aus der Risikoanalyse erfüllt sind.

Der interne **Umweltleitfaden** ist ein eher lösungsorientiertes Instrument. Das circa 60-seitige Dokument umfasst Grundlagen, Grundsätze und Regeln für die umweltorientierte Entwicklung, die in mehrere Teile gegliedert sind: Die Konstruktionsrichtlinien sowie die Richtlinien für die Entwicklung chemischer Produkte enthalten allgemeine Grundsätze und Zielsetzungen für die Entwicklung wie auch Hinweise zu wichtigen Kriterien für die ökologische Beurteilung. Sie sind als einfache Regeln formuliert, die jeweils mit Begründungen und Massnahmen ergänzt sind. Beispiele solcher Regeln sind:

– Sensibilität für Problemstoffe,

– Entwickeln kennzeichnungsfreier Produkte,

– Verbot von krebserzeugenden Stoffen,

– Rezepturen müssen so formuliert werden, damit die Produkte in der Applikations- und Funktionsphase keine problematischen Spaltstoffe abgeben (Innenraumluftbelastung),

---

[235]   Quality Function Deployment, vergleiche Kapitel 4.4.2. c).

[236]   Failure Mode and Effect Analysis, vergleiche Kapitel 4.4.2. c).

– Bei der biologischen Abbaubarkeit von Schmierstoffen Einstufung „leicht abbaubar" anstreben.

Ein weiterer Teil beinhaltet Grundlagen zur ökologischen Beurteilung von Kunststoffen und Metallen. Hier handelt es sich um eine qualitative Beschreibung der ökologischen Auswirkungen der wichtigsten Werkstoffe, die auf einer Zusammenfassung zahlreicher Quellen wie zum Beispiel Ergebnisse von Ökobilanzen beruht. Ein letzter Teil beinhaltet Richtlinien zum sicherheits- und umweltbewussten Handeln am Arbeitsplatz und in Labors.

Der Umweltleitfaden wurde 1992 erstmals erarbeitet. Seither wird das Kompendium laufend ergänzt und überarbeitet, wobei zahlreiche Entwickler und andere Fachpersonen einbezogen sind. Der Leitfaden ist demnach als Zusammenfassung der internen Erfahrungen und Kompetenzen zu verstehen und definiert gleichzeitig die Zielwerte, die grundsätzlich angestrebt werden sollen.

Mit der Vorstellung der Methoden und Instrumente der Produktentwicklung wird die Einführung in das Umweltmanagement und die Strukturen der Produktentwicklung in der Hilti AG abgeschlossen. Damit sind die wichtigsten Voraussetzungen und Rahmenbedingungen für Entwicklungsvorhaben eingeführt und ermöglichen ein differenziertes Verständnis der nachfolgenden Ausführungen zu den drei Fallstudienfragen.

7 Bedeutung einer proaktiven Produktentwicklung im Geschäftsbereich Bauchemie

Die allgemeinen Zielsetzungen des Umweltmanagements[237] zeigen, dass die Hilti AG auf der Ebene des Konzerns grundsätzlich bestrebt ist, die ökologische Verbesserung ihrer Produkte aus eigener Initiative voranzutreiben und über die gesetzlichen Forderungen hinauszugehen. Die Umsetzung dieser Zielsetzung betrifft vor allem die Geschäftsbereiche, die für die Entwicklung neuer Produkte verantwortlich sind.

Dieses Kapitel geht der Frage nach, welche konkreten Hinweise darauf hindeuten, dass eine proaktive Ausrichtung der Produktentwicklung im untersuchten Geschäftsbereich Zielsetzung ist und welche praktische Bedeutung diesem Ziel zukommt. Im ersten Abschnitt sind Aussagen des Führungsteams des Geschäftsbereichs Bauchemie zusammengefasst, im zweiten Abschnitt werden ausgewählte Einschätzungen der operativen Ebene dargestellt.

7.1 Einschätzungen des Managements des Geschäftsbereichs Bauchemie

Das Führungsteam des Geschäftsbereichs setzt sich aus dem Geschäftsbereichsleiter sowie den Leitern des Marketings, der Entwicklung und der Qualitäts- & Umwelt-Stelle zusammen. Die Hinweise zur Bedeutung einer proaktiven Ausrichtung der Produktentwicklung, die in den Interviews erwähnt wurden, können in die folgenden Themen zusammengefasst werden.

Konsequente Kundenorientierung: Nach Einschätzung des Geschäftsbereichsleiters haben umweltbezogene Zielsetzungen in der strategischen Produktplanung sowie in den frühen Phasen von Entwicklungsprojekten im Vergleich mit anderen Zielen eine geringe Relevanz. Im Zentrum steht die konsequente Kundenorientierung, d.h. Produkte müssen aus der Sicht des Kunden eine Mehrleistung erbringen. Das Führungsteam ist der Ansicht,

---

[237] Vgl. Kapitel 6.2.

dass Ökologie im Bausektor im Gegensatz zum Konsumbereich nur eine Minderheit der Kunden anspricht. Die wichtigen Produkte der Bauchemie (Brandschutz- und Schaumprodukte) sind nicht im Brennpunkt der Öko-Bau-Diskussion. Für die Vermarktung der Produkte hat das Thema deshalb untergeordnete Bedeutung. Es ist allenfalls ein zusätzliches, ein Nice-to-have-Feature, wie dies zum Beispiel Henkel macht mit ihrem Credo „Wir sind bei nachwachsenden Rohstoffen stark". Das Marketingkonzept kann aber keinesfalls darauf aufgebaut sein. Allerdings gibt es vereinzelte Problemfelder wie die Asbestproblematik, auf die die Kunden stärker sensibilisiert sind. Asbesthaltige Produkte würden sie deshalb aus dem Programm ausscheiden.

Die starke Kundenorientierung ist für die Produktentwicklung die zentrale Orientierung für die Definition und Verfolgung ökologischer Zielsetzungen. Die generell geringe Bedeutung von Umweltfragen bei den Kunden führt konsequenterweise dazu, dass wenig Impuls da ist, ökologische Verbesserungen in eigener Initative voranzutreiben.

Fokus auf bestehende sowie potentielle Umweltgesetze: Neben der Kundenorientierung müssen aus der Perspektive des Geschäftsbereichsleiters in der Produktentwicklung in erster Linie Umweltgesetze verfolgt werden. Dabei muss als erstes und zwingendes Ziel die Einhaltung der bestehenden Umweltauflagen sichergestellt werden. Zweitens müssen sie „etwas Monitoring machen, wohin sich diese entwickeln", um auch latente Trends in der Gesetzgebung schon frühzeitig einzubeziehen. Beispielsweise wird sehr genau verfolgt, welche Bestimmungen zum Einsatz von isocyanathaltigen Substanzen in Zukunft erfolgen könnten.

> „There might be some change on the isocyanate side. If it has a certain content you will have to put the scull-and-cross-bones sign on the product. We have to discuss what would be the implication of this change for the marketing of the product."

Die Aussagen des Führungsteams zeigen deutlich, dass bestehende sowie anstehende Umweltbestimmungen der zentrale Faktor für die Berücksichtigung ökologischer Aspekte ist. Vereinfacht: Ökologisch problematisch ist, was gesetzlich verboten ist oder wird. Diese Haltung deutet wiederum darauf hin, dass Kunden und andere Anspruchsgruppen noch keinen nennenswerten Druck ausüben oder kaum explizite Forderungen stellen. Entsprechend bedeutet eine proaktive Haltung vor allem, Umweltgesetze zu antizipieren. Eine Ausnahme können, wie der nächste Abschnitt zeigt, Fragen des Gesundheitsschutzes und der Anwendersicherheit bilden.

Fokus auf Risiko- und Sicherheitsfragen: Bei bauchemischen Produkten ist nach Einschätzung des Entwicklungsleiters eine konsequente Auseinandersetzung mit dem Gefährdungspotential der Produkte zentral und ein wesentlicher Pfeiler der Produktqualität und des Markenimage.

> „Hilti hat einen guten Namen für Technologie und langjährigen Wert, aber auch für Sicherheit. Deswegen ist es für uns auch sehr wichtig, dass wir diesen Namen mit der Bauchemie weiter ausgestalten und auf keinen Fall gefährden. Wenn wir irgendwo erkennen, dass gewisse Produke ein bisschen riskant sind, dann nehmen wir die schon raus, wenn es noch lange keine Gesetzesregelung gibt. [...] Wenn wir für uns nicht einschätzen können, wie lange das Produkt hält und ob es irgendwo gefährlich für die Leute werden könnte, dann würden wir es gar nicht auf den Markt bringen. Das ist keine Gesetzeslage. Das ist Hilti-Philosophie. Wir gehen also einen Schritt darüber hinaus, was natürlich voraussetzt, dass wir auch erkennen können, wo es eine Gefährdung geben kann."

Eine proaktive Ausrichtung hat demnach vor allem bei Sicherheitsfragen und Gesundheitsschutz der Anwender und weniger bei Umweltfragen eine hohe Priorität.[238] Dies wird durch die Einschätzung des Qualitäts- & Umwelt-Leiters bestätigt:

> „Umwelt wird zwar [von den Kunden] relativ oft erwähnt, gemeint ist aber die Anwendersicherheit, beim Applizieren keinen Gefahrstoffen oder keinem Gesundheitsrisiko ausgesetzt zu sein. Im klassischen Sinne Umwelt: da haben die meisten relativ wenig Ahnung über Zusammenhänge."

Entsprechendes Gewicht haben Methoden zur Risikoanalyse oder Testverfahren zur chemischen Stabilität von Produkten. Methoden wie die Ökobilanz, die explizite Umweltauswirkungen erfasst, sind nach Aussagen des Entwicklungsleiters zwar interessant, Ergebnisse wie zum Beispiel die Energieintensität von verschiedenen Materialvarianten haben für die Produktentwicklung gegenwärtig jedoch noch eine geringe Relevanz. Bei Sicherheit und Gesundheitsschutz besteht also eine stärkere Notwendigkeit, aus eigener Initiative Problemfelder zu erfassen und eigenverantwortlich Ziele zu setzen.

Fokus auf strategisch relevante Produkte und kurze Planungszyklen: Der Geschäftsbereichsleiter erachtet anspruchsvollere ökologische Zielsetzungen allenfalls bei strategisch wichtigen Produkten als sinnvoll. Das sind zum Beispiel Produkte, die weltweit vertrieben werden und einen wesentlichen Anteil am Umsatz ausmachen. Ebenso muss sich die Anstrengung auf Produkte bündeln, die langfristig angeboten und auch Innovationspotential

---

[238] Vgl. Kapitel 3.4.1 mit der Unterscheidung verschiedener Schutzobjekte im Rahmen des Effektsystems.

für die Weiterentwicklung bieten. Der Marketingleiter unterscheidet in diesem Zusammenhang zwischen „short-term" und „long-term" Entwicklungsvorhaben. Short-term Projekte betreffen Produkte wie Dichtmassen, die einen kurzen (betriebswirtschaftlichen) Produktlebenszyklus haben, also schnell durch eine neue Produktgeneration ersetzt werden. Das ist vor allem bei Produkten der Fall, die eingekauft werden und bei denen Hilti kaum eigenen Entwicklungsaufwand betreibt. Dadurch werden wenig Investitionen getätigt, und sie können schnell auf Veränderungen reagieren. Bei solchen Projekten ist der Planungshorizont auf 3–4 Jahre beschränkt. Ökologische Auflagen oder Anforderungen, die erst über diesen Zeitraum hinaus zu erwarten sind, werden in diesen Projekten deshalb nicht berücksichtigt, da die Produkte ohnehin früher wieder verändert werden. Das Ziel heisst: hohe Produktqualität zu erreichen und sich im Bereich der offensichtlichen Umweltgesetze bewegen.

Im Bereich der Brandschutzprodukte geht es um „long-term"-Projekte, da bei diesen Produkten grosses Innovationspotential und langfristige Wettbewerbschancen bestehen. Solche Vorhaben bestehen aus einer Reihe von einzelnen aufeinanderfolgenden Entwicklungsprojekten. Kaum ist die erste Produktgeneration eingeführt, wird das nächste Verbesserungsprojekt gestartet. Das erste Produkt wird wahrscheinlich nur drei Jahre auf dem Markt bleiben. Nach Ansicht des Marketingleiters muss sich der Fokus für die Einschätzung relevanter ökologischer Anforderungen auf diesen Zeitraum konzentrieren.

Das Beispiel zeigt, dass sich der Planungshoriont stark an den betriebswirtschaftlichen Planungs- und Produktzyklen orientiert. Dieser bewegt sich sowohl bei kurz- wie auch bei langfristiger Entwicklungsperspektive in einem Rahmen von 3–4 Jahren. Danach wird in der Regel eine neue Produktgeneration entwickelt. Entsprechend wird bei einer proaktiven Ausrichtung, also bei einer vorausschauenden Beurteilung wichtiger Umweltansprüche, dieser Zeitraum als massgeblich betrachtet.

Im Zweifelsfall Planung auf Vorrat: Latente Umweltanliegen führen nicht immer gleich zu konkreten Entwicklungsaktivitäten. Ein Beispiel hierfür ist die Problematik der Mineralfasern, denen ein gewisses karzinogenes Potential zugesprochen wird. Obwohl dieses Gefährdungspotential nicht bei allen Glasfasern besteht, gibt es bei Kunden und in der Öffentlichkeit eine gewisse Sensibilisierung für das Problem, die sich vor allem auf Australien und die deutschsprachigen Länder Europas konzentriert. Für den Marketingleiter hatte diese Situation zur Konsequenz, dass der Geschäftsbereich präventiv ein Projekt für die Entwicklung eines Ersatzprodukts geplant hat. Dieses Entwicklungsprojekt wird gestartet, sobald sich die Anzeichen häufen, dass Mineralfasern bei den Kunden auf Ablehnung stossen.

Das Beispiel zeigt ein eindeutig kontingenzaktives Verhalten. Wiederum wird auch deutlich, dass ökologische Verbesserungen nur sehr beschränkt auf eigene Initiative erfolgen. Vielmehr wird abgewartet, bis sich deutliche Anzeichen für die Notwendigkeit einer Massnahme ergeben.

Verhaltenes Engagement bei der Förderung ökologischer Technologien: Bei der Entwicklung seiner Produkte setzt Hilti in der Regel diverse bestehende Technologien ein, die als Komponenten bei Lieferanten eingekauft werden. In den Gesprächen wurden Beispiele genannt, dass man mit Lieferanten zusammenarbeitet, um gezielter umweltverträgliche Produktkomponenten zu übernehmen oder sogar kooperativ zu entwickeln. Der Geschäftsbereichsleiter nennt eines davon: Bei der Umstellung auf ein umweltverträgliches Treibgas für Schaumprodukte war Hilti Vorreiter. Diese Rolle hat jedoch viel Geld und Zeit gekostet, da die Technologie noch nicht reif war und mit den Lieferanten angepasst werden musste. Das Ergebnis waren qualitativ schlechtere Produkte zu höherem Preis. Aus dieser Erfahrung zieht der Geschäftsbereichsleiter die Schlussfolgerung, dass der Zeitpunkt für dieses Engagement zu früh war und dass bei solchen Fragen künftig ökonomische Kriterien sowie die Produktqualität stärker berücksichtigt werden müssen, bevor voreilig eine Vorreiterrolle eingenommen wird.

Ein anders gelagertes Beispiel stammt aus dem Geschäftsbereich Dübeltechnik. Epoxidharze sind zentraler Bestandteil chemischer Dübel, gleichzeitig sind sie ökologisch vergleichsweise problematisch.[239] Die Zusammenarbeit mit Rohstoffherstellern soll deshalb zur Entwicklung von neuen, umweltgünstigeren Produkten führen. Da es sich hier um einen strategisch wichtigen Rohstoff handelt, wird ein grösseres Engagement als gerechtfertigt erachtet.

Die Beispiele illustrieren, dass Hilti im Rahmen der eigenen Produktentwicklung stark von der Verfügbarkeit geeigneter Vorprodukte abhängig ist. Je nach strategischer Wichtigkeit dieser Technologien wird versucht, die vorgelagerte Entwicklung umweltverträglicherer Materialen und Komponenten zu forcieren. Dieses Engagement ist aber generell sehr verhalten und soll konsequenter nach betriebswirtschaftlichen Überlegungen beurteilt werden. Der eigenen Initiative sind also auch hier enge Grenzen gesetzt.

Fazit: Die Einschätzungen des Managements zeigen deutlich, dass eine proaktive Ausrichtung der Produktentwicklung als Notwendigkeit betrachtet wird. Dabei handelt es sich in erster Linie um eine kontigenzaktive Orientie-

---

239 Gemäss Einschätzungen von Entwicklern können ökologische Probleme durch das Grundwasserbelastungs- sowie das allergene Potential von ausgewählten Epoxiden entstehen.

rung. Die Bestrebung, latente Umweltanliegen der Kunden und Trends in der Umweltgesetzgebung frühzeitig zu erkennen, steht im Vordergrund. Der Impuls kommt also in erster Linie vom Umfeld, eine unabhängige und eigenständige Beurteilung ökologischer Problemfelder steht im Hintergrund. Eine ökologische Vorreiterrolle wird nicht angestrebt. Die kontingenzaktive Haltung hat zwei wichtige Beweggründe: Einerseits soll durch eine vorausschauende Haltung die Planungssicherheit erhöht werden. Mit der Kenntnis künftiger Umwelteinflussfaktoren können Planungsentscheide differenzierter begründet werden. Anderseits ist die proaktive Haltung bei Sicherheitsfragen und Gesundheitsschutz ein wichtiges imageförderndes Element.

7.2 Bedeutung auf operativer Ebene

Bei der Hilti AG spielt der Marketingbereich aufgrund der starken Kundenorientierung in den frühen Phasen der Produktentwicklung eine gewichtige Rolle. Die Produktmanager aus dem Marketingbereich sind deshalb in der Regel Projektleiter in Entwicklungsprojekten. Sie können damit massgeblich beeinflussen, welche Haltung in Projekten gegenüber ökologischen Aspekten eingenommen wird.

Im folgenden Abschnitt werden aus dieser Überlegung die Einschätzungen des Projektleiters des untersuchten Entwicklungsvorhabens etwas ausführlicher dargestellt. Anschliessend sind einige zusätzliche Hinweise aus den übrigen Funktionsbereichen und den Marktorganisationen zusammengefasst, die illustrieren, welche Bedeutung eine proaktive Ausrichtung der Produktentwicklung auf operativer Ebene einnimmt.

7.2.1 Einschätzung des Projektleiters des untersuchten Entwicklungsprojekts

In den Gesprächen erläuterte der Projektleiter, welche generellen umweltbezogenen Ansprüche seiner Ansicht nach an die Produkte des Unternehmens gestellt werden und welche Konsequenzen er daraus für die Entwicklungstätigkeit zieht.[240] Er identifiziert zunächst drei relevante Ansprüche:

– Die Mindestforderungen werden durch **umweltbezogene Gesetze** bestimmt, deren Einhaltung politische Behörden verfolgen. Sie beschreiben in Bezug auf eine bestimmte Problematik wie beispielsweise die Asbest-

---

240   Das Gespräch wurde in englisch geführt. Im Text werden sowohl englische wie deutsche Zitate verwendet. Letztere wurden durch die Verfasserin übersetzt.

und FCKW-Frage den kleinsten gemeinsamen Nenner verschiedener Interessen- und Lobbygruppen. Für die Vermarktung von Produkten ist die Einhaltung verschiedener nationaler Gesetze zwingend. Es muss aber berücksichtigt werden, dass gesetzliche Bestimmungen immer mit einer gewissen zeitlichen Verzögerung in Kraft treten. Die Problematik wird in der Öffentlichkeit meist schon breit diskutiert.

– Die **Öffentlichkeit** ist eine weitere Anspruchsgruppe. Sie ist zunehmend besser informiert, beispielsweise über die Gefährlichkeit von chemischen Produkten. Dieser Trend hält an und muss vom Marketing berücksichtigt werden.

– Die **Kunden** als wichtigste Anspruchsgruppe betrachten es grundsätzlich als Pflicht des Unternehmens, dafür zu sorgen, dass die eingeführten Produkte umweltverträglich sind. In aller Regel sind sie deshalb auch nicht bereit, einen Mehrpreis für diese vermeintliche Leistung zu bezahlen. „People don't pay for what they consider to be standard. And I think they are right." Bei den Produktanwendern steht der unmittelbare Gesundheitsschutz an erster Stelle. Das Bewusstsein gegenüber der Gefährdung der Umwelt (z.B. durch Treibhausgase) oder sozialen Fragen ist demgegenüber lange nicht bei allen Leuten vorhanden.

Aus dieser Analyse des Unternehmensumfeldes leitet der Produktmanager eine erste Zielsetzung ab, die den roten Faden bei seiner Aufgabe als Projektleiter bildet:

„Wenn man diese Konstellation [der Ansprüche] bedenkt, kommt man als Firma schnell zum Punkt: Wir müssen besser sein als die Gesetze und vielleicht besser, als es der Kunde verlangt."

Dabei reicht es seiner Ansicht nach nicht aus, einzelne Produkte ökologisch zu trimmen. Viel wichtiger ist, dass das gesamte Sortiment ein vergleichsweise hohes Niveau an Umweltverträglichkeit aufweist. Nur so kann ein Imagebonus für den Markennamen erzielt werden, der langfristig eventuell zu einem Verkaufsvorteil führen kann.

Gleichzeitig ist es seiner Ansicht nach eine wichtige Aufgabe des Projektleiters zu verhindern, dass ökologische Zielsetzungen in unverhältnismässigem Aufwand verfolgt werden. Als Projektleiter muss er hier für eine gewisse Ausgewogenheit sorgen. Umso mehr, da der Kunde ökologische Vorteile nicht bezahlt.

„Dadurch kommt die Entwicklung in eine neue Dimension: ökologische Ziele zu integrieren und am Ende dennoch zu einem Produkt zu gelangen, das preislich für den Kunden interessant ist. Wenn man zum Beispiel teurere, umweltverträgliche Technologien einsetzen muss, muss die Firma Wege finden, um dies zu kompensieren, beispielsweise indem wir produktiver werden."

Seiner Meinung nach sind die Möglichkeiten zur Entwicklung umweltverträglicher Produkte wesentlich dadurch bestimmt, dass geeignete umweltgünstige Technologien verfügbar sind. Ist dies der Fall, so ist es „die Pflicht, die beste oder bessere Technologie zu wählen".

Die Einschätzungen des Projektleiters decken sich weitgehend mit der Ausrichtung des Managements. Eine proaktive Haltung ist aufgrund der Entwicklungen des Umfeldes, das heisst der Ansprüche der Kunden und der Öffentlichkeit, eine Notwendigkeit. Das Ausmass, mit dem ökologische Mehrleistungen verfolgt werden, muss jedoch technisch machbar (Best-Available-Technology) und wirtschaftlich vertretbar sein.

7.2.2 Einschätzungen weiterer operativer Bereiche

Ergänzend werden im Folgenden noch die Einschätzungen zweier weiterer operativer Bereiche dargelegt, die im Rahmen einer proaktiven Ausrichtung der Produktentwicklung eine wichtige Rolle spielen können. Einerseits handelt es sich um die Produktmanager der Marktorganisationen, die ein wichtiger Pfeiler für die Analyse der Anspruchsgruppen sind. Anderseits wird die Position der Qualitäts- & Umwelt-Stelle dargelegt, die schwergewichtig für ökologische Fragestellungen der Produkte zuständig ist.

Die befragten **Produktmanager der Marktorganisationen** in Deutschland[241] sind laufend damit beschäftigt, den Markt zu beobachten und zu beurteilen, welche Produktvorteile oder Faktoren für die Kunden von Bedeutung sind. Die zentralen Kundenanforderungen oder Kaufkriterien sind typischerweise anwendungsbezogen. Das Produkt muss seine Funktion besser, einfacher, komfortabler erfüllen und die Arbeitszeit verkürzen. Die Produktmanager erwähnten jedoch auch Beispiele oder Trends zu Umweltanliegen der Kunden oder anderer Anspruchsgruppen. Sie illustrieren, welche Art der Ereignisse und Marktentwicklungen sie als relevant beurteilen und inwiefern im konkreten Fall proaktiv gehandelt wird.

– In Deutschland führen gesetzliche Bestimmungen zur Abfalltrennung dazu, dass grössere Baugesellschaften zunehmend auf Entsorgungs-

---

241 In den Gesprächen wurde immer wieder betont, dass Deutschland und andere deutschsprachige Länder sowie Schweden in Bezug auf das Umweltbewusstsein und den Stand der Umweltgesetzgebung führend sind. Die Aussagen der Produktmanager aus Deutschland können also nicht auf andere Märkte, in denen das Unternehmen tätig ist, übertragen werden.

möglichkeiten für die Abfälle angewiesen sind, die bei der Verwendung gewisser bauchemischer Produkte anfallen (z.B. Kartuschen oder Schaumdosen). Bei einem 2-Komponenten-Schaum, der ökologisch problematische Stoffe wie Polyol oder Isocyanat enthält, verfügte die Konkurrenz schon über ein Entsorgungsangebot (Grüner Punkt) und Hilti hat nachgezogen. Der Produktmanager begründet dies so:

„Es gibt noch keine gesetzliche Regelung, die uns verpflichtet, Schäume beim Grünen Punkt anzumelden oder sonst zu kennzeichnen. Hier kam der Druck vom Markt. Eine gesetzliche Regelung wird sicher kommen, in vier Jahren schätze ich mal. Das ist einfach eine Vorwegnahme von einer strengeren Regelung."

Das Beispiel zeigt, dass hier im Hinblick auf künftige Gesetze frühzeitig eine Lösung für die Entsorgung der Produkte angeboten, also proaktiv gehandelt wurde. Allerdings bestand gleichzeitig auch ein konkreter Druck durch den Vorsprung der Konkurrenz. Es handelt sich auch nicht um eine Massnahme im Rahmen der Produktentwicklung, sondern eine nachträgliche Verbesserung durch eine Serviceleistung.

– Einen weiteren Trend sehen die Produktmanager darin, dass Auftraggeber von Bauten zunehmend auf Themen wie die Innenraumluftbelastung sensibilisiert sind. Dieser Trend hat dazu geführt, dass im Rahmen der Produktentwicklung versucht wird, weitgehend auf Lösungsmittel zu verzichten oder wasserbasierte Systeme einzusetzen sowie Produkte zu suchen, die möglichst stabil sind.

Bei dem Beispiel gibt es wiederum keine gesetzlichen Vorgaben, sondern es wird auf der Grundlage von Trends im Markt gehandelt. In diesem Fall handelt es sich nicht um die direkten Kunden, sondern um externe Beeinflusser wie Planer, Architekten oder Bauherren, die gewisse Vorgaben zur Produktwahl machen können und deshalb eine wichtige Anspruchsgruppe bilden. Die öffentliche Hand ist oft Vorreiter und hat ebenfalls eine gewisse meinungsbildende Wirkung. Die Stadt Freiburg und teilweise auch Berlin wollen beispielsweise künftig auf den Einsatz von Schäumen als Dämmmaterial verzichten. Oder: Im Modellhaus der Expo 2000 in Hannover werden keine isocyanathaltigen Produkte verwendet.

– Aus Kundenbefragungen im deutschsprachigen Raum wissen die Produktmanger, dass die Kunden vereinzelt ausführlichere Informationen zu Umweltfragen der Produkte fordern. Gewünschte Themen sind zum Beispiel, ob die Produkte gesundheitsschädlich sind, wie sie fachgerecht angewendet und entsorgt werden. Als Reaktion auf dieses Bedürfnis hat

Hilti derartige Informationen in einem Newsletter aufgegriffen, der an die Kunden abgegeben wird. Informationen anzubieten, wird hier als imagebildende Massnahme gesehen, die die allgemeine Zufriedenheit der Kunden mit dem Unternehmen fördern kann. Dabei handelt sich jedoch wiederum nicht um eine Massnahme, die die Produktentwicklung unmittelbar betrifft.

Ein aussergewöhnliches Beispiel, das ebenfalls Informationsbedürfnisse von Kunden illustriert, kommt von den Produktmanagern in Schweden. Gemäss neueren Vereinbarungen zwischen Staat und Industrie sollten alle Produkte, die in Bauten verbleiben, Umwelt-Produktdeklarationen auf der Basis von Ökobilanzen vorweisen können. Derartige Produktinformationen können insbesondere bei öffentlichen Ausschreibungen zu Vorteilen gegenüber Mitbewerbern führen.

Auf dieses „Signal" hat im Geschäftsbereich bislang vor allem die Qualitäts- & Umwelt-Stelle reagiert, was weiter unten dargelegt wird.

In den Gesprächen mit den Produktmanagern gab es immer wieder Aussagen, dass Hilti seine Rolle als Marktführer auch in Bezug auf ökologische Fragen wahrnehmen soll. Technologische Marktführerschaft und Innovation sind wichtige kulturelle Werte des Unternehmens. Es scheint, dass die Produktmanager der Ansicht sind, dass diese auch auf umweltbezogene Aufgaben übertragen werden sollten. Folgende Aussage illustriert diese Haltung:

> „Auch in der Produktentsorgung eine saubere Lösung anzubieten, das passt zu uns und unserer Firmenkultur. Wir sollten auch hier Vorreiter sein."

Auf operativer Ebene besteht also durchaus der Anspruch, eigenverantwortlich und auch innovativ auf ökologische Herausforderungen zu reagieren. Gleichzeitig grenzte man sich entschieden von sogenannten „grünen Firmen" ab. Das Engagement muss immer in Abwägung mit den übrigen Zielsetzungen und Werten der Firma gesetzt werden. Dieses Dilemma zwischen eher initiativaktiver und anderseits klar kontingenzaktiver Ausrichtung ist charakteristisch für die Situation auf operativer Ebene.

Die **Qualitäts- & Umwelt-Stellen** haben ergänzend zu den genannten Einschätzungen noch eine etwas pointiertere Sichtweise. Die Interviews zeigen, dass die Mitarbeiter der Qualitäts- & Umwelt-Stellen deutlich stärker die Notwendigkeit sehen, ökologische Problemfelder objektiver und eigenständiger zu erfassen. Um tatsächlich ökologische Verbesserungen der Produkte zu erreichen, reicht es ihrer Ansicht nach nicht, sich auf die frühzeitige Erfassung von externen Umweltanliegen zu beschränken. Professionalität ist eines der Stichworte:

"In diesem Aspekt ist es äusserst mühsam, diese Professionalität zu erreichen, nämlich nur schon das Bewusstsein zu erreichen, dass wir hier genauso professionell sein müssen wie in anderen Bereichen, dass es wichtig ist, hier professionell zu sein und immer wichtiger wird. [...] Wir sollten es nicht übertreiben, wir sind kein grünes Unternehmen, aber wir sollten zumindest das, was an Methoden Stand der Technik ist [gemeint sind Ökobilanzen], einsetzen – rein aus dem Grund, um unsere Arbeit dann effizienter und professioneller zu machen."

Die befragten Mitarbeiter der Qualitäts- & Umweltfach-Stellen sehen die Defizite vor allem darin, dass die zur Verfügung stehenden Methoden und Instrumente (Umweltrelevanzanalyse oder die Leitsätze für die Produktentwicklung) keine ausreichend transparente und detaillierte ökologische Beurteilung der Produkte zulassen. Ein Mitarbeiter fasst das Problem, wie es sich in der Produktentwicklung stellt, folgendermassen zusammen:

„Leitsätze [aus dem Umweltleitfaden] helfen aber wenig. Wenn beispielweise ein Leitsatz sagt, dass man Material XY vermeiden soll und man nimmt anstelle dessen Z. Wie ist das dann zu beurteilen? Sind dann 2 Gramm davon genauso schlimm? [...] Leitsätze sind einfach nicht ausreichend. Es braucht geeignete quantitative Bewertungstools."

Die schon erwähnten Entwicklungen in Schweden, die zu quantitativen Umweltprodukt-Deklarationen führen könnten, werden hier als weiteres Indiz beurteilt, dass in Zukunft fundiertere Kenntnisse zu den Umweltauswirkungen der eigenen Produkte erforderlich sein könnten. Solche Signale haben dazu geführt, dass Massnahmen ergriffen wurden, um quasi vorbeugend die methodischen Kompetenzen zu Ökobilanzen aufzubauen. Sowohl im Geschäftsbereich Bauchemie als auch in der Dübeltechnik wurden externe Fachinstitute eingeladen und erste kleine Pilotprojekte angegangen.

Proaktiv, also frühzeitig und vorbeugend methodische Kompetenzen zu erwerben, wird offensichtlich gerade bei einer sehr komplexen Methode wie den Ökobilanzen, wo Anwendung wie auch Umgang mit Ergebnissen fundierte Kenntnisse und auch praktische Erfahrung erfordern, als notwendig erachtet. Nach Einschätzung des Qualtäts- & Umweltleiters braucht es mindestens zwei Jahre Erfahrung, bis das Know-how da ist, um Ergebnisse von Ökobilanzen allenfalls auch nach aussen zu kommunizieren.

Die Beispiele zeigen, dass die Mitarbeiter Qualitäts- & Umwelt-Stelle stärker als andere Bereiche die Notwendigkeit einer nicht ausschliesslich kontingenz-, sondern auch einer moderat initiativaktiven Ausrichtung sehen. Ein wichtiger Auslöser ist der Umstand, dass Kunden und weitere Anspruchsgruppen tendenziell detailliertere Informationen zu Produkten verlangen. Um dieser Auskunftspflicht nachzukommen, reichen die bisherigen Kompetenzen nicht aus. Die Qualitäts- & Umwelt-Stellen sehen aber auch im

Hinbilck auf die Produktentwicklung einen Bedarf an weiterführender Methodenkompetenz, um Produkte oder Varianten spezifischer und objektiver beurteilen zu können.

Mit der Einschätzung der Qualitäts- & Umwelt-Stellen werden die Ausführungen zur praktischen Bedeutung proaktiver Produktentwicklung in der Hilti AG abgeschlossen. Eine Zusammenfassung und Diskussion der Ergebnisse findet sich in den Schlussfolgerungen der vorliegenden Arbeit (Kapitel 10).

Das folgende Kapitel widmet sich der zweiten Fallstudienfrage. Dabei geht es um die proaktiven Umweltkompetenzen, die in einem konkreten Entwicklungsvorhaben identifiziert werden können.

8 Proaktive Umweltkompetenzen im Entwicklungsprojekt Brandschutz

Im Zentrum der Fallstudie steht die Untersuchung eines Entwicklungsprojekts der Geschäftseinheit Bauchemie, das in diesem Kapitel beschrieben wird. Im ersten Abschnitt wird das Entwicklungsprojekt kurz vorgestellt, um einen Überblick über Projektziele und Projektablauf zu erhalten. In den folgenden Abschnitten sind dann die untersuchten Projektphasen mit den jeweiligen Unteretappen dargestellt und im Hinblick auf identifizierte proaktive Umweltkompetenzen diskutiert.

8.1 Einführung in das Entwicklungsprojekt

Im untersuchten Projekt sollte ein Brandschutz-Produkt entwickelt werden. Um sich etwas konkreter in die Ausgangslage und Aufgabe des Entwicklungsteams hineinzuversetzen, werden Produkt, die Projektziele sowie der Verlauf des Projekts eingeführt.

8.1.1 Produktbeschreibung und Projektziele

Die geplante Anwendung dient der Feuersicherung von Rohr- und Kabelschächten zwischen den Stockwerken grösserer Gebäude. Das Produkt soll im Brandfall diese Öffnungen verschliessen und die Brandausdehnung verhindern. Es ist ein zylinderförmiges Gehäuse, das, bevor die Betondecke eines Gebäudes gegossen wird, auf der Verschalung (Trapezblech) befestigt und dann im Beton eingegossen wird. Anschliessend werden Rohre oder elektrische Installationen durchgeführt. Der Brandschutz entsteht durch eine reaktive Masse, die als Ring im Gehäuse des Produkts eingelassen ist. Im Brandfall vergrössert sich dieses Volumen durch eine chemische Reaktion und verschliesst den Schacht sowie die durchgeführten Rohrleitungen. Die unterschiedlichen Komponenten des Produkts, wie sie im Verlauf des Projekts entwickelt wurden, sind in Abb. 21 schematisch dargestellt und erläutert.

Grundsätzlich handelt es sich beim Produkt um eine Anwendung, die auf dem Markt schon existierte, die im Einsatz auf dem Bau jedoch verschiedene Mängel aufweist. Da die Verringerung des Arbeitsaufwands für die Kunden das wichtigste Kaufkriterium ist, war das primäre Ziel des Projekts, ein *einfacher und schneller installierbares Produkt* zu entwickeln. Zusätzlich muss es im immer knapper kalkulierenden Bausektor *preislich wettbewerbsfähig* sein sowie sämtliche relevanten *technischen Zulassungen* im Brandschutzbereich erfüllen.

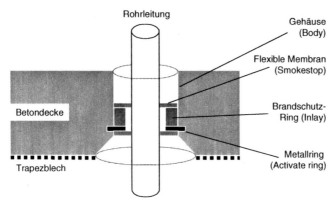

Abb. 21: Das entwickelte Brandschutzprodukt und seine Komponenten

Neben diesen Anforderungen vom Markt bestanden auch interne Zielsetzungen: eine *rasche Markteinführung* und die *Verwendung firmeneigener Technologien* für die Brandschutzfunktion, die schon im Vorfeld des Projekts entwickelt worden war. Sie stellt eine Kerntechnologie des Unternehmens dar, die in verschiedenen Projekten eingesetzt und verbessert wird. In den Gesprächen wurde erwähnt, dass die Technologie unter anderem auch darum strategisch interessant ist, weil sie im Vergleich zur Vorgängertechnologie bedeutend umweltverträglicher ist.

„Da ist für uns schon klar der [strategische] Entscheid gefällt worden, wenn es Alternativen gibt, die halogenfrei sind, dass wird in diese Richtung weitergehen, da werden dann die Weichen gestellt und das wird mit dieser Technologie [der Brandschutzmasse] fortgesetzt, dass möglichst wenig umweltgefährdende Stoffe eingebaut werden."

Die Beschreibung des Projekts zeigt, dass es sich um ein Innovationsvorhaben handelt, bei dem die Anwenderbedürfnisse und der Preis im Zentrum stehen und es nicht um die Entwicklung grundsätzlich neuer Technologien geht. Die Beschreibung macht auch deutlich, dass das Projekt nicht durch ökologische Problemstellungen motiviert ist. Umweltkriterien zu berücksichtigen, ist deshalb eine flankierende Zielsetzung, wie es in der überwiegenden Mehrzahl der Projekte des Unternehmens der Fall ist. Entsprechend kann bei diesem Entwicklungsvorhaben vom Typus „ökologischer Integration" und weniger von „ökologischer Innovation" gesprochen werden.[242]

8.1.2 Projektorganisation und -ablauf

Das Projekt wurde mit einem multifunktionalen Kernteam von vier Personen gestartet. Beteiligt waren:

- ein Produktmanager aus dem *Marketing*, der zusätzlich die Rolle des Projektleiters innehat,
- ein *Entwickler* mit chemischem Hintergrund,
- ein *Entwickler* mit mechanischem Hintergrund,
- eine Person der *Qualitäts- & Umwelt-Stelle*.

Weitere Personen wie beispielsweise aus der Beschaffung oder den Marktorganisationen wurden nach Bedarf beigezogen.

Der Projektablauf orientiert sich am Entwicklungsprozess des Konzerns (siehe Kapitel 6.3.1) und wurde vom Projektleiter und Team situativ angepasst. Der Ablauf der frühen Phasen ist im Folgenden beschrieben und in Abb. 22 vereinfacht dargestellt.[243] Die Beschreibung gibt einen ersten Eindruck, in welchen Projektetappen ökologische Fragen berücksichtigt wurden.

Die erste Projektphase – die **Machbarkeitsstudie** – dient dazu, die Erfolgs- und Marktchancen des geplanten Produkts eingehender zu prüfen und im abschliessenden Projektmeilenstein grünes Licht für den definitiven Projektstart zu geben. Das Team muss die notwendigen Grundlagen für diesen Entscheid erarbeiten. Im Projekt können drei Etappen unterschieden werden:

1. Die *Formulierung der Produktvision*, das heisst eine Umschreibung dessen, was das geplante Produkt idealerweise leisten sollte.
2. Eine erste Erhebung der relevanten *Kundenanforderungen*. Hierzu wird eine *interne Befragung* bei den Produktmanagern der Marktorganisationen durchgeführt.

---

242 Vgl. Kapitel 2.2.2 zur umweltbezogenen Typologie von Entwicklungsvorhaben.

243 Das Vorgehen wurde aufgrund der Interviews rekonstruiert und stellt eine Auswahl derjenigen Schritte dar, die die Beteiligten im Kontext des diskutierten Themas als relevant erachteten. Es ist somit keinesfalls eine vollständige Beschreibung des Projektablaufs.

3. Die *Entwicklung erster Produktkonzepte*, die möglichst unterschiedliche Lösungsansätze eröffnen sollten. Hier wurden erstmals explizit ökologische Aspekte einbezogen.

Abb. 22: Projektphasen und -etappen vom Projektstart bis zum Pflichtenheft

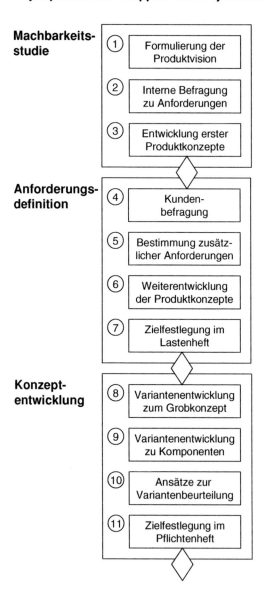

Mit dem Entscheid der Weiterführung des Projekts folgte die Phase der **Anforderungsdefinition**, in der nun gezielt nach den wesentlichen Produktanforderungen gesucht wird, um diese abschliessend im Lastenheft zusammenzufassen. Die Phase gliedert sich in vier Projektetappen:

4.   Eine *Kundenbefragung*, um deren Bedürfnisse sowie ihre Einschätzung der ersten Produktkonzepte zu erfassen. Umweltbezogene Aspekte wurden nicht thematisiert.

5.   Das Team diskutierte anschliessend, welche *zusätzlichen Anforderungen* und Produkteigenschaften für das Projekt relevant sind. In diesem Schritt wurden explizit ökologische Fragen aufgegriffen und Ziele definiert.

6.   Die *Weiterentwicklung der Produktkonzepte* auf der Basis der neuen Kenntnisse zu den Produktanforderungen, wobei Umweltaspekte nicht einbezogen wurden.

7.   Die zusammenfassende Formulierung der Projektziele und Produktanforderungen im *Lastenheft* bildet den Abschluss der Phase. Umweltbezogene Zielsetzungen wurden geeignet integriert.

Mit dem vollständigen Lastenheft konnte das Projekt in die folgende Phase der **Konzeptentwicklung** überführt werden, in der die Gestalt und die wesentlichen Eigenschaften des künftigen Produkts festgelegt werden. Die Konzeptentwicklung umfasst zahlreiche Aufgaben. Die vorliegende Untersuchung konzentriert sich auf die Arbeit am Produktkonzept und auf das damit verbundene Sicherheits- und Umweltkonzept.[244] Stark vereinfacht können vier Etappen unterschieden werden, in denen durchgehend ökologische Aspekte berücksichtigt wurden:

8.   Die konzentrierte Entwicklung von Lösungsvarianten, um ein *Grobkonzept* des gesamten Produkts zu erhalten. Die Konzeptvarianten wurden mit Hilfe von unterschiedlichen Methoden und Kriterien bewertet und das beste Konzept bestimmt.

9.   Die detaillierte Ausarbeitung der einzelnen *Produktkomponenten*. Das Marketing prüft mit einer abschliessenden Kundenbefragung, ob die Konzepte beim Anwender Akzeptanz finden.

10.   In den Etappen 8 und 9 gab es immer wieder unterschiedliche Schritte und *Ansätze zur ökologischen Variantenbeurteilung*, um die Tauglichkeit der Konzepte im Hinblick auf die Projektziele zu prüfen. Diese Schritte werden für die Fallstudie zusammenfassend dargestellt und diskutiert.

---

244   Auf die Erarbeitung des Herstellungs- und Marketing-Konzepts oder die Wahl der Lieferanten wird nicht näher eingegangen.

11. Der letzte Schritt beinhaltet die quantitative Beschreibung des gewählten Konzepts im *Pflichtenheft*, das für die anschliessende Phase der Detailentwicklung massgeblich ist.

Der Inhalt des Pflichtenhefts konnte aus Vertraulichkeitsgründen nicht näher untersucht werden, diese Etappe des Projekts ist deshalb von der Untersuchung ausgeschlossen.

In den folgenden Abschnitten werden die Projektphasen mit den einzelnen Etappen im Hinblick auf die Thematik der proaktiven Umweltkompetenzen und der Arbeitsweise des Entwicklungsteams genauer beschrieben.

8.2 Proaktive Umweltkompetenzen in den Etappen der Machbarkeitsstudie (1. Projektphase)

8.2.1 Formulierung der Produktvision

Als erster Projektschritt versucht der Projektleiter die Projektidee in eine Produktvision zu kleiden. Er arbeitete dabei mit den Projektinitianten (Marketingleiter aus den wichtigen Absatzländern des geplanten Produkts und der Entwicklungsleiter) zusammen, um deren Kompetenz einzubeziehen und ihr Kontextwissen[245] zu nutzen.

Mit der Produktvision werden Marktbedürfnisse, die als zentral erachtet werden, in prägnante, herausfordernde Ziele übersetzt, die die Entwicklungstätigkeit massgeblich leiten sollten. Wichtige Elemente der Vision waren: Das Brandschutzprodukt muss schneller und einfacher installierbar sein als herkömmliche Produkte, und es muss gleichzeitig preislich konkurrenzfähig sein.

Für den Projektleiter hat eine prägnante Produktvision zentrale Bedeutung für die Entwicklungstätigkeit: „Man muss Projekte immer mit einem Traum beginnen. Ohne Traum gibt es keine Innovation." Es braucht also zugkräftige und visionäre Ziele, die als Fixstern die Entwicklungstätigkeit leiten und das Team herausfordern, nach neuen Lösungen zu suchen.

Das Projekt ist wie schon erwähnt in keiner Weise durch Marktbedürfnisse getrieben, die im Zusammenhang mit ökologischen Problemen des Produkts

---

[245] Vgl. Kapitel 3.3 zum Kontextwissen.

stehen. Umweltbezogene Fragen wurden auf dieser Ebene des Projekts deshalb noch nicht berücksichtigt. Man fokussierte sich auf diejenigen Zielsetzungen, die die Innovation ausmachen. Darin zeigt sich das Hauptmerkmal, durch das sich Entwicklungsprojekte vom Typ der ökologischen Integration von solchen des Typs der ökologischen Innovation unterscheiden. Bei letzteren sind Projekte durch ökologische Problemstellungen oder Ziele angestossen wie beispielsweise die schon erwähnte Produktvision eines biologisch abbaubaren Möbelbezugsstoffs.[246] Diese Zielsetzungen ziehen sich als roter Faden durch das gesamte Projekt. Bei der ökologischen Integration sind Umweltaspekte den Innovationszielen untergeordnet und müssen in späteren Projektetappen bestimmt und einbezogen werden. Entsprechend sind auf dieser Ebene keine spezifischen Umweltkompetenzen erforderlich.

8.2.2 Interne Befragung der Produktmanager zu Kundenforderungen

Ausgehend von der ersten vagen Produktvision wurde im nächsten Schritt systematisch das Wissen der verschiedenen Marktorganisationen genutzt. Der Projektleiter führte eine Befragung bei den Produktmanagern der unterschiedlichen Märkte durch, um zu erfahren, was das Produkt aus ihrer Sicht in erster Linie erfüllen muss. Damit entstand ein erweitertes, globales Bild über die wichtigsten Produktanforderungen. Im untersuchten Projekt gingen aus dieser Befragung keine umweltbezogenen Anforderungen hervor.

In diesem Projektschritt ist das Entwicklungsteam offensichtlich auf die Kompetenz der Marktorganisationen, die relevanten Kundenbedürfnisse richtig einzuschätzen, angewiesen. Der Projektleiter betont, dass man im Unternehmen generell davon ausgeht, dass die diesbezüglichen Kompetenzen gut sind, dass die Marktorganisationen wichtige Marktbedürfnisse erkennen und in Bezug auf das Projekt einbringen können. Hier handelt es sich um eine der zentralen Kompetenzen des Unternehmens.

In den Interviews wurde allerdings verschiedentlich erwähnt, dass Umweltfragen noch ein neues Feld sind. Es besteht eine gewisse Unsicherheit, ob die Kenntnisse der Marktorganisationen zu umweltbezogenen Marktanforderungen ebenso gut sind wie in anderen Bereichen. Eine proaktive Umweltkompetenz der Produktmanager würde vor allem im frühzeitigen Erkennen bestehen, inwiefern latente Umweltanliegen von Kunden oder anderen Einflussgruppen wie Planern oder Bauherren bestehen oder ob beispielsweise Konkurrenzprodukte in diesem Zusammenhang Vorteile aufweisen. Die Beispiele in Kapitel 7.2.2 zeigen, dass solche Kenntnisse vereinzelt

---

246   Vgl. Kapitel 2.3.3.

schon vorhanden sind. Die Sensibilisierung für das Thema ist aber nach Ansicht des Marketingleiters noch sehr gering und uneinheitlich. Bei den Produktmanagern des „germanic part of the world" ist sie tendenziell höher, was bei dem generell höheren Umweltbewusstsein und der vergleichsweise strengen Gesetzgebung nicht erstaunt. Grundsätzlich kommen von den Marktorgansationen aber wenig Rückmeldungen zu ökologischen Themen.

8.2.3 Entwicklung erster Produktkonzepte

Mit den vorläufigen Erkenntnissen zu den wichtigen Projektzielen und Produktanforderungen wurden in dieser Projetetappe erste grobe Produktkonzepte entwickelt. Ein Entwickler schildert die Arbeit in diesem Projektschritt, bei dem erstmals das gesamte Kernteam beteiligt war, folgendermassen:

> „Man macht dann ein Kickoff-Meeting, bespricht die Anwendung, Konkurrenzprodukte, Wände [Wandstärke der Gebäude] und andere Anforderungen. Jeder spinnt so ein bisschen und dann versucht man, das umzusetzen. Am Anfang war der Gedanke, den ganzen Körper daraus [Brandschutzmasse] zu spritzen. Das ist aber zu teuer, also braucht es eine Form drum. Man kennt die Konkurrenzprodukte und sagt: Es braucht ein Gehäuse, das wärmeresistent ist, kommt automatisch auf Stahl wie die Konkurrenz. Da gibt's Tiefzieh-, Biege-, Schweissprozesse, man hat natürlich schon den Zielpreis festgelegt, dann sieht man: damit kommt man nie auf den Zielpreis, das Gehäuse muss ja korrosionsgeschützt sein (Verzinken, Lackieren etc.). Aus Stahlblech wäre es circa der fünffache Preis, und das ist auch schon eine ganz billige Lösung, und bei Stahl ist man auch recht eingeschränkt, z.B. mit solchen Sollbruchstellen und Rippen. Ja, dann kam irgendwann mal der Gedanke – morgens früh nach dem Aufstehen –, wenn man ein Kunststoffgehäuse nimmt, kann mans [im Brandfall] trotzdem wegschmelzen lassen, wenn man's schafft, die einzelnen Funktionsparts [Brandschutzmasse, die aufquellen sollte] noch an der Stelle zu halten. Das war dann der Metallring."

In den ersten Teammeetings wurden also vor allem drei unterschiedliche Konzeptvarianten diskutiert:

– Gehäuselose Konzepte (z.B. einzelne stapelbare Ringe, die aus der Brandschutzmasse im Spritzguss hergestellt werden),

– Gehäuse-Konzepte mit einem wärmeresistenten Metallgehäuse oder

– Gehäuse-Konzepte mit einem Kunststoffgehäuse und eingebautem Metallring, der im Brandfall im Beton verankert bleibt und die Richtung der Ausdehnung der Brandschutzmasse leitet.

Die Ausführungen des Entwicklers zeigen, dass bei der Erarbeitung dieser Varianten neben der Funktion vor allem der Zielpreis als zentrales Beurteilungskriterium dominierte. Ökologische Kriterien spielten bei dieser frühen Konzeptsuche keine Rolle. Die unterschiedlichen Varianten wurden also nicht aufgrund von Umweltkriterien verglichen. Nach Ansicht des Projektleiter macht die Risikoanalyse oder eine ökologische Beurteilung erst Sinn, wenn schon einigermassen gefestigte und konkrete Varianten vorliegen:

> „In einer perfekten Welt würden wir für jedes Konzept eine Risikoanalyse machen, aber wir sind nicht in einer perfekten Welt."

In anderem Zusammenhang wurden in dieser Etappe jedoch erstmals explizit ökologische Aspekte thematisiert. Die Brandschutzkomponente, die in allen Varianten das Herzstück bildet und deren grundsätzliche chemische Zusammensetzung schon bekannt war, wurde isoliert betrachtet und ökologisch beurteilt. Die grobe Beurteilung erfolgte in der Team-Diskussion und basierte im Wesentlichen auf den Umweltkompetenzen, die in der Gruppe vorhanden waren. Umweltanalysemethoden wurden nicht eingesetzt. In den Gesprächen wurden drei Kriterien genannt, die bei dieser ökologischen Beurteilung der Brandschutztechnologie einbezogen wurden:

– Steht die Technologie im Einklang mit bestehenden gesetzlichen Bestimmungen, oder gibt es Hinweise, dass die verwendeten Substanzen Gegenstand von künftigen Bestimmungen werden?

– Ist sichergestellt, dass das Produkt problemlos, d.h. nicht getrennt, entsorgt werden kann?

– Werden in der Nutzungsphase der Produkte gesundheitsschädigende Gase emittiert (Innenraumluftbelastung)? Entstehen im Brandfall toxische Stoffe?

Die Beurteilung ist rein qualitativ. Die Teammitglieder scheinen aufgrund ihrer Erfahrung und ihres Vorwissens bestimmte Umweltaspekte oder Beurteilungskriterien zu wählen und zu diskutieren. Sie orientieren sich hier vor allem an ihren Kenntnissen der umweltbezogenen Kundenerwartungen und der gesetzlichen Bestimmungen. Die Beurteilung orientiert sich auch an Kriterien und Zielen, die im Umweltleitfaden festgehalten sind. Demnach sollten beispielsweise möglichst keine Produkte entwickelt werden, die nicht mit dem Hausmüll oder speziellen Entsorgungssystemen wie dem „Grünen Punkt" entsorgt werden können.

Das Teammitglied der Qualitäts- & Umwelt-Stelle spielte bei der Initiierung und Strukturierung dieser Diskussion eine wichtige Rolle, die der Marketingleiter folgendermassen beurteilt:

„They have raised the awareness of what we need to take into account concerning the environmental issues. And so at the start and front end of a project there is a discussion and quite a lengthy one on what is the environmental issue of the project."

Das Ziel dieser ersten ökologischen Beurteilung scheint vor allem darin zu bestehen, eine generelle Einstufung der Umweltrelevanz des Projekts zu erreichen. Das heisst, das Team versucht in dieser frühen Phase schon abzuschätzen: Bewegt man sich in einem ökologisch sensitiven Bereich, dem im weiteren Verlauf des Projekts spezielle Beachtung geschenkt werden muss, oder ist es kein Schlüsselkriterium:

„What we were finding at this stage is that the environmental impacts are not that strong so it is not a key criteria that needs to be taken forward within the project."

Die Befragten nannten ein anderes laufendes Projekt, in dem eine neue chemische Formulierung für die Brandschutzkomponente gesucht wird. Durch die Neuartigkeit der chemischen Zusammensetzung und die Verwendung von Isocyanat bewegt man sich hier ihrer Ansicht nach in einem sehr heiklen Feld. Ökologische Aspekte sind in dem erwähnten Projekt deshalb ein Schlüsselkriterium.

8.2.4 Fazit zur ersten Projektphase

In den ersten beiden Etappen dieser Projektphase steht die erste grobe Identifizierung der Kern- oder Innovationsziele im Vordergrund. Dabei dominiert die Orientierung an den Bedürfnissen der Kunden und wichtiger Einflussgruppen. Da beim untersuchten Projekt wie auch bei der Mehrzahl der Projekte ökologische Fragen nicht von strategischer Bedeutung für die Produktprofilierung sind, zeigen sich auf dieser Ebene keine Erfordernisse nach spezifischen Umweltkompetenzen.

In einem weiteren Schritt beginnt das Team bereits mit der Entwicklung erster Produktkonzepte. Auch hier konzentriert man sich auf die Kernziele, die vor allem Funktions- und Kostenziele umfassen. Umweltaspekte werden bei der Suche nach Lösungsvarianten entsprechend noch nicht berücksichtigt.

Das Fallbeispiel zeigt hingegen, dass das Team bei schon festgelegten Komponenten wie der Brandschutzmasse bereits in dieser Phase eine ökologische Beurteilung vornimmt. Hier stützt man sich massgeblich auf die Umweltkompetenz, die im Team vorhanden ist, wobei die Qualitäts- & Umwelt-Stelle Promotor und zugleich Fachkraft in der Diskussion ist. Die Beurteilung basiert auf qualitativen Kriterien, die das Team projektspezifisch zu wählen scheint. Dabei sind auch proaktive Umweltkompetenzen erkennbar:

der Versuch, auch Trends in der Gesetzgebung einzubeziehen und das Antizipieren von ökologischen Themen, die für die Kunden relevant sein könnten. Die ökologische Beurteilung weist durch die vorwiegende Orientierung an externen Ansprüchen eine eher kontingenzaktive Ausrichtung auf.

8.3 Proaktive Umweltkompetenzen in den Etappen der Anforderungsdefinition (2. Projektphase)

In dieser Phase bestimmte das Projektteam noch konzentrierter und systematischer, welches die wichtigsten Anforderungen an das Produkt sind. Diese Information wird abschliessend im Lastenheft zusammengefasst, das für die nächste Phase der Konzeptentwicklung massgeblich ist.

8.3.1 Kundenbefragung

Die genaue Bestimmung der projektspezifischen Kundenbedürfnisse steht im Zentrum der Anforderungsdefinition. Sie bilden die wichtigste Zielgrösse für die Entwicklung. In dieser Projetetappe führte der Projektleiter in Zusammenarbeit mit der internen Stelle für Marktforschung eine Befragung bei den wichtigsten Kundengruppen[247] durch, um deren Erfahrungen und Wissen explizit einzubeziehen. Themen waren, wie sie konkret mit Brandschutzprodukten arbeiten, ob sie diesbezügliche Verbesserungswünsche haben und wie sie die Produktkonzepte des Entwicklungsteams beurteilen.

In der Kundenbefragung wurde wie schon bei der internen Befragung der Produktmanager nicht explizit nach möglichen ökologischen Anforderungen gefragt. Der Projektleiter begründet dies damit, dass es sich beim Thema Ökologie eher um einen allgemeinen und oft diffusen Anspruch der Kunden handelt, der nicht spezifisch für jedes Projekt geklärt werden muss.

Im Zentrum der von den Kunden genannten Bedürfnisse standen Fragen der Produktanwendung. Die Produkte sollten beispielsweise nach dem Durchführen der Rohre wasser- und rauchdicht schliessen, einfach handzuhaben sein sowie preislich in guter Relation zu anderen Produkten stehen.

In den Gesprächen wurden auch Beispiele von Kundenbefragungen erwähnt, in denen Kunden ökologische Themen einbrachten oder solche

---

247 Kunden sind in erster Linie die unmittelbaren Produktanwender auf dem Bau. Das sind beispielsweise Elektroinstallateure aus Kleinstunternehmen bis hin zu grossen Baugesellschaften.

Themen explizit Gegenstand der Befragung waren. Eine Umfrage untersuchte beispielsweise, wie eine neue Verpackung von Bohrgeräten, die über
das Duale System (Grüner Punkt) entsorgt werden kann, bei den Kunden
ankommt. Sie verdeutlichte, dass nur grosse Baugesellschaften dieses System in Anspruch nehmen. Bei anderen Kundenbefragungen im deutschsprachigen Raum wurde, wie in Kapitel 7.2.2 schon erwähnt, bei Bau-
schäumen mehr Information zu umweltrelevanten Themen gewünscht.

Die erwähnten Befragungen wurden allerdings nicht im Rahmen von Entwicklungsprojekten durchgeführt. Die meisten Themen sind demnach nicht
zwingend projektspezifisch, entsprechendes Wissen kann deshalb projekt-
übergreifend aufgebaut werden.

Die Beispiele zeigen jedoch, dass durch Befragungen die Kompetenzen
über die umweltrelevanten Marktanforderungen objektiviert und differenziert
werden. Dabei kann insofern von proaktiven und genauer kontingenzaktiven
Umweltkompetenzen gesprochen werden, als dass es um das frühzeitige
Erkennen von Umweltanliegen der Kunden und anderer Anspruchsgruppen
geht. Die Kompetenz liegt hier also darin, mit Hilfe von herkömmlichen Mitteln der Marktforschung gezielter latente, umweltbezogene Ansprüche zu
erfassen.

8.3.2 Bestimmung zusätzlicher Anforderungen

In Ergänzung zu Produkteigenschaften, die in der Kundenbefragung ermittelt
wurden, suchte das Team in dieser Projektetappe nach zusätzlichen
Anforderungen, die für die erfolgreiche Entwicklung relevant sind. Damit soll
die Sichtweise des Kunden vervollständigt werden, da dieser vor allem
anwendungsbezogene Probleme nennt, jedoch nicht beispielsweise Fragen
der Normkonformität. Der Projektleiter erachtet diese Aufgabe als sehr
anspruchsvoll und betont, dass sie hier stark auf die verschiedenen fachlichen Kompetenzen der einzelnen Teammitglieder angewiesen sind.

> „Wir brauchen Leute im Team, die Wissen zu Trends im Bausektor haben. Wie
> baut man morgen? Wir brauchen Wissen über Trends in der Gesetzgebung, es
> gibt beispielsweise in Europa Bestrebungen zu verstärkten Schallschutznormen,
> die sagen, dass man zwischen den Räumen von Gebäuden den Schallschutzwert
> xy haben muss. So etwas sagt einem der Kunde nicht. Das ist Pflicht des Unter-
> nehmens, und ähnlich ist es bei der Umweltgeschichte."

Der Projektleiter sieht diese Etappe demnach als wichtigen Ansatzpunkt, um
ökologische Fragen in den frühen Phasen des Entwicklungsprozesses
explizit einzubringen. In diesem Projektschritt diskutierte das Team deshalb
erneut, welche ökologischen Anforderungen an das geplante Produkt ge-

stellt werden müssen. Dabei wurden wiederum keine systematischen Umweltanalysemethoden eingesetzt, sondern mögliche Ansprüche verschiedener Anspruchsgruppen diskutiert: Ansprüche der Gesetzgebung, der Kunden oder externer Beeinflusser wie Planer und Bauherrren sowie interne Umweltforderungen. Dabei wurde festgelegt,

– dass keine Stoffe gewählt werden sollten, die in den gesetzlichen Bestimmungen als Gefahrstoffe klassifiziert sind,

– dass das gesamte Produkt, nicht nur die Brandschutztechnologie, chemisch stabil sein muss (Innenraumluftbelastung),[248]

– dass kein PVC[249] eingesetzt wird,

– dass sich die Produktverpackung auf ein Minimum beschränken sollte.

Die Kompetenz zu **umweltbezogenen Gesetzen und Normen** liegt vor allem bei der Qualitäts- & Umwelt-Stelle. Sie beobachten in Zusammenarbeit mit den Umweltbeauftragten der verschiedenen Marktorganisationen die „Normenlandschaft", wobei sie auch Trends in der Gesetzgebung zu antizipieren versuchen. Aus den Gesprächen wird deutlich, dass es sich bei dieser vorausschauenden, proaktiven Umweltkompetenz um eine anspruchsvolle Aufgabe handelt, bei der erst vereinzelt Erfahrungen vorhanden sind. Neben der Qualitäts- & Umwelt-Stelle haben sich hier auch einige Entwickler spezialisiert.

> „Ich bemühe mich darum, aber es ist schwierig [Trends zu verfolgen]. Es gibt zum Beispiel Stellen, die Informationen haben und dann sagen, dass beispielsweise alle Acrylate von der EU-Kommission untersucht werden. Aber gezielt Prognosen zu einem Stoff, das ist eher schwierig."

Es zeigt sich, dass die Kompetenz vor allem darauf gründet, über eine Vielzahl von externen und internen Informanten oder Quellen zu verfügen.

> „Es ist schwer zu glauben, dass man das alles im Kopf hat und immer weiss: wo muss ich noch nachschauen."

Das Erkennen von latenten gesetzlichen Regelungen ist offensichtlich eine komplexe und schwer fassbare Kompetenz, die untrennbar mit der jeweiligen Person verbunden ist und darin besteht, aus diversen Einzelinformationen und Hinweisen eine Prognose zu geben.

---

[248] D.h. das Produkt darf in der Installations- und Funktionsphase keine toxischen Gase abgeben.

[249] Polyvinylchlorid.

Das Team versucht auch einzuschätzen, welche Umweltanliegen bei **Kunden oder wichtigen Anspruchsgruppen** wie Planern, Architekten oder Bauherren von Bedeutung sein könnten. Sie verfügen über gewisse Erfahrungen und Einschätzungen, auf welche Themen Kunden sensibilisiert sein könnten.

> "Wir können keine Produkte entwickeln, die mit dem Totenkopfsymbol gekennzeichnet werden, das würde im Bau keiner nutzen."

Hier zeigt sich also, wie schon verschiedentlich erwähnt, inwiefern das Team in der Lage ist, Kundenbedüfnisse richtig einzuschätzen, selbst wenn sie von diesen unter Umständen nicht explizit formuliert werden.

Das Team orientiert sich auch massgeblich an **internen Umweltforderungen**. Es zeigte sich, dass sich sämtliche der festgelegten Zielsetzungen auch im Umweltleitfaden als allgemeine Kriterien für die Produktentwicklung wiederfinden (vgl. Kapitel 6.3.2). Obwohl in den Gesprächen immer wieder bemerkt wurde, dass dieser Leitfaden nicht explizit benutzt werde, so scheint der Inhalt dennoch bekannt zu sein und als Orientierung für die Festlegung von projektspezifischen Umweltzielen zu dienen. Mit Regeln wie „möglichst keine kennzeichnungspflichten Produkte" und „Vermeiden von Innenraumluftbelastung" kann auf geeignete Weise das Zielniveau definiert werden, das in Projekten angestrebt werden soll. Die Umweltkompetenz besteht hier einerseits darin, im Vorfeld von Projekten allgemein verbindliche Ziele festzulegen. Anderseits muss das Team in der Lage sein, aus dieser Vielfalt die für das Projekt relevanten Forderungen zu erkennen.

8.3.3 Weiterentwicklung der Produktkonzepte

Auf der Basis der erweiterten Kenntnisse der Kunden- sowie zusätzlicher Anforderungen wurden die Produktvarianten in einer nächsten Etappe weiterentwickelt. Da die Kunden in der Befragung die Konzepte mit Gehäuse bevorzugten, schieden die gehäuselosen Varianten – also Produkte, die vollständig aus der Brandschutzmasse gespritzt sind – aus. Neben der Kundenpräferenz waren für diesen Entscheid gleichfalls wirtschaftliche Überlegungen ausschlaggebend. Die Variante ist aufgrund des Materialpreises der Brandschutzmasse im Vergleich zu Gehäuse-Konzepten zu teuer. Ökologische Kriterien spielten bei diesem Entscheid keine Rolle.

Das Team arbeitete bei der Weiterentwicklung der verbleibenden Varianten (Metall- oder Kunststoffgehäuse) verstärkt mit der QFD-Entwicklungsmethode, die ein systematisches Übersetzen der Kundenforderungen in technische Lösungsprinzipien oder Produkteigenschaften unterstützt. Zur Kundenanforderung, dass das Produkt die verbleibende Öffnung nach der Rohrdurchführung wasser- und rauchdicht verschliessen muss, wurden beispielsweise folgende Lösungsprinzipien diskutiert: Im Produkt ist eine flexible Abdichtungsmembran integriert, die sich an die durchgeführten Rohre anschmiegt. Oder: Es werden zusätzliche Dichtungsschäume zum Produkt mitgeliefert. In dieser Phase der Konkretisierung der Produktkonzepte orientierte sich das Team wiederum schwergewichtig an Zielen zur Funktion und Wirtschaftlichkeit. Ökologische Kriterien wurden in dieser Etappe also weder im Rahmen des QFD noch sonst explizit berücksichtigt, die möglichen Varianten wurden demnach nicht ökologisch beurteilt und verglichen.

8.3.4 Zielfestlegung im Lastenheft

Die formalen Vorgaben und Richtlinien für den Entwicklungsprozess sehen vor, dass ökologische Fragen des Produkts im Lastenheft aufgegriffen werden sollen. Wie und wo entsprechende Ziele zu integrieren sind, liegt im Ermessen des Projektteams.

Im untersuchten Projekt haben Projektleiter und Qualitäts- & Umwelt-Stelle im Lastenheft eine Position *Qualitäts- und Umweltziele* geschaffen, in der drei Forderungen verankert wurden:

– Bei der Entwicklung soll der interne Umweltleitfaden berücksichtigt werden.

– Bei dem Produkt soll kein PVC eingesetzt werden.

– Sämtliche Komponenten des Produkts müssen im Einklang mit den Bestimmungen über VOC-Verordnung[250] sein.

Die Vorgaben umfassen sowohl Vorgehensziele („Umweltleitfaden anwenden") wie auch Gestaltungsvorgaben und -beschränkungen. Sie sind sehr allgemeiner Natur und sind auch schon im Umweltleitfaden enthalten. Sie gelten deshalb prinzipiell für alle Entwicklungsprojekte. Offensichtlich sind sie hier als „Reminder" gedacht. Sowohl der Projektleiter wie auch der Verantwortliche der Qualitäts- & Umwelt-Stelle sind sich einig, dass sie in der Art und Weise, wie Umweltforderungen im Lastenheft verankert werden, noch am Anfang stehen. Nach Ansicht des Projektleiters ist es jedoch zur Zeit wichtiger, mit prozessorienterten Methoden sicherzustellen, dass im gesamten Verlauf der Entwicklung umweltrelevante Themen immer wieder systematisch aufgegriffen werden.

---

250 Flüchtige organische Kohlenwasserstoffe (volatile organic compounds).

„Die meisten Produktmanager schreiben da einen allgemeinen Satz hinein. Ich würde sagen, für ein Dokument wie dieses ist es okay, solche allgemeinen Statements aufzuführen, für den [Entwicklungs-] Prozess ist es nicht ausreichend. Das heisst, wenn man keinen Prozess dahinter hat, dann wird es [in den folgenden Entwicklungsphasen] vergessen gehen."

Die Risikoanalyse oder FMEA sind Beispiele solcher prozessorientierter Methoden, die sich bislang vor allem auf Anwendungs- oder Prozessrisiken und den unmittelbaren Gesundheitsschutz beschränken. Die Vorteile, die solche Methoden aus der Sicht der Befragten aufweisen, werden im Kapitel zum Wissenstransfer (Kapitel 9) dargestellt.

Die schon mehrfach erwähnte Zielsetzung, dass die chemischen Komponenten in der Nutzungsphase stabil bleiben und keine problematischen Gase emittieren sollen, wurde bei den *Technischen Anforderungen und Produkteigenschaften* integriert. Eine wichtige Kompetenz bei der Formulierung des Lastenhefts scheint demnach darin zu bestehen, ob Umweltziele in bestehende Rubriken integriert und nicht einfach als neue Abschnitte addiert werden. Hier zeigt sich, inwiefern bereits Kenntnisse über den Zusammenhang zwischen den gewünschten technischen Produkteigenschaften und ökologischen oder gesundheitsschädigenden Auswirkungen bestehen.

8.3.5 Fazit zur zweiten Projektphase

In der Phase der Anforderungsdefinition dominiert die konzentrierte Suche nach den wichtigen Projektzielen. Um relevante Ziele und Anforderungen zu identifizieren, führt das Team eine Kundenbefragung durch. In dieser Befragung sind jedoch keine umweltbezogenen Themen enthalten. Man beschränkt sich auf die Identifikation der zentralen Kundenbedürfnisse, um den Kern der Innovation genauer zu erfassen. Ökologie ist demgegenüber nach Ansicht des Projektleiters ein zu allgemeines und eher sekundäres Anliegen der Kunden. Kunden verstehen es als Aufgabe des Unternehmens, sicherzustellen, dass Produkte umweltverträglich sind und haben in der Regel keine konkreteren Bedürfnisse.

In einem nächsten Schritt versucht das Team deshalb, wichtige umweltbezogene Anforderungen der Kunden oder anderer Anspruchsgruppen aus eigener Kompetenz einzuschätzen. Dabei werden wie schon in der Vorphase keine speziellen Umweltanalysemethoden oder -instrumente eingesetzt, sondern es wird in der Diskussion und im Brainstorming versucht, mögliche Umweltansprüche zu identifizieren. Dabei sind die im Team vorhandenen Umweltkompetenzen ausschlaggebend. Die Qualitäts- & Umwelt-

Stelle hat hier einerseits die Rolle eines Moderators der Diskussion und ist anderseits auch Fachkraft.

Bei der Zielfestlegung ist eine gewisse proaktive Ausrichtung erkennbar. Das Team versucht neben bestehenden auch potentielle Umweltgesetze einzubeziehen und in eigener Einschätzung Kundenbedürfnisse zu antizipieren. Es zeigt sich dabei, dass sich das Team bei der ökologischen Beurteilung von Produkt und Ansprüchen an den Kriterien des Leitfadens zu orientieren scheint. Der Umweltleitfaden ist demnach als Zusammenfassung der intern vorhandenen Kompetenzen zu verstehen.

Die Gespräche haben auch gezeigt, dass Kenntnisse und Kompetenzen über die Umweltanliegen der Kunden durch die projektunabhängigen Aktivitäten des Marketings (Kundeninterviews, Umfragen) zusätzlich differenziert und objektiviert werden können. Hier gibt es allerdings erst punktuelle Erfahrung.

Parallel zur Definition der Ziele und Anforderungen werden in dieser zweiten Projektphase die Produktkonzepte weiterentwickelt und die Varianten auf der Basis der bekannten Anforderungen ein erstes Mal eingeengt. Bei diesen Schritten konzentriert sich das Team auf die Kernziele, Umweltaspekte werden nicht explizit einbezogen. Die Gespräche zeigen jedoch, dass dies von Projekt zu Projekt variiert. Wenn zu Beginn des Projekts, das heisst bei einer ersten groben ökologischen Beurteilung erkannt wird, dass man sich aufgrund wichtiger Technologien oder der Art der Anwendung in einem ökologisch sensiblen Bereich bewegt, wird das Kriterium Ökologie höher eingestuft.

8.4 Proaktive Umweltkompetenzen in den Etappen der Konzeptentwicklung (3. Projektphase)

Die vorläufigen Konzeptvarianten aus den Vorphasen wurden in dieser Projektphase gezielt weiterentwickelt, um zu einem weitgehend definierten Produktkonzept zu gelangen, das die Forderungen des Lastenhefts optimal erfüllt und dessen Beschreibung als Vorgabe für die nächste Phase (Kernentwicklung) im Pflichtenheft festgehalten wird.

Die Konzeptphase ist in diverse Schritte und Teilaufgaben untergliedert. Stark vereinfacht bewegte sich das Team dabei vom „Ganzen zum Detail". Sie arbeiteten zuerst Grobkonzepte für das gesamte Produkt aus, schränkten sich dann auf die beste Variante ein, um in der Folge deren Komponenten detaillierter zu definieren.

Die Merkmale der Arbeitsweise in dieser Projektphase können zusammenfassend folgendermassen charakterisiert werden:

Wiederum wird vorwiegend im Team gearbeitet, diesmal vor allem im Dreierteam: der chemische Entwickler, der Konstrukteur (mechanischer Entwickler) und die Qualitäts- & Umwelt-Stelle. Letztere fungiert als Sparringspartner und zusätzliche „kritische Masse", um in der Diskussion Qualitäts- und Umweltfragen einzubringen und Konzeptvarianten kritisch zu hinterfragen.

Zwischen den Team-Meetings arbeiten die Beteiligten autonom an Detailproblemen. Es ging dabei insbesondere darum, die erarbeiteten Varianten zu testen. Der Beitrag der Qualitäts- & Umwelt-Stelle bestand hier darin, die Varianten im Rahmen der Fortführung der Risikoanalyse systematisch auf Gefärdungspotentiale zu prüfen und zu vergleichen. Die Entwickler konsultierten die Qualitäts- & Umwelt-Stelle auch ausserhalb der Teamarbeit, wenn sich beispielsweise offene Fragen zur Bewertung von kritischen Stoffen ergaben.

„Was ich nicht weiss, lass ich in Schaan [Qualitäts- & Umwelt-Stelle] checken. Würde ich bei Katalysatoren oder bei Fungiziden immer machen."

Zudem nutzten sie die fachliche Kompetenz anderer Mitarbeiter des Entwicklungsbereichs, indem Probleme immer wiedermal mit Entwicklern diskutiert wurden, die nicht im entsprechenden Projekt beteiligt sind. In dieser Phase wurde ausserdem vermehrt mit den eigenen Produktionswerken und Lieferanten zusammengearbeitet.

Die Arbeitsweise ist also dadurch charakterisiert, dass zunehmend spezifischere Fragen zu Material- oder Herstellungsvarianten geklärt werden müssen und entsprechend ein weiteres Feld von Akteuren oder Wissensressourcen einbezogen wird.

In den Gesprächen wurden mit Ausnahme der Risikoanalyse keine umweltbezogenen Methoden erwähnt, die in dieser Phase eingesetzt wurden. Vielmehr dominierten wiederum allgemeine und offene Methoden wie die Diskussion, Brainstorming oder die Weiterführung des QFD, um die Lösungssuche noch stärker zu systematisieren. Der Umweltleitfaden, in dem allgemeine ökologische Leitsätze für die Entwicklung festgehalten sind, gibt den allgemeinen Rahmen vor, wird aber nicht explizit eingesetzt. Die Befragten sind der Ansicht, die Grundsätze des Leitfadens zu kennen, ohne dass sie diesen jedesmal hervornehmen müssen. Die Ziele werden offensichtlich als „common sense" betrachtet.

„Da hat man mal zu Papier gebracht, was jeder gewusst hat."

Im Folgenden werden Beispiele dargestellt, die illustrieren, in welchem Ausmass und bei welchen Fragestellungen das Team und vor allem die Entwickler ökologische Aspekte bei der Variantenentwicklung einbezogen. Dabei wird zwischen der Ebene der Grobkonzept- und der Komponenten-Entwicklung unterschieden. Im dritten Abschnitt werden dann Merkmale der

Vorgehensweise zusammengefasst und im Hinblick auf eine proaktive Ausrichtung diskutiert. Dabei geht es vor allem darum, welche Kenntnisse und Kompetenzen eingesetzt werden, um Konzeptvarianten ökologisch zu beurteilen.

8.4.1 Entwicklung und Auswahl des Grobkonzepts

Die Varianten für das Grobkonzept zeichneten sich schon in der Vorphase ab und wurden nun im Hinblick auf die Funktionstauglichkeit ausgearbeitet und geprüft. Das Team konzentrierte sich bei der Grobkonzeptenwicklung auf die schon erwähnten Varianten „Metallgehäuse" und „Kombination Kunststoffgehäuse und Metallring". Für die Funktionsprüfung waren vor allem die Testbedingungen von Zulassungsprüfungen, die in technischen Normen für Brandschutzprodukte festgehalten sind massgeblich. Sie legen beispielsweise fest, wie schnell der Brandschutzverschluss erfolgen und welchem Druck der Verschluss Widerstand leisten muss.

Neben der Funktionstauglichkeit standen bei der Konzeptbeurteilung und Konzeptauswahl wie schon in den Vorphasen vor allem auch wirtschaftliche Überlegungen im Zentrum. Ein funktionierendes Produktkonzept zu finden, das in das enge Korsett des Zielpreises passt, war für das Team die grösste Herausforderung.

> „Das [Spektrum von Lösungsvarianten] hat sich ganz schnell reduziert, wir waren am Anfang offen. Aber machen wir uns nichts vor: der Preis steht absolut im Vordergrund. Hat mich gewundert, dass wir das noch geschafft haben."

Erst wenn Lösungsvarianten vorliegen, die diese prioritäre Zielsetzung erfüllen, wurden sie auch im Hinblick auf andere und dabei auch ökologische Kriterien hinterfragt. Ein Entwickler erläutert diese Zielhierarchie folgendermassen:

> „Ich brauche ein Gehäuse, um das Ganze zusammenzubauen: Stahl, Kunststoff, Holz, Papier. [...] Wir achten als erstes auf Herstellung und dann schauen wir von da aus zurück: Wenn ich also dieses Teil [Gehäuse] produziere, dann gibt es bei entsprechender Stückzahl nichts Billigeres als Spritzgiessen, und da ist Polypropylen wiederum das Billigste. Das ist der Einstieg, von da her ist die Wirtschaftlichkeit abgedeckt. Dann kommt die Variante, dass man möglichst unkompliziertes Herstellungswerkzeug haben will, keine Ecken, Kanten, möglichst nur eine Entformungsrichtung. [...] Danach geht man zurück zur Rohstoffauswahl und schaut von der Ökologie und Toxikologie her, was in der Herstellung und auch später [in der Nutzungs- und Entsorgungsphase] günstiger ist."

In den Interviews gibt es allerdings keine konkreten Hinweise, dass auf der Ebene der Grobkonzepte, also beim Entscheid für die „Kunststoffvariante", ökologische Kriterien explizit einbezogen wurden. Es scheint vielmehr so, dass dieses Kriterium vor allem danach, d.h. bei der Ausarbeitung der einzelnen Komponenten, gezielter integriert wurde.

8.4.2 Beispiele zur Komponenten-Entwicklung

Das gewählte Grobkonzept wurde in den weiteren Schritten detaillierter ausgearbeitet, wobei vermehrt an der Optimierung einzelner Komponenten gearbeitet wurde.[251] Die Entwickler bestimmten dabei Gestalt und Dimensionierung oder wählten geeignete Materialien und Herstellungsprozesse. In den Gesprächen wurden verschiedene Beispiele erwähnt, die zeigen, bei welchen Entscheiden ökologische Kriterien einbezogen wurden. Sie werden im Folgenden vorgestellt und im anschliessenden Abschnitt zusammenfassend diskutiert.

Kunststoffgehäuse: Beim Gehäuse stellten sich einerseits konstruktive Fragen nach der definitiven Gestalt. Im weiteren musste entschieden werden, welcher Kunststoff gewählt wird. Hier stand neben dem Preis vor allem das Kritierium der Rauchgastoxizität im Vordergrund, d.h. es wurde ein Kunststoff gewählt, der im Brandfall keine toxischen Gase bildet.

> „Da ist Polypropylen noch eines der harmloseren."

Im Weiteren stellte sich die Frage, wie der Kunststoff flammhemmend ausgerüstet werden kann, damit die gesetzlichen Vorgaben im Bausektor[252] nach einem ausreichenden Flammschutz erfüllt sind.

> „Dann die Diskussion über Polypropylen und PVC[253] resp. Brandschutz durch Brom anstatt Chlor. PVC ist billiger, chlorfreier Brandschutz ist teurer. Halogenfreier Brandschutz ist allgemein teurer. Die notwendigen Baustoffklassifizierungen sind nur mit Brom zu schaffen. Ist dasselbe wie die Chlor-Problematik, wird nur nicht diskutiert. Ob im Brandfall Brom- oder Chlor-Wasserstoff freigesetzt wird, ist ähnlich. Ja und dann die Herstellung: Chlor-Alkali-Elektrolyse, jede Menge Energie, jede Menge Abfall."

---

251 Abb. 21 in Kapitel 8.1.1 gibt einen Überblick über die Komponenten des Produkts.

252 Bei den erwähnten Vorgaben handelt es sich um die sogenannten Baustoffklassifizierungen. Produkte im Baubereich werden je nach Anwendungsgebiet bezüglich Flammschutzanforderungen unterschiedlich klassifiziert. Das dargestellte Brandschutzprodukt muss aufgrund dieser Klassifizierung bestimmte Flammschutzwerte erreichen.

253 Polyvinylchlorid.

Die Vorgaben im Lastenheft resp. die zu Grunde liegende interne Zielsetzung, auf chlorierte Kunststoffe zu verzichten, schränkt hier die Varianten ein. Das Beispiel zeigt, dass es nach Ansicht des Entwicklers aber wenig befriedigende Alternativen gibt und dass ein gewisser Zweifel besteht, ob diese gesamthaft gesehen tatsächlich ökologisch vorteilhafter sind. Es werden verschiedene Kriterien aufgeführt, wobei wiederum die Rauchgastoxizität im Zentrum der Überlegungen zu stehen scheint. Das Beispiel zeigt auch, dass hier keine optimale Übereinstimmung von wirtschaftlichen und ökologischen Zielen besteht.

Flexible Abdichtungsmembran: Für die Abdichtungsebene wurden Materialvarianten gesucht, die einerseits eine Rohrdurchführung zulassen, anderseits einen gewissen Brandschutz ermöglichen, damit sich das Feuer nicht in den ersten Minuten bis zur Reaktion der chemischen Masse ausbreiten kann. Es wurden zwei Varianten erwähnt: eine Schaumschicht aus Polyurethan oder aus Melaminharzschaum.

> „Melaminharzschaum wurde bewusst ausgewählt, weil er im Vergleich zu Polyurethan praktisch ungiftig ist und auch Vorzüge in der Bearbeitung und Applikation hat. Er bricht leicht bei der Rohrdurchführung. Es hat also mehrere Vorteile, wird darum auch in der Automobilherstellung sehr oft eingesetzt, in der Herstellung fallen [im Vergleich zu Polyurethan] Isocyanate weg, dann braucht es auch keine Katalysatoren und Weichmacher wie bei Polyurethan, die ausdünsten oder im Brandfall giftige Dämpfe geben."

Hier wurden bei der Materialwahl bewusst ökologische resp. toxikologische Überlegungen einbezogen. Dies hängt allem Anschein nach damit zusammen, dass die naheliegende Materialvariante Polyurethan im Unternehmen bereits als Problemstoff eingestuft wird, den es nach Möglichkeit zu vermeiden gilt. Wiederum werden verschiedene Kriterien der Herstellungs- und Funktionsphase genannt.

In einem nächsten Schritt wurden in Zusammenarbeit mit den Lieferanten Überlegungen über Möglichkeiten zu einer weiteren Optimierung im Herstellungsprozess angestellt.

> „Melaminharzschaum wird auf Rollen gekauft und gestanzt. Der Hersteller schlug vor, dass man das auch fertig spritzen kann, weil das Material etwas teurer ist. Dadurch entsteht kein Abfall, das wäre dann wieder der Umweltgedanke. Da muss man dann spritzbaren Kunststoff verwenden. [...] War auch relevant, dass man zwei [Abdichtungsmembrane pro Produkt] braucht, doppelte Zahl, damit sind die [Spritzguss-]Werkzeuge in einem Jahr amortisiert."

Bei dieser Entscheidung standen allerdings ökonomische Überlegungen im Vordergrund, die hier aber mit ökologischen Zielsetzungen im Sinne der Öko-Effizienz harmonieren können.

Brandschutzring: Ähnlich verhielt es sich bei Fragen der optimalen Herstellung der Brandschutzkomponente, die in den eigenen Werken produziert
wird.

> „Die Anspritzangüsse, die man wegschmeisst oder wiederverwendet sind ein
> weiteres Thema. Man möchte natürlich keinen Stoff, den man nicht wieder ein-
> schmelzen kann, weil das bares Geld ist, und man muss es entsorgen. Wir reden
> ja immer von hohen Stückzahlen, und das gibt auch viel Müll. Das haben wir hier
> auch angedacht: Recycling dieser Anspritzkanäle, das sind auch Tonnen pro
> Jahr. Das wurde ausnahmsweise nicht von der Qualitäts- & Umwelt-Stelle, son-
> dern von mir angedacht. [...] Hatte das aber, wenn ich ehrlich bin, nicht vom Um-
> weltgedanken her gesehen, sondern um Material zu sparen, weil der kg-Preis bei
> dem Material so entscheidend ist, wenn wir pro Spritzguss 40–50 Pfennig Abfall
> haben. Da lohnt es sich, was in die Maschine zu investieren. Ist Sondermüll, weil
> es ja aufquillt."

Kosten, die bei der Entsorgung von Ausschuss anfallen, wurden offensichtlich in die Überlegungen zur Kostenoptimierung einbezogen.

Bei der Weiterentwicklung der Brandschutzkomponente wurde auch an der
Verbesserung der chemischen Formulierung gearbeitet, um damit die relevanten Zulassungsbedingungen für Brandschutzprodukte zu erreichen. Die
Entwickler erwähnten keine Beispiele, inwiefern hier ökologische Fragen
eine Rolle spielten. Dabei ist aber sicherlich auch von Bedeutung, dass die
gewählte Technologie im Vergleich zur Vorgängertechnologie (auf Expoxid-
Basis) nach Ansicht der Befragten gesamthaft schon eine ökologische Verbesserung gebracht hat (vgl. Kapitel 8.1.1).

Metallring: Materialvarianten für den Metallring wurden in erster Linie nach
wirtschaftlichen Kriterien und im Hinblick auf den Korrosionsschutz gewählt,
welcher garantieren muss, dass die Komponente über 20 Jahre lang im
Brandfall den erforderlichen Widerstand leistet. Ökologische Kritieren wurden nicht genannt.

> „Hier haben wir polymerverzinkten Stahl gewählt. Vorher war Edelstahl dabei, ko-
> stet aber das Siebenfache, denn eine bessere Verzinkung bedeutet: zuerst um-
> formen, dann verzinken, lackieren, beschichten. Ist natürlich immer ein Arbeits-
> prozess mehr, das kostet Geld. Polymerverzinkte Bleche werden so gekauft und
> danach einfach umgeformt, und die Verzinkung zieht sich um die Kante. [...]
> Aluminium ist keine Möglichkeit, zu teuer, Verbundfasern ebenso. Es geht um
> den Herstellprozess, beim polymerverzinkten Stahl kann man stanzen – fertig."

Verpackung: Das Verpackungskonzept wurde in einer Zusammenarbeit zwischen der Qualitäts- & Umwelt-Stelle und der Logistik gemacht. Hier wurden allgemeine Normen zum Recyclinganteil oder zur umweltgerechten Materialwahl berücksichtigt und versucht, auf unnötige Verpackung oder Zwischenverpackung zu verzichten.

„Ein anderer wichtiger Gedanke ist die Verpackung, und zwar die Zwischenverpackung von Hersteller zu Hersteller, da spart man auch wieder Material. Z.B. machen wir das so, dass wir die Inlays [Brandschutzkomponente] als Schüttgut betrachten und einfach in Polyethylen-Beutel verschweissen und in Boxen versenken, die später die Verpackung von einem anderern Produkt sind, das auch bei der Firma hergestellt wird. So bleiben die Kartons im Werk und man benutzt sie zweimal. Auch wegen dem Geld. Damit sind Kosten und Logistik optimiert."

8.4.3 Fazit zur dritten Projektphase mit Fokus auf der ökologischen Variantenbeurteilung

Bei der Beschreibung der verschiedenen Etappen der Konzeptentwicklung wurde in erster Linie zwischen der Ebene der Grobkonzept- und der Komponenten-Entwicklung unterschieden.

Bei der Grobkonzept-Entwicklung liegt der Schwerpunkt darauf, grundsätzlich mögliche Varianten für das gesamte Produkt zu suchen und die Beste auszuwählen. Aus den Gesprächen gibt es keine Hinweise, dass auf dieser Ebene ökologische Kriterien explizit einbezogen und geprüft wurden. Es gibt also, abgesehen von der Risikoanalyse, die parallel weitergeführt wurde und die sich auch Fragen der unmittelbaren Sicherheit und des Gesundheitsschutzes von Anwendern beschränkt, keine systematischen Überlegungen, ob die eine oder andere Variante aus ökologischer Hinsicht günstiger wäre. Das mag auch damit zusammenhängen, dass in den Vorphasen (vgl. Kapitel 8.2.3) bereits entschieden wurde, dass Ökologie in dem Projekt nicht als Schlüsselkriterium eingestuft wurde. Entsprechend schränkt sich das Team bei der Suche nach grundsätzlichen Lösungsvarianten auf einen engeren Kreis von Zielsetzungen ein. Es ist allerdings anzunehmen, dass Zielsetzungen im Lastenheft sowie die Richtlinien aus dem Umweltleitfaden den impliziten Rahmen für die Konzeptsuche bildeten.

Auf der Ebene der Komponenten-Entwicklung wurden konkretere Entscheide zur Konstruktion, Materialwahl oder zu Produktionsverfahren gefällt. Hier wurden ökologische Kriterien fallweise in die Überlegungen einbezogen. Dabei scheint es keine rigide Systematik oder eine klare Methode zu geben. Es liegt vielmehr in der Kompetenz der Entwickler, relevante Problemstellungen zu erkennen und geeignete ökologische Grundsätze oder

Kriterien anzuwenden. Offensichtlich sind ökologische Aspekte insofern in den Prozess integriert, als dass sie bereits bei der Lösungssuche der Entwickler Eingang finden und nicht nachträglich „korrektiv" durch Prüfung der Qualitäts- & Umwelt-Stelle nachgeschoben werden. Das Teammitglied der Qualitäts- & Umwelt-Stelle ist eher zusätzliche kritische Masse und klärt spezifische Fragen ab, wie beispielsweise die ökologische Einschätzung von Problemstoffen wie Fungiziden oder Weichmachern.

Aus den Gesprächen und den geschilderten Beispielen lässt sich die Art und Weise, wie das Entwicklungsteam bei der ökologischen Beurteilung vorgeht und welche Beurteilungskriterien massgeblich sind, anhand von sechs Merkmalen näher charakterisieren.

1. *Schwerpunkt auf downstream-Produktlebensphasen:* Aus den Interviews zum untersuchten Projekt wurde deutlich, dass das Modell des ökologischen Produktlebenszyklus in der Diskussion als zentrale Orientierung dient. Dabei stehen vor allem Umweltauswirkungen in der Nutzungs- und Entsorgungsphase sowie der unmittelbaren Herstellung im Vordergrund. Fragen der Umweltrelevanz der vorgelagerten Phasen der Rohstoffherstellung werden nicht expliziter beurteilt, was unter Umständen durch die starke Kundenorientierung erklärbar ist.

2. *Relative Beurteilung:* Ökologische Eigenschaften werden vorwiegend relativ beurteilt, d.h. immer im Hinblick auf den ökologischen Vergleich von verschiedenen technischen Optionen wie beispielsweise bei der Materialwahl zwischen Polyurethan oder Melaminharzschaum für die Abdichtungsebene.

3. *Qualitative Beurteilung:* Die ökologische Beurteilung basiert in der Regel auf qualitativen Abschätzungen und einfachen qualitativen Grundsätzen, wie sie im Umweltleitfaden festgehalten sind: Die Vermeidung von Problemstoffen (Negativliste) oder die Erfüllung von bestimmten Kriterien wie „kennzeichnungsfreie Produkte" oder „mit normalen Bauschutt entsorgbare Produkte".

   „Wir verwenden rein qualitative Aspekte, z.B. Phenol geben wir nicht rein. Ich gehe da auch nur auf die Kennzeichung, d.h. wie sie eingestuft sind. Dieser ist giftig und kanzerogen, der andere ist bloss gesundheitsschädlich und reizend – den nehmen wir."

4. *Orientierung an anerkannten Bewertungsmodellen:* Die Kriterien oder Bewertungsgrundsätze orientieren sich an anerkannten Modellen, die in den meisten Fällen auch in technischen Normen und Gesetzen Eingang gefunden haben: Wassergefährdungsklassen, Lebensmittelechtheit,

MAK-Werte,[254] Risiko-Sätze, Reinraumklassifizierungen, Klassifizierung von Gefahrstoffen oder Baureststoffen.

5. *Beurteilung isolierter Produkteigenschaften:* Es gibt keine Hinweise, dass die Produktkonzepte gesamthaft beurteilt und verglichen werden. Vielmehr werden ausgewählte Produkteigenschaften, bestimmte Komponenten oder Substanzen isoliert betrachtet wie beispielsweise die Flammschutzausrüstung von Kunststoffen. Inwiefern diese isolierten Verbesserungen zu einer gesamthaften ökologischen Optimierung des Produktsystems beitragen und die Probleme einfach verlagert werden, wird jedoch nicht beurteilt. Das Team beschränkt sich also bewusst (oder unbewusst) auf eine Auswahl von Umweltkriterien, die sie für bedeutend halten. Diese Einschränkung ist allerdings nicht willkürlich, sondern beruht in der Regel auf vorgängigen Analysen und der gesammelten Erfahrung, die vor allem auf der Umweltrelevanzanalyse beruhen.

6. *Sicherheit und Gesundheitsschutz als prioritäre Schutzziele:* Im Zentrum der Beurteilung steht der Gesundheitsschutz des Menschen, und damit sind in der Regel die unmittelbaren Produktanwender oder Gefährdungspotentiale in der Herstellung und beim Transport gemeint. Die gewählten Kriterien decken also nur einen Aspekt von ökologischen Fragen ab. Belastungen des Ökosystems oder des Menschen in einem globaleren Sinne stehen an zweiter Stelle und werden kaum explizit genannt oder beurteilt.

Inwiefern ist bei diesem Beurteilungsmuster eine proaktive Ausrichtung oder diesbezügliche Kompetenzen erkennbar? Dies zeigt sich in erster Linie in der Art der Zielwerte, die verfolgt werden. Diese sind insofern proaktiv, als dass strengere Grenzwerte oder Vorgaben verfolgt werden als in Gesetzen und Normen vorliegen. Dies ist vor allem im Umweltleitfaden zu erkennen. Die Kompetenz besteht hier einerseits darin, Ziele und Grundsätze derart festzulegen und zu operationalisieren, dass sie in der Arbeit der Entwicklungsteams tatsächlich angewendet werden können. Die proaktive Kompetenz auf der Ebene der Entwicklungsprojekte besteht anderseits darin, ob Zielsetzungen wie „Wassergefärdungsklasse 0–1 anstreben" im Einzelfall angewendet werden können. Die Beteiligten brauchen entsprechendes Fachwissen sowie das Problembewusstsein. Die Beispiele zeigen, dass dazu das Erkennen von ökologisch problematischen Stoffen wie Polyurethan oder Epoxide gehört. Dies führt dazu, dass bei solchen „Alarm"-Stoffen gezielter nach Alternativen gesucht wird.

---

254 MAK steht für Maximale Arbeitsplatzkonzentration, d.h. die Konzentration eines Stoffes in der Luft am Arbeitsplatz, bei der im Allgemeinen die Gesundheit der Arbeitnehmer nicht beeinträchtigt wird. Der Wert gibt demnach Hinweise auf die Humantoxizität von Substanzen.

Die proaktive Ausrichtung zeigt sich auch darin, dass versucht wird, absehbare ökologische Auflagen sofort zu übernehmen. Das heisst die Entwicklungsteams orientieren sich nicht nur an den intern festgeschriebenen Zielen, sondern versuchen auch darüber hinaus relevante Entwicklungen zu erkennen.

„Wenn ich weiss, dass da was [in der MAK-Wert-Kommission] diskutiert wird, dann versuche ich gleich darauf zu verzichten. [...] Pyretroide waren zum Beispiel vor fünf Jahren das Allheilmittel [für den Pilzschutz bei Dichtmassen], jetzt sind sie plötzlich als Allergene in Diskussion."

Die proaktive resp. kontingenzaktive Kompetenz beruht hier vor allem darin, an die relevanten Informanten oder Informationsquellen zu kommen und aus einer Vielzahl von Hinweisen einen Trend zu erkennen.

Eine proaktive Ausrichtung zeigt sich auch darin, wie ökologische Zielsetzungen in Abwägung mit anderen Zielen gewichtet werden. Wie wird bei Zielkonflikten entschieden? Konflikte entstehen vor allem in Bezug auf die Funktion, d.h. umweltverträgliche Optionen erfüllen die gewünschten Produkteigenschaften nicht gleichwertig. Grundsätzlich geht das Qualitätsbewusstsein in Bezug auf die Leistung des Produkts vor, und es wird versucht, die unter diesen Umständen beste Umweltverträglichkeit zu erreichen.

„Ich versuche möglichst, Weichmacher rauszulassen und wenn Weichmacher, dann möglichst lebensmittelechte, versuche bei Pigmenten möglichst auf organische zu verzichten und auf Chrom und Cadmium. "

Anderseits gibt es auch Konflikte zu Zielen der Wirtschaftlichkeit. In welchem Mass werden hier im Einzelfall Zugeständnisse gemacht?

„Ich glaube, wir sind heute irgendwo dort, wo [bei unterschiedlichen Varianten] bei kleinen Unterschieden im Kostenaufwand zugunsten der Umwelt entschieden wird. Aber heute ist wohl kein Unternehmen soweit, dies bei grossen Unterschieden zu tun, mit Ausnahme von vielleicht sehr sensiblen Bereichen wie chemische Produkte. Das Schwierigste in unserem Feld: Unsere Produkte sind nicht hochsensibel."

Mit der Darstellung der Umweltkompetenzen für die ökologische Variantenbeurteilung werden die Ausführungen zu proaktiven Umweltkompetenzen im untersuchten Entwicklungsvorhaben abgeschlossen. Eine Zusammenfassung und Diskussion der Ergebnisse findet sich in den Schlussfolgerungen der vorliegenden Arbeit (Kapitel 10).

Das folgende Kapitel widmet sich der dritten Fallstudienfragen zu den Praktiken des internen Wissenstransfers.

9 Praktiken des internen Wissens-transfers

In diesem Kapitel werden die Ergebnisse zur dritten Fallstudienfrage darge-legt, in der es um die Problematik des Wissensmanagements und insbeson-dere des Wissenstransfers geht.

Welches sind Praktiken, Massnahmen oder Methoden, die unterstützten, damit die intern vorhandenen Umweltkompetenzen im untersuchten Ent-wicklungsprojekt produktiv genutzt werden konnten? Dabei interessiert insbesondere, wie Kompetenzen der Qualitäts- & Umwelt-Stelle einbezogen werden und welche Bedeutung Methoden und Instrumente wie beispielsweise die Umweltrelevanzanalyse oder der Umweltleitfaden für den Wissenstransfer haben.

Bei der Darstellung der wichtigsten Praktiken wird zwischen den zwei Ebe-nen unterschieden, die im theoretischen Teil dieser Arbeit eingeführt wur-den: Praktiken zum unmittelbar projektbezogenen Wissenstransfer sowie Ansätze, die projektunabhängig den Austausch von Umweltkompetenzen fördern.[255] Sie werden im Folgenden einzeln beschrieben, und es wird dargestellt, weshalb sich diese Massnahmen aus der Sicht der Befragten bewähren.

9.1 Projektbezogener Wissenstransfer

9.1.1 Multifunktionelles Projektteam

Das Projektteam der frühen Phasen setzt sich aus den Bereichen Marketing, Entwicklung und Qualitäts- & Umwelt-Stelle zusammen. Sie bilden das Kernteam und sind nach Ansicht des Projektleiters die drei Schlüsselfunktio-nen. Der frühe Einbezug der Qualitäts- & Umwelt-Stelle wird dabei als be-sonders wichtig erachtet.

---

[255]   Vgl. Kapitel 4.3.3.

„Man kann ein Projekt ohne Qualitäts- & Umwelt-Stelle beginnen, aber ich glaube, dass es ein grosser Fehler ist. Der Projektleiter sollte sie als Hilfe nehmen und nicht als Hürde. Sie müssen natürlich ihrerseits komplett offen sein und Marketing und Entwicklung verstehen. Wenn wir wollen, dass sie auch uns [Marketing und Entwicklung] verstehen, dann müssen sie in alle Diskussionen integriert werden. Es sind Teamentscheide. Das ist wichtig."

Der Beitrag der Qualitäts- & Umwelt-Stelle wird offensichtlich als wichtige und hilfreiche Unterstützung gesehen, die zusätzliche fachliche und funktionelle Perspektiven in die Projektarbeit einbringt. Dies scheint unterschiedliche Gründe zu haben:

Einerseits haben sie Methodenkompetenz zu Qualitäts-Methoden wie QFD oder FMEA und sind für die aufwändige Durchführung der Risikoanalyse verantwortlich. Andererseits sind sie Fachexperten, wenn es um Gesetze und Normen geht. Darunter fallen auch umweltrelevante Bestimmungen, die gerade bei chemischen Produkten eine hohe Komplexität haben können. Aus der Perspektive einer proaktiven Ausrichtung der Produktentwicklung sind im Weiteren ihre Kenntnisse der bedeutenden Umweltansprüche oder Umweltaspekte der Produkte, die sie aus der Durchführung der Umweltrelevanzanalyse haben, von Interesse.

„Wir brauchen Leute im Team, die sagen: Vorsicht, dieses Produkt ist in fünf Jahren vom Markt, wenn dieser und jener ökologische Aspekt nicht berücksichtigt wird."

Aus der Fallstudie wird deutlich, dass Personen mit ausschliesslich umweltspezifischen Kompetenzen kaum Chance hätten, als Mitglied des Kernteams einbezogen zu werden. Durch die Vereinigung von methodischen wie fachlichen, qualitäts- wie umweltbezogenen Kompetenzen wird der Beitrag der Qualitäts- & Umwelt-Stelle jedoch interessant.

Die Aussage des Projektleiters verdeutlicht auch, dass die interdisziplinäre oder multifunktionelle Zusammenarbeit gewisse soziale und kommunikative Fähigkeiten (Interaktionskompetenz[256]) erfordert. Nur so können die unterschiedlichen Standpunkte diskutiert und ausbalanciert werden. Der Projektleiter hat hierbei die Rolle eines Moderators:

„Meine Aufgabe ist vor allem, Coaching zu machen und Fachwissen zusammenzubringen, damit die Leute miteinander diskutieren. [...] Wichtig ist, dass das Team einen Spirit, ein Wir-Gefühl entwickelt und nicht einfach jeder seine Fachdisziplin vertritt. [...] Hab schon Meetings erlebt, da haben die Leute einfach abgewartet, bis ihr Punkt kam, dann wieder abgeschaltet."

---

[256] Vgl. Kapitel 3.3.

Die gegenseitige Verständigung wird unter anderem dadurch gefördert, dass alle Mitarbeiter der Qualitäts- & Umwelt-Stelle eine chemische Grundbildung haben und damit die Sichtweise der Entwickler verstehen. Zudem sind die Leiter dieser Stellen meist vormals in anderen Linienfunktionen tätig gewesen und damit nicht in ihrer Fachstellen-Funktion befangen. Die Qualitäts- & Umwelt-Stelle mit Personen aus Linienfunktionen zu besetzen, scheint explizite Politik, die bis zu einem gewissen Grad vom Konzern gesteuert wird.

Für die interdisziplinäre Arbeit scheint im Weiteren wichtig, dass auch auf der Seite des Marketings und der Entwicklung ein ausreichendes Verständnis ökologischer Fragen vorhanden ist. Nach Ansicht des Entwicklungsleiters müssen die Entwickler in erster Linie eine generelle Sensibilität, d.h. das selbstständige Erkennen von problematischen Stoffen einbringen. Dabei gibt es eine gewisse Arbeitsteilung zwischen Entwicklung und Qualitäts- & Umwelt-Stelle: Erstere sind vor allem bei Fragen zur umweltverträglichen Rohstoffauswahl, letztere bei der Beurteilung des gesamten Produkts kompetent.

Im untersuchten Entwicklungsprojekt zeigt sich dann auch, dass bei der Lösung von Problemen immer wieder auf die verschiedenen Funktionsperspektiven zurückgegriffen wird. Durch die „verschiedenen Leute am Tisch" entsteht offensichtlich eine kritische Masse, die von den Erfahrungen und Kenntnissen der Beteiligten lebt. Überdies kann das Kontakt- und Informationsnetzwerk eines jeden genutzt werden:

> „Man muss natürlich vorsichtig sein: ein Team sind nicht zehn Personen, sondern Marketing, Entwicklung und Qualitäts- und Umwelt-Stelle. Diese müssen dann wissen, welche projektexternen Leute oder Experten sie kontaktieren können, zum Beispiel die Beschaffung."

In den Gesprächen wird überdies der Lerneffekt der Arbeit im multifunktionellen Team betont: „Es gibt Dinge, die hat man dann im Kopf, wenn man sie einmal gehört hat." Bei der gemeinsamen Diskussion und Lösung von konkreten Problemen profitieren die Beteiligten direkt von den unterschiedlichen Kompetenzen.

Die Fallstudie zeigt, dass der Einsatz von multifunktionellen Teams in der Produktentwicklung eine der wichtigsten Massnahmen ist, um die internen Kompetenzen produktiv und effizient zu nutzen.[257] Die Teamarbeit ist der

---

[257] Die Arbeitsweise im Geschäftsbereich Dübeltechnik unterscheidet sich von derjenigen in der Bauchemie. Hier sind Personen der Qualitäts- & Umwelt-Stelle nicht im Kern- sondern im erweiterten Team. Das heisst sie sind weniger intensiv im Projekt eingebunden, sind aber laut Projektleiter „wenn immer möglich in Teammeetings dabei und bekommen Protokolle; sie sind auch für den Umweltaspekt formell verantwortlich".

zentrale Kristallisationspunkt in den Projekten, hier werden Probleme erörtert, ein gemeinsames Verständnis der Ziele erarbeitet und Entscheidungen gefällt. Das Beisein der Qualitäts- & Umwelt-Stelle ermöglicht, dass ökologische Aspekte personell vertreten sind und somit etwas pointierter in die Arbeit eingebracht werden können.   ·

9.1.2 Wissenstransfer durch teamfähige und integrative Methoden

Bei der Untersuchung des Entwicklungsprojekts war besonders auffallend, dass mit Ausnahme der Risikoanalyse kaum umweltspezifische Methoden oder Instrumente eingesetzt wurden. Was dominiert sind Teamdiskussion und Problemlösungsmethoden der Produktentwicklung wie QFD. Im Folgenden werden die verschiedenen im Unternehmen vorhandenen Methoden und Instrumente im Hinblick auf ihre Bedeutung in Entwicklungsprojekten diskutiert.

a) Problemlösungsmethoden der Produktentwicklung: Teamdiskussion und QFD

Das untersuchte Entwicklungsprojekt zeigt, dass ökologische Fragen vor allem in einer mehr oder weniger strukturierten **Teamdiskussion** oder einem Brainstorming behandelt werden. Das Team diskutiert die wichtigen Umweltauswirkungen oder Umweltauflagen, die bei Produktkonzepten zu berücksichtigen sind. Dieses Vorgehen wird vor allem von den Projektleitern als sehr geeignet und effizient angesehen:

> „Meine Erfahrung zeigt mir: die wichtigsten Punkte werden von den wichtigen drei Leuten, die das Verständnis dafür haben, in zwei Stunden Meeting gefunden."

Dabei hängt der Erfolg offensichtlich stark von der Umweltkompetenz und dem Problembewusstsein im Team ab. Nach Einschätzung des Marketingleiters steht man hier noch am Anfang, es fehlt eine gemeinsame Sprache und deshalb wohl auch eine breit abgestützte fachliche Kompetenz:

> „When the discussions take place what are the important issues driving the project, we need a more realistic discussion on the environment. What I mean by that? They are far more comfortable talking about market segments, competition than about environmental issues. [...] It is probably just based down to knowledge. When they look at the competition or marketing they know the language. Talking about the environment suddenly these weird terms come out."

Auf dieser Ebene spielt deshalb die Qualitäts- & Umwelt-Stelle eine wichtige Rolle. „That's where they can help with the coaching and raising the awareness."

In der Entwicklung werden zusätzlich systematische Problemlösungsmethoden wie **QFD und FMEA** eingesetzt. Sie strukturieren den Problemlösungsablauf, haben aber als Kern gleichfalls die Gruppendiskussion, in der zu den jeweiligen Punkten Stellung bezogen wird. Aus den Schilderungen der Befragten zeigt sich, dass diese Methoden einen wichtigen Beitrag zum Wissensaustausch leisten.

> „Hab' QFD erlebt, da haben wir zwei Tage investiert. Alle sagten, das haben wir zuvor schon gewusst, ist aber gut gewesen, dass wir das nochmals objektiviert haben. Wichtig war, dass man es nochmals diskutiert hat, dass es nochmals breiter gestreut wurde. Von den zwei Tagen waren vielleicht drei Stunden enorm wichtig. Ein grosser Prozentsatz war auch, die Leute, die nicht im Team waren, nochmals auf den Stand zu bringen."

Es braucht demnach immer wieder ein Forum, in dem Ziele und Entscheide erörtert und gemeinsam geklärt werden. Aus den Gesprächen wird auch deutlich, dass diese Methoden in Zukunft mehr Raum einnehmen werden.

> „Wir müssen stärker FMEA machen, weil wir manche Sachen zu spät erkannt haben. In die FMEA können auch Umweltgesichtspunkte einfliessen. Das war eine Erfahrung. Wir brauchen systematische Methoden, das ist vollkommen klar."

In der Bauchemie wie auch im Bereich Dübeltechnik gibt es bereits Überlegungen, ökologische Aspekte bei diesen Methoden zu integrieren. Konkrete Erfahrungen fehlen jedoch noch. Die Ausführungen verdeutlichen aber, dass die Teamfähigkeit einer Methode von zentraler Bedeutung ist.

b)   Spezialisierte Umweltanalysemethoden: Risikoanalyse und LCA

Die **Risikoanalyse** ist zur Zeit die einzige spezialisierte Umweltanalysemethode, die in Projekten eingesetzt wird. Sie behandelt jedoch nur in beschränktem Mass ökologische Aspekte, sondern ist eher auf unmittelbare Gefährdungspotentiale der Anwender und Hersteller fokussiert.

In den Gesprächen wird deutlich, dass die Methode ausgesprochen gut an die Arbeitsweise des Entwicklungsteams angepasst ist. Wie die QFD- und FMEA-Methoden kann sie im Team oder in kleineren Gruppen durchgeführt werden und hat nach Ansicht des Entwicklungsleiters einen hohen Lernwert für die Beteiligten, da sowohl das gesamte Produkt wie auch die einzelnen Komponenten über alle Produktlebensphasen betrachtet werden. Ein weiteres wichtiges Merkmal wird vom Projektleiter folgendermassen beschrieben:

„Die Risikoanalyse wird von der Qualitäts- & Umwelt-Stelle geleitet, die sind dafür
verantwortlich. Ich habe dann eine Zusammenfassung, da die Risikoanalyse ein
sehr umfangreiches Dokument ist, das ich nicht lesen kann. Und diese Seite zeigt
dann alles, was noch offen ist, und in jedem Teammeeting diskutieren wir das
und sagen: das ist erledigt und das ist noch offen."

Die Risikoanalyse definiert verbindliche Aufgaben oder Ziele, die im Verlauf
der Entwicklung abgearbeitet und spätestens bei Meilenstein-Reviews geprüft werden. Sie hat also einen stark prozessorientierten Charakter. Bei
jedem neuen Produktkonzept kann sie ergänzt werden und sie gibt gleichzeitig Vorgaben für die weitere Entwicklung. Nach Ansicht des Projektleiters
müsste ein Instrument für die Umweltanalyse eine ähnliche Charakteristik
haben. Er sieht aber auch ein Risiko darin, „wenn wir noch zusätzlich einen
separaten Prozess [Umweltanalyse] haben, dass wir dann etwas vergessen".

Das Unternehmen verfügt über zwei weitere Umweltanalysemethoden: die
weitgehend qualitative **Umweltrelevanzanalyse und LCA**.[258] Erstere wird
nicht im Rahmen von Entwicklungsprojekten eingesetzt, sondern hat ihre
Bedeutung in der übergeordneten, projektunabhängigen Produktanalyse.
Dieser Punkt wird deshalb im entsprechenden Kapitel 9.2 wieder aufgegriffen.

Zum Zeitpunkt der Fallstudie wurde im Geschäftsbereich Bauchemie im
Rahmen eines anderen Entwicklungsprojekts versuchsweise eine LCA
durchgeführt. Dabei wurden zwei Varianten von Ausbringgeräten für das
neue Brandschutzsystem ökologisch verglichen. Mit diesem Pilotprojekt
konnten erste Erfahrungen gesammelt werden. Im Folgenden werden einige
Einschätzungen wiedergegeben, die Skepsis und Vorteile verdeutlichen.

Der Entwicklungsleiter sieht die Bedeutung von LCA vor allem darin, „das
Ganze mal ein bisschen ganzheitlicher zu betrachten" und damit das herkömmliche, eher eingeschränkte „Grundverständnis, was Umwelt und die
eigene Tätigkeit anbetrifft" zu erweitern. Das kann in vereinzelten Pilotprojekten geschehen, ein systematischer Einsatz in Entwicklungsprojekten ist
seiner Ansicht nach in Anbetracht der hohen Komplexität und kaum verfügbaren Daten noch wenig sinnvoll.

„Der Nutzen einer derartigen Betrachtung ist der Lerneffekt. Aber für eine konkrete Umsetzung im Projekt ist es zu abstrakt. Da ist noch ein Stück Arbeit rein-
zustecken, damit man sowas nutzen kann."

Seine Skepsis bezieht sich zudem auf die Tatsache, dass Ökobilanzen auf
meist stark aggregierten und teilweise schon bewerteten Daten beruhen, die

---

258 Vgl. Kapitel 6.2.2.

nur sehr grobe Abschätzungen erlauben. Das steht im Widerspruch mit der sehr differenzierten Arbeitsweise der Entwickler, die auch explizit gefördert wird. Ein Entwickler kritisiert beispielsweise, dass bei ihm bekannten Öko-bilanzen die unterschiedliche Lebensdauer von Produkten nicht geeignet einbezogen wurde und hält die Ergebnisse deshalb teilweise für bedenklich oder irreführend.

> „Die, die bisher Ökobilanzen gemacht haben, sind meiner Meinung nach vorein-genommen. Die haben von Haus aus Aversionen gegen bestimmte Technologien [z.B. PVC, Silikon]."

Der Projektleiter des untersuchten Entwicklungsprojekts ist vor allem ange-sichts der Komplexität der Methode skeptisch, da sich so etwas kaum ver-nünftig in den Entwicklungsprozess integrieren lässt. Er sieht eher ein evo-lutionäres Vorgehen:

> „Wenn man jetzt einfach einen Prozess dazu [LCA] macht und die Methode noch so kompliziert ist, dann wird dieses Vorgehen am Ende in sich selber kollabieren. Oder man kriegt etwas Nettes aufs Papier, was aber mit der Realität nichts zu tun hat. Ich ziehe vor, dass wir diejenigen Teile des LCA-Konzepts nehmen, die wir beherrschen können und daran arbeiten. Wenn das ganze System [alle Mitar-beiter] lernt, dann können wir das dann ausdehnen."

Aus der Perspektive der Entwickler scheint es grundsätzlich aber ein Inter-esse an den Resultaten von LCA zu geben, wie beispielsweise der Vergleich unverzinkter und verzinkter Schrauben. Der notwendige Aufwand wird aber im Vergleich zum unmittelbaren Nutzen für ihre Arbeit als zu hoch einge-schätzt.

> „Für einige Bereiche ist es sicher sinnvoll, und wenn man dann Ideen hat und sagt: Bringt das überhaupt was? Dann kann man das einfach mal durchrechnen. [...] Neugierig sind wir da schon. Aber wenn es ein enormer Aufwand ist und nichts drin ist, das wir verwerten können, dann ist das ein Handicap. Ein halber Tag höchstens."

> „Unsere Variante ist ja gar nicht so breit, dass eine Ökobilanz eine Rolle spielen würde. Wenn einer einen Polyurethan-Schaum entwickelt, dann entwickelt er ei-nen Polyurethan-Schaum. Da variiert die Basischemie nicht viel, diese Chance besteht nur, wenn ich die Möglichkeit *hätte*, eine andere Technologie zu neh-men."

Die Qualitäts- & Umwelt-Leiter der untersuchten Geschäftsbereiche sehen Ökobilanzen aus zwei Gründen als geeignete Ergänzung ihrer Methoden an. Einerseits berücksichtigen sie bei ihrer intern entwickelten Umweltrele-vanzanalyse nicht den gesamten Produktlebenszyklus.

„Wir gehen auf der Mitte des Weges los, das heisst wir schauen zurück bis zu unserem Lieferanten und machen die Bewertung. Wir wollen uns nun mal das Gesamtbild anschauen, das heisst mit der Vorgeschichte [Rohstoffherstellung], die wir bisher nur indirekt einbezogen haben."

Anderseits wird die Methode als Stand der Technik angesehen, den es zur Kenntnis zu nehmen gilt.

„Es sollte akzeptiert werden, dass das nun ein Instrument ist, das aufgrund von verschiedenen Interessenlagen über die letzten 10–15 Jahre diese Gestalt bekommen hat, dass man sich geeinigt hat, dass man das mal als gemeinsame Basis akzeptiert, dass es besser ist als nichts und dass man damit mal einen Schritt in die richtige Richtung macht. Das rüberzubringen ist ein wichtiger Punkt, bei dem es noch grosse Barrieren gibt. [...] Für mich ist der Einsatz von LCA oder dieses Thema bis zu einem gewissen Grad ein Gradmesser, inwieweit wir bereit sind, uns mit dem Thema Umwelt ernsthaft auseinanderzusetzen."

c) Lösungsorientierte Instrumente: Umweltleitfaden

Der Umweltleitfaden ist ein weiteres umweltspezifisches Instrument, das weniger als Analysemethode, sondern eher als Kompendium der wichtigsten Ziele, Regeln und Bewertungskriterien zu verstehen ist.[259] Aus den Gesprächen entsteht der Eindruck, dass das Instrument je nach Personengruppe eine unterschiedliche Bedeutung hat. Vereinfacht können drei Gruppen unterschieden werden.

Die erste Gruppe umfasst diejenigen Personen, die im Verlauf der Jahre aktiv an der Er- oder Überarbeitung des Instruments beteiligt waren. Darunter fallen vor allem einige langjährige Mitarbeiter der Entwicklung sowie die Qualitäts- & Umwelt-Stellen. Diese Personengruppe ist selbstredend mit dem Inhalt und der Bedeutung des Leitfadens vertraut und kann dieses Wissen in Projekten an andere weitergeben.

Eine zweite Gruppe sind erfahrene Entwickler, die Prinzipien des Umweltleitfadens weitenteils praktizieren und verinnerlicht haben. Fragt man sie, ob sie das Instrument benutzen, winken sie ab: alles schon bekannt.

Als Drittes wird erwähnt, dass im Gegensatz zu ausgebildeten Chemikern, die Laboranten in diesen Fragen generell eine geringere Kompetenz haben.

„Da brauchen wir ganz einfache Regeln. Ich persönlich habe natürlich ein anderes Wissen, aber wir müssen an den Alltag denken, der Mann, der im Labor steht und eine Rezeptur macht, ist froh, wenn er eine Chemikalie hat, die funktioniert. Da braucht es ganz einfache Mittel."

---

[259] Vgl. Kapitel 6.3.2.

Hier erhofft man sich offensichtlich, durch einfache Leitsätze eine gewisse generelle Sensibilität aufzubauen.

Die Gespräche verdeutlichen, dass ein solches Dokument sehr aktiv kommuniziert werden muss. Die blosse Existenz eines Nachschlagewerks, vor allem wenn es sehr umfassend ist, reicht nicht, damit es tatsächlich benutzt wird. Die Qualitäts- & Umwelt-Stelle versucht deshalb, das Dokument in den Projekten immer wieder mal einzubringen.

Der Umweltleitfaden ist aus wissensorientierter Sicht interessant. Er vereinigt ein weites Spektrum an Erfahrungen und Kenntnissen, die im Unternehmen vorhanden sind und spezifisch an ihre Produkte angepasst sind. Dieses Wissen ist nun in expliziter Form für jedermann zugänglich und damit ist ein gemeinsam verbindlicher Rahmen definiert, in dem sich die Produktentwicklung bewegen soll.

9.1.3 Informeller und institutionalisierter Austausch unter Entwicklern

Neben den bisher genannten Praktiken hat nach Ansicht des Entwicklungsleiters der direkte Austausch von Erfahrungen und Kenntnissen unter den verschiedenen Entwicklern einen hohen Stellenwert, wenn es darum geht, die vorhandenen Umweltkompetenzen möglichst effektiv zu nutzen. Dabei soll einerseits der informelle Austausch gefördert werden, um das Spezialwissen anderer einzubeziehen.

„Das sind hier alles Chemiker, jeder kennt eine Stoffklasse besonders gut. Wenn die sich austauschen, einfach mal untereinander nachfragen, dann läuft das schon mal vernünftig ab. Zu formalistisch geht nicht."

Anderseits pflegen sie auch institutionalisierte Formen, die den Wissensaustauch fördern, wie beispielsweise Technologie-Meetings von Entwicklern aus unterschiedlichen Projekten.

„Unter technologischem Gesichtspunkt treffen wir uns hier auch regelmässig und setzen uns zusammen, diskutieren die Technologie, die Vor- und Nachteile, Schwierigkeiten. Da kommen dann solche Fragen [Umweltaspekte] mit hinein. [...] Wenn man regelmässig solche Projektmeetings macht und alle Erfahrungen einfliessen lässt, auch diejenigen, die ich auf dem Gebiet gemacht habe und die auch andere Entwickler gesammelt haben, dann können alle viel schneller erkennen, worauf es ankommt."

Offensichtlich kann durch den ständigen wechselseitigen Kontakt sukzessive ein differenzierteres ökologisches Problembewusstsein aufgebaut werden.

9.1.4 Wissenstransfer durch Befragung, Konsultation und Schlüsselpersonen

In dem untersuchten Entwicklungsprojekt spielt die Befragung der Marktorganisationen oder der Kunden in den frühen Phasen eine zentrale Rolle, um deren Wissen und Erfahrung im Team verfügbar zu machen. Diese Mittel scheinen aber im Kontext von umweltbezogenen Fragen noch wenig Relevanz zu haben, da Ökologie bei Kunden noch kaum thematisiert wird.

Eine weitere Praktik besteht darin, Fachstellen oder Fachpersonen bei konkreten Fragen oder Problemen gezielt zu konsultieren. Hier steht einerseits die Qualitäts- & Umwelt-Stelle im Vordergrund. Im Geschäftsbereich Dübeltechnik hat sich zudem gezeigt, dass es auch unter den Entwicklern einzelne Schlüsselpersonen gibt, die im Hinblick auf ökologische Themen über viel Erfahrung, Kenntnis und ein gutes Kontaktnetz verfügen.[260]

> „Das sind teilweise persönliche Fähigkeiten, kann nicht jeder, die sehen die Problematik nicht, dazu gehört viel Erfahrung. Man muss wissen, wo man die Informationen bekommt. Ich habe beispielsweise persönliche Kontakte zu Experten der Zulieferer."

Bei einer Person hat das dazu geführt, dass sie nun bei allen Projekten systematisch angefragt wird, um Rezepturen ökologisch resp. toxikologisch zu beurteilen. Dabei zeigt sich auch die Bedeutung von räumlicher Nähe, die innerhalb der in Deutschland angesiedelten Entwicklungsabteilung gegeben ist.

> „Da muss man hier sein. Der Vorteil ist, wenn man mittendrin ist. Das muss schnell gehen, da hat einer eine Idee, und dann schauen wir das zusammen an. Man muss sich auch kennen, sich über den Weg laufen, sehen, was der gerade macht."

Die Qualitäts- & Umwelt-Stelle ist demgegenüber am Hauptsitz des Konzern in Liechtenstein beheimatet, was den Kontakt erschweren kann. Im Geschäftsbereich Bauchemie ist dies aber nach Ansicht des Entwicklungsleiters nicht der Fall. Durch die Einbindung der Qualitäts- & Umwelt-Stelle in laufende Projekte entsteht ein ständiger Kontakt.

> „Irgendeiner ist ständig greifbar, man trifft sich zur Risikoanalyse, zu Grenzmusterbetrachtungen. Ob's nun eine Etage höher ist oder man nach Schaan telefoniert, das ist mittlerweile auch kein Unterschied mehr. Wir haben auch über e-Mail Kontakt und ein gemeinsames Laufwerk im Intranet. Die Kommunikation ist da gar kein Problem mehr."

---

[260] Die geschilderten Eigenschaften stimmen weitgehend mit den Merkmalen von „Design for Environment"-Champions überein (vgl. Kapitel 4.4.2b).

9.2 Projektunabhängiger Wissenstransfer

Das untersuchte Entwicklungsprojekt und die zusätzlichen Gespräche zeigen deutlich: Die Umweltkompetenz, die im Projektteam vorhanden ist, das heisst die Kenntnisse, Fähigkeiten und Erfahrungen der einzelnen Teammitglieder, ist der entscheidende Faktor für die erfolgreiche Integration ökologischer Aspekte in die Entwicklungsarbeit. Die im Unternehmen vorhandene Umweltkompetenz wird vor allem über die einzelnen Teammitglieder „in ihren Köpfen" in die Projekte getragen.

Dieser Umstand zeigt, dass in erster Linie auf projektunabhängiger Ebene, das heisst im Vorfeld von Projekten, sichergestellt werden muss, dass eine ausreichende Kompetenz aufgebaut und vor allem auf diejenigen Mitarbeiter übertragen wird, die in Entwicklungsprojekte involviert sind.

Bei diesem Wissensaufbau steht die Umweltrelevanzanalyse der Produkte im Zentrum, es werden jedoch auch anderweitig Kenntnisse erworben, zum Beispiel erhält die Qualitäts- & Umwelt-Stelle unterschiedliche Anfragen von Kunden zu ökologischen Belangen der Produkte.

In der Fallstudie zeigt sich, dass es diverse Bestrebungen gibt, diese punktuell erworbenen Kenntnisse und Erfahrungen möglichst schon im Vorfeld von Projekten auf ein breites Spektrum von Mitarbeitern zu übertragen. Im Folgenden sind eine Reihe von Praktiken und Strukturen dargestellt, die bei diesem projektunabhängigen Wissenstransfer eine grosse Bedeutung haben. Offensichtliche Ansätze, wie die gezielte Weiterbildung von Mitarbeitern oder periodische Trainingsseminare, werden nicht speziell erwähnt.

9.2.1 Integration umweltbezogener Aufgaben in Funktionsbereiche

Der Grundsatz der Integration hat bei Hilti eine grosse Bedeutung. Damit soll unter anderem eine einseitige Spezialisierung oder eine Konzentration von Umweltkompetenzen verhindert werden. Ein Mitarbeiter beschreibt die Entwicklung im Umweltbereich folgendermassen:

> „Vor 5–8 Jahren hatte man einen Umweltbeauftragten, der hat gewissermassen als Alleinkämpfer das Thema Umwelt vorangetrieben, Ideen und Konzepte entwickelt. Viele Dinge sind aber im Sand verlaufen. Heute haben wir sicher einen besseren Zustand erreicht, insofern es nicht an eine Person gebunden ist, sondern in den Geschäftsbereichen und Werken breiter verankert ist."

Die Integration von umweltbezogenen Aufgaben in die verschiedenen Funktionsbereiche ist nach Ansicht des Marketingleiters deshalb wichtig, weil qualitativ gute Kompetenzen nur erreicht werden, wenn die Aufgaben am Ort der grössten Sachkenntnis angesiedelt werden. Die Sachkenntnis zur Markt-entwicklung oder zu Kundenansprüchen liegt beispielsweise beim Marketing. Sie müssen sich demnach vermehrt auch mit umweltbezogenen Ansprüchen beschäftigen. Erst durch eine integrierte Betrachtung, das heisst durch die Abwägung mit anderen Kundenansprüchen, kann seiner Ansicht nach eine realistische Einschätzung erfolgen.

Fundierte Kenntnisse zur Veränderung von Umweltansprüchen oder zu neuen umweltverträglichen Technologien können ausserdem nur entstehen, wenn sich die jeweiligen Stellen über eine längere Zeitspanne mit einer Thematik beschäftigen. „A project team can not track these things because these need to be done over a period of time." Die Kompetenzentwicklung muss deshalb als langfristige Aufgabe in den einzelnen Funktionsbereichen verankert sein.

Die unterschiedlichen Integrationsbemühungen sollen jedoch nicht zu einer Aufhebung der Qualitäts- & Umwelt-Stelle führen.

> „I don't see that you ever get to the point where these [die Qualitäts- & Umwelt-Stelle] are no longer needed. I think we will always need them to be going on. But I think to a certain extent it has to be outsourced. When it comes from the custo-mer it's for the marketing, when it touches issues of legislation then you've got them [Qualitäts- & Umwelt-Stelle] to pick it up."

Offensichtlich geht es in erster Linie um eine sinnvolle Aufgabenteilung. Es handelt sich bei der Qualitäts- & Umwelt-Stelle auch nicht ausschliesslich um eine Umweltfachstelle.

> „Es gibt keine separate Stelle zu Umweltfragen. Ist auch nicht unser Grundsatz, es sollte integrativer Bestandteil sein. Auch wir [Qualitäts- & Umwelt-Stelle] sind nicht separat, sondern behandeln immer Qualität, Sicherheit und Umweltschutz."

Damit werden ökologische Fragen bereits auf dieser Ebene immer in Abwä-gung mit anderen Zielen, das heisst integriert betrachtet. Der Konzern-Um-weltleiter ergänzt diese Überzeugung:

> „Persönlich würde ich Hilti nicht empfehlen, eine Person einzustellen, die sich nur mit Umwelt befasst, auf welcher Ebene auch immer. Erstens wollen wir immer Ganzheitlichkeit bewahren, das heisst prozessorientiert denken, Qualität, Kosten und Umwelt berücksichtigen. [...] Anderseits wollen wir verhindern, dass eine solche Person versucht, sich selber zu beschäftigen, indem sie mehr tut, auch wenn es nicht nötig ist."

Integrationsbestrebungen können sich in zweifacher Hinsicht positiv auf Entwicklungsprojekte auswirken. Einerseits entsteht durch die Bemühung aller, in ihrem Bereich ganzheitlich zu denken, also Qualität, Kosten, Umwelt und andere übergeordnete Faktoren zu berücksichtigen, eine verbindende Zielsetzung und eine gemeinsame Sprache.

Anderseits zeigt sich, dass insbesondere in der Phase der Komponenten-Entwicklung Entwickler, Marketing und Qualitäts- & Umwelt-Stelle in der Vorbereitung von Teamsitzungen vermehrt autonom arbeiten. Damit auch in dieser selbsttägigen Arbeit schon ökologische Aspekte einbezogen werden, müssen Umweltkompetenzen in allen Bereichen verankert werden.

9.2.2 Multifunktionelle Gremien auf allen Ebenen

Ein weiteres wichtiges Prinzip, das den Wissensaustausch unter den verschiedenen Bereichen massgeblich fördert, sind multifunktionelle Arbeitsgruppen. Neben den erwähnten multifunktionellen Projektteams verfügt das Unternehmen auch auf projektunabhängiger Ebene über diverse gemischte Gremien, die für umweltbezogene Aufgaben zuständig sind.

Die schon erwähnten **Sicherheit & Umwelt-Teams,**[261] die zweimal jährlich die Planung von Umweltzielen und die Kontrolle der Massnahmen angehen, sind, bezogen auf die Produkte, das wichtigste multifunktionelle Gremium. Im Geschäftsbereich Dübeltechnik umfasst die Arbeitsgruppe beispielsweise drei Personen aus der Qualitäts- & Umwelt-Stelle, zwei chemische Entwickler, einen mechanischen Entwickler, zwei Produktmanager und jemand aus der Beschaffung. Eine wichtige Aufgabe der S&U-Teams ist die Umweltrelevanzanalyse des Produktspektrums. Der Qualitäts- & Umwelt-Leiter sieht die Bedeutung der Teamarbeit folgendermassen:

> „Damit haben wir jetzt einmal alles gesammelt. Es war zwar in den diversen Köpfen schon vorhanden, jetzt ist es aber strukturiert und über mehrere Meinungen gemittelt, nicht mehr nur persönlich gefärbt. Der aufwändigste Teil war die Bewertung. Wir haben jetzt mal einheitliche Bewertungskriterien festgelegt, da finden sich auch Aussagen dazu, was wir als stark relevant betrachten."

Die interdisziplinäre Arbeitsweise hat offensichtlich verschiedene Vorteile. Es wird sichergestellt, dass die Perspektiven und Erfahrungen der unterschiedlichen Funktionsbereiche auf allen Ebenen einfliessen: bei der ökologischen Schwachstellen-Analyse, bei der Definition von Umweltzielen und Massnahmen sowie bei der Erfolgskontrolle. Dieser partizipative Ansatz ist vermutlich ein wichtiger Faktor, wenn es um die Akzeptanz der Umweltanalyse und der Zielsetzungen geht. Wenn Entwickler mitbestimmen, welche Stoffe als problematisch einzustufen sind, wird dieser Entscheid eher in ihre Arbeit einfliessen.

---

[261] Vgl. Kapitel 6.2.1.

Ein zweiter Effekt besteht darin, dass durch die grössere Zahl von Beteiligten die ökologische Beurteilung ein gutes Stück objektiviert werden kann. Sie hängt nicht mehr von der Einschätzung einzelner Personen ab und ist durch das Festlegen einheitlicher Kriterien transparent und nachvollziehbar.

Eine dritte Auswirkung ist der Multiplikator-Effekt. Die unterschiedlichen Mitglieder des S&U-Teams fungieren als wichtige Wissens-Vermittler, indem sie die erarbeiteten Umweltkompetenzen in ihre Funktionsbereiche oder in Entwicklungsprojekte zurücktragen. Durch die intensive Auseinandersetzung kennen sie nicht nur die nackten Resultate, sondern auch Hintergründe und den Kontext der gefällten Entscheide. Dieses Kontextwissen[262] spielt eine wichtige Rolle, wenn es darum geht, Zielsetzungen oder Massnahmen überzeugend weiterzugeben.

Weitere Beispiele von multifunktionellen Gremien sind die **Produkt-Qualität-Teams** oder das geschäftsbereichübergreifende **Qualitäts- & Umwelt-Forum**. Sie haben grundsätzlich ähnliche Effekte auf den Wissensaustausch, unterscheiden sich jedoch in ihrer Zusammensetzung und Aufgabenstellung. Die Produkt-Qualitäts-Teams umfassen Produktmanager der Marktorganisation sowie Personen der Qualitäts- & Umwelt-Stelle und haben zum Ziel, Stärken und Schwächen der Produkte zu diskutieren. Im Bereich der Bohr- und Abbautechnik werden zum Beispiel Statistiken zur Ausfallhäufigkeit der Geräte, zu häufigen Fehlern, die im Rahmen des Reparaturservices erhoben werden, angeschaut. „Da werden dann die direkten Erkenntnisse ausgetauscht, über den Markt, die Kunden. Da sind wir perfekt in der Analyse." Ökologische Fragen spielen auf dieser Ebene jedoch noch eine untergeordnete Rolle.

Im vierteljährlichen Qualitäts- & Umwelt-Forum treffen sich die Qualitäts- & Umwelt-Leiter der unterschiedlichen Geschäftsbereiche, sowie Vertreter von zentralen Einheiten wie der Forschung, Logistik und Konzern-Qualitäts- & Umwelt-Stelle. Auf dieser Ebene können Erfahrungen und Kenntnisse geschäftsbereichübergreifend ausgetauscht werden. Bezogen auf die Produkte stehen vor allem Themen im Vordergrund, die für alle Bereiche eine Relevanz haben, wie beispielsweise die ökologische Verbesserung der Verpackungssysteme.

Das Prinzip der multifunktionellen Entscheidungsfindung zieht sich bis ins **Führungsteam** der Geschäftsbereiche, das sich aus den verschiedenen Bereichsleitern zusammensetzt und damit auch den Leiter der Qualitäts- & Umwelt-Stelle einschliesst. Damit kann die umweltbezogene Perspektive

---

262   Vgl. Kapitel 3.3.

grundsätzlich bei allen Führungsentscheiden wie auch in der strategischen Produktplanung eingebracht werden.

9.2.3 Orientierung über funktionsübergreifende Umweltziele

Im untersuchten Entwicklungsprojekt zeigt sich, dass es übergeordnete Umweltzielsetzungen oder Grundsätze gibt, die die Entwicklungsarbeit leiten: „mit normalem Bauschutt entsorgbare Produkte" oder „kennzeichnungsfreie Produkte anstreben". Gemeinsame Klarheit und Transparenz über solche Grundsätze ist eine wichtige Voraussetzung und Orientierung für die Arbeit in den Entwicklungsteams. In dieser Hinsicht ist der Umweltleitfaden ein zentrales Instrument, das als funktionsübergreifende Plattform Zielsetzungen explizit und für alle zugänglich festhält.

Aus den Gesprächen wird deutlich, dass die Zielsetzungen noch als unzulänglich betrachtet werden. Sie eignen sich für eine punktuelle ökologische Verbesserung, allfällige Verlagerungen der Umweltprobleme können damit jedoch nicht erfasst oder kontrolliert werden.

> „Wenn jemand fragt, wie wir sicherstellen, dass wir über die gesamte Kette eine ökologische Verbesserung erreichen, dann ist dieser Nachweis schwierig."

Bei den Produktionswerken bestehen demgegenüber schon klare Umweltzielsetzungen, die eine gesamthafte Optimierung steuern sollen. Sie sind neben den gesetzlichen Vorlagen die wichtigste treibende Kraft einer kontinuierlichen Verbesserung.

> „Sie müssen wissen, dass der Fokus in den Werken erheblich höher ist [als bei den Produkten]. Getrieben über die Gesetzgebung und anderseits über das Monitoring von Zielvorgaben zum Energie- und Wasserverbrauch, Abfall."

Nach Ansicht eines Qualitäts- & Umwelt-Leiters wäre jedoch in Zukunft auch ein Monitoring der produktbezogenen Umweltleistung erstrebenswert:

> „Wünschenswert wäre, LCA auch in Richtung Zielsetzungsdefinition einzusetzen, nach dem Motto: Wir wollen möglichst runter mit der Umweltbelastung insgesamt. [...] In aggregierter Form heisst das zum Beispiel: Gesamtstoffbilanzen quer über die Produktpalette. Was haben wir früher verbraucht, was jetzt, wie sieht es in Zukunft aus? Daran werden wir sicher arbeiten."

9.2.4 Erfahrungsaustausch durch interne Audits

Eine letzte Praktik, die aus der Perspektive des internen Wissenstransfers
von Interesse ist, sind die internen Audits zum Stand der Umsetzung des
Qualitäts- und Umweltmanagementsystems. Ein Mitarbeiter der Konzern-
Qualitäts- & Umwelt-Stelle, die für die Auditierung zuständig ist, formuliert
dies folgendermassen:

> „Interne Audits sind als Erfahrungsaustausch unter den verschiedenen Werken
> und Organisationseinheiten wichtig. Sie sind weniger als Kontrolle, sondern als
> Bewusstseinsbildung und Training zu verstehen."

Da sich die Auditoren nicht auf einzelne Organisationseinheiten, sondern auf
bestimmte Prozesse wie zum Beispiel den Entwicklungsprozess spezialisie-
ren, verfügen sie über einen Querschnitt der Erfahrungen und Umsetzungsprobleme in allen Geschäftsbereichen. Damit können sie hilfreiche
Erkenntnisse und Best-Practice in den Auditgesprächen weitergeben.

Mit der Darstellung der Praktiken des projektunabhängigen Wissenstransfers werden die Ausführungen zum internen Wissenstransfer in der Hilti AG
abgeschlossen. Eine Zusammenfassung und Diskussion der Ergebnisse
findet sich im nachfolgenden Teil der Arbeit.

Teil III: Schlussfolgerungen

10 Zusammenfassende Erkenntnisse

Auf den folgenden Seiten werden die wichtigsten und interessantesten Erkenntnisse aus den theoretischen Überlegungen und der Fallstudie in Bezug auf die drei Forschungsfragen der vorliegenden Arbeit zusammengefasst und diskutiert. Dabei ist Folgendes anzumerken: Die Ergebnisse aus der Fallstudie sind grundsätzlich kontextgebunden und nicht ohne weiteres auf andere Fälle, also andere Unternehmen, übertragbar. Sie dienen in erster Linie dazu, die Forschungsthematik im praktischen Zusammenhang zu verstehen. Die Gründe, weshalb in der Praxis bestimmte Ziele gewählt oder warum sich gewisse Vorgehensweisen als besonders erfolgreich erweisen, können in der Regel nur im praktischen Kontext hinreichend verstanden werden. Der Nutzen einer Fallstudie ist also nicht in der Repräsentativität der Ergebnisse, sondern in deren Verknüpfung mit dem Kontext zu sehen. Auf der Basis von Fallbeispielen können in der Folge andere Fälle differenzierter analysiert werden. Auf dieser Basis kann bei ähnlichen Verhältnissen über den Einsatz von analogen Praktiken entschieden werden.

Forschungsfrage 1:
Notwendigkeit einer proaktiven Produktentwicklung

In der Literatur wird proaktives Unternehmensverhalten als wichtiges Element eines zukunftsweisenden Umweltmanagements verstanden. Für die vorliegende Arbeit wurde in diesem Zusammenhang folgende Frage gestellt:

Was ist im Kontext der Produktentwicklung unter einer proaktiven Ausrichtung zu verstehen, und wie lässt sich deren Notwendigkeit theoretisch und praktisch begründen?

Zur Untersuchung dieser Fragestellung wurden in den **theoretischen Überlegungen** bestehende Konzepte zum proaktiven Unternehmensverhalten auf die konkrete Situation der Produktentwicklung übertragen. Proaktiv ist dabei im Gegensatz zu reaktivem Verhalten zu verstehen. Entsprechend werden zwei Kategorien von umweltorientierter Produktentwicklung vorgeschlagen: eine *reaktive Produktentwicklung*, die sich auf das Erfüllen von unmittelbaren Umweltauflagen beschränkt, und eine *proaktive Produkt-*

entwicklung, die darüber hinausgehende ökologische Zielsetzungen verfolgt. Im Weiteren werden mit Rückgriff auf die Literatur zwei Stossrichtungen proaktiver Produktentwicklung unterschieden, die eine differenzierte Betrachtung proaktiver Produktentwicklung erlauben. Die *kontingenzaktive Stossrichtung* konzentriert sich auf die Bestrebung, künftige Umweltansprüche an die Produkte zu antizipieren und möglichst frühzeitig in der Produktentwicklung zu berücksichtigen. Bei der *initiativaktiven Stossrichtung* wird durch die Verfolgung sehr anspruchsvoller, innovativer Ziele versucht, ökologische Probleme ursächlich zu lösen und damit neue, eigenständige Massstäbe zu setzen. Die beiden Unterformen proaktiver Produktentwicklung unterscheiden sich vor allem in ihrer normativen Orientierung: im ersten Fall werden Ziele vom Unternehmensumfeld vorgegeben, im zweiten Fall dienen eigene Zukunftsleitbilder wie das einer Kreislaufwirtschaft als normative Vorlage.

Zur Frage nach der *Notwendigkeit einer proaktiven Ausrichtung* lassen sich in der Literatur im Wesentlichen zwei Argumente finden, die auf die Produktentwicklung übertragbar sind. Im Vordergrund steht die Sicherung des Planungs- oder Handlungsspielraums. Durch vorausschauende Planung soll vermieden werden, dass kurzfristig und unter Sachzwängen Anpassungen der Produkte vorgenommen werden müssen. Diese vorausschauende Haltung wird vor allem in einem dynamischen Unternehmensumfeld, in dem sich laufend neue Umweltansprüche ergeben können, als wichtiger Planungsgrundsatz erachtet. Das zweite Argument versteht die proaktive, eigenverantwortliche Haltung als Mittel zur Vertrauensbildung und Imageförderung von Unternehmen und Produkten.

In der **Fallstudie** zeigt sich, welche Argumente und Motive einer proaktiven Produktentwicklung in der Praxis von Bedeutung sind.

Auf *strategischer Ebene*, die durch die Einschätzung des Managements des untersuchten Geschäftsbereichs erfasst wurde, wird proaktives Verhalten grundsätzlich als wichtiges Planungsprinzip verstanden. Dabei lassen sich sowohl die Motive der Erhöhung der Planungssicherheit wie der Imageprofilierung erkennen. Die Fallstudie verdeutlicht auch, dass proaktives Verhalten klar auf Felder des grössten Nutzens oder Bedarfs fokussiert wird.

Die Fokussierung zeigt sich in der engen Bemessung des massgeblichen Planungshorizonts für die vorausschauende Haltung. Die Abschätzung relevanter Umweltansprüche wird auf den betriebswirtschaftlichen Produktlebenszyklus beschränkt, d.h. auf den Zeitraum, bis eine neue Produktgeneration geplant wird und damit eine Neueinschätzung der Anspruchslage vorgenommen werden kann. Das Unternehmen zeigt damit ein typisch kontingenzaktives Verhalten.

Es zeigt sich auch, dass im Zentrum der Prognose weniger die Abschätzung künftiger Umweltauswirkungen der Produkte steht, sondern vielmehr die Antizipation potentieller Umweltansprüche, was ebenfalls ein kontingenzaktives Merkmal ist. Ökologisch relevant ist, was Kunden und indirekte Beeinflusser wie Planer, Bauherren und Gesetzgeber als relevant erachten. Diese Haltung kann durch die starke Kunden- und Marktorientierung des Unternehmens erklärt werden, die zentraler Massstab der Produktentwicklung ist. Aus der Perspektive des Managements wird eine unabhängige Analyse der wichtigen ökologischen Problemfelder, also eine initiativaktive Ausrichtung, in der Regel nicht als notwendig erachtet. Die grösste Barriere für vermehrten Anreiz zu eigenverantwortlichem Handeln ist der Umstand, dass die überwiegende Mehrheit der Kunden des Unternehmens ökologischen Fragen kaum Bedeutung zumisst.

Bei strategisch wichtigen Produkten zeigt sich allerdings eine höhere Eigenverantwortlichkeit. Es wird versucht, durch eigenständige Abschätzungen relevante Problemfelder zu identifizieren. Dabei stehen in aller Regel die Anwendersicherheit und der unmittelbare Gesundheitsschutz im Vordergrund. Diese Bereiche sind ein wichtiges Element für die Profilierung von Unternehmen und Produkten. Problemstellungen des Umweltschutzes haben deutlich geringere Priorität, wenn es um eigenverantwortliches Handeln geht.

Der Stellenwert proaktiven Verhaltens zeigt sich auch im Ausmass, in dem Ressourcen für umweltbezogene Markt- und Produktanalysen freigestellt werden. Die Fallstudie zeigt, dass es eine kontinuierliche Auseinandersetzung erfordert, um qualitativ gute Informationen über Trends in der Umweltgesetzgebung und Veränderungen der Kundenansprüche verfügbar zu haben. Im untersuchten Fallbeispiel gibt es für diese Aufgaben erst wenig explizite Zuständigkeiten oder Ressourcen. Die Priorität liegt klar bei strategisch wichtigen Themen, wie die Verfolgung und Einflussnahme auf die Entwicklung technischer Normen im Brandschutzbereich.

Aussagen der Produktmanager und Mitarbeiter der Qualitäts- & Umwelt-Stellen zeigen in der Fallstudie, welche Bedeutung *operative Bereiche* einer proaktiven Haltung beimessen.

Als Erstes wird deutlich, dass die Position und das Selbstverständnis als Marktführer als Verpflichtung zu überdurchschnittlichem ökologischem Engagement verstanden wird. Die Vorreiterposition des Unternehmens muss sich nach Ansicht der Produktmanager auch bei ökologischen Belangen der Produkte zeigen, was eine proaktive Haltung erfordert. Die zugrunde liegende Erwartung, dass Marktführerschaft mit hohem ökologischem Standard einhergeht, wird auch in anderen Studien beobachtet.[263]

Im Fallbeispiel sind vor allem Elemente wie die Produktentsorgung und Produktinformation wichtige Profilierungsbereiche, um eine proaktive Ausrichtung zu demonstrieren. Der Fokus auf der Entsorgungsproblematik ist in erster Linie darauf zurückzuführen, dass die Gesetzgebung in diesem Bereich bis anhin Schwerpunkte gesetzt hat. Mit dem Verursacherprinzip wird die Verantwortung für die Entsorgung an die Hersteller zurückdelegiert. Diese Erwartung beobachten die Produktmanager auch bei den Kunden. Bei Entsorgungsfragen möglichst frühzeitig eine Lösung zu bieten, ist deshalb nicht nur als Vorwegnahme verschärfter gesetzlicher Auflagen zu verstehen, es ist auch als Element für die Ausgestaltung des Marktführer-Images zu sehen. Umweltbezogene Produktinformation anzubieten ist in der untersuchten Fallstudie ebenfalls als imagebildende Massnahme zu verstehen. Solange noch keine konkreten Verpflichtungen zu ökologischen Produktdeklarationen bestehen, kann sich das Unternehmen damit als sachverständig und verantwortungsbewusst profilieren. Diese Befunde decken sich mit den Ergebnissen einer umfangreicheren empirischen Studie, in der gerade Kundendienstleistungen, wie zum Beispiel die Beratung und Aufklärung in Bezug auf eine umweltverträgliche Produktnutzung und -entsorgung, einen hohen Stellenwert haben, um sich als kompetenter Problemlöser für Umweltfragen zu profilieren.[264] Diese Massnahmen tangieren jedoch kaum Aufgaben der Produktentwicklung. Sie erfordern keine Veränderungen der Kernprodukte, sondern können als nachsorgende Entsorgungslösungen hinzugefügt werden. Dies ist in der Praxis wesentlich einfacher zu realisieren, ist aber aus ökologischer Sicht unter Umständen eine suboptimale Lösung.

Eine zweite Erkenntnis zeigt sich bei den Qualitäts- & Umwelt-Stellen, die im untersuchten Fallbeispiel eine führende Rolle bei der Umweltanalyse der Produkte haben. Sie äussern Bedarf, in Ergänzung zu den bisherigen qualitativen Instrumenten zunehmend professionelle Umweltanalysemethoden wie Ökobilanzen einzusetzen. Als Anzeichen dafür, dass Kompetenzen zur Ökobilanz-Methode an Bedeutung gewinnen, wird die noch wenig konkrete Entwicklung in Schweden gedeutet, die zur Etablierung von quantitativen Umwelt-Produktdeklarationen führen könnte. Diese Form von Umweltforderung ist vor allem deshalb interessant, weil weniger definierte Umweltleis-

---

263   Vgl. Seidl (1993, S. 310); Lenox und Ehrenfeld (1997b). Wie Unternehmen ökologischen Herausforderungen begegnen, kann umgekehrt als Indikator für deren Innovationspotential und ihre allgemeine Problemlösungskompetenz gedeutet werden. Derartige Rückschlüsse finden sich beispielsweise bei Anbietern von Umweltfonds. Sie argumentieren, dass eine überdurchschnittliche Umweltperformance in der Regel mit einer überdurchschnittlichen Finanzperformance korreliert (aus Gesprächen mit den Schweizer Fondsanbietern Sustainable Asset Management (SAM) und der Excellence Performance Synergies (EPS)).

264   Vgl. Kirchgeorg (1990) zusammengefasst in Meffert und Kirchgeorg (1998, S. 289).

tungen, sondern vielmehr eine differenzierte Auskunftsfähigkeit gefordert wird, die überdies mit einer konkreten Methode verknüpft ist. Die Qualitäts- & Umwelt-Stellen sehen deshalb Bedarf, möglichst schon im Vorfeld von konkreteren Informationsansprüchen entsprechende methodische Kompetenzen aufzubauen. Bei diesem Fall ist die Reaktion des Unternehmens als kontingenzaktives Verhalten zu deuten. Man reagiert möglichst frühzeitig, indem Kompetenz „auf Vorrat" aufgebaut wird, um nach ausreichender Methodenerfahrung (von schätzungsweise zwei Jahren) entsprechende Produktinformationen liefern zu können. Offensichtlich wird angesichts der hohen Komplexität der Methode ein frühzeitiger Kompetenzerwerb als notwendig erachtet.

Forschungsfrage 2:
Kompetenz, Umweltkompetenz, proaktive Umweltkompetenz

Die vorliegende Arbeit ist von der These ausgegangen, dass das Wissen und die Kompetenz der Mitarbeiter die zentrale Ressource der Produktentwicklung ist. Deshalb muss beim Bestreben, ökologische Zielsetzungen und Kriterien in der Produktentwicklung zu verankern, in erster Linie die Umweltkompetenz der Mitarbeiter erhöht werden. In diesem Zusammenhang wurde folgende Frage gestellt:

Welche Umweltkompetenzen im Sinne von Kenntnissen und Fähigkeiten sind im Kontext der Produktentwicklung auszubilden, wenn Unternehmen eine proaktive Ausrichtung der Entwicklungstätigkeit anstreben?

Zur Untersuchung der Fragestellung wurden in den **theoretischen Überlegungen** einerseits die einleitende These über die Wichtigkeit der Kompetenzen der Mitarbeiter theoretisch begründet, anderseits die Grundlagen zu proaktiven Umweltkompetenzen geschaffen.

Wissen und Kompetenzen, die in dieser Arbeit synonym verwendet werden, sind eine *personengebundene Ressource*. Damit unterscheiden sie sich wesentlich von Daten- und Informationsbeständen eines Unternehmens, die ebenfalls Grundlage der Produktentwicklung sind. Es ist dem Menschen vorbehalten, selbst bei wenig definierten Problemen Zusammenhänge zu erkennen oder wichtige von unwichtigen Zielsetzungen zu unterscheiden. Diese spezifischen menschlichen Fähigkeiten sind das wichtigste Rüstzeug für die Produktentwicklung. In der Arbeit wird ein Kompetenzportfolio vorgeschlagen, das die für die Produktentwicklung relevanten Kompetenzen umfasst. Es verdeutlicht, dass über die offensichtliche Fach- und Methodenkompetenz hinaus ein breites Spektrum an zusätzlichen Kompetenzen erforderlich ist. Vor allem das Kontextwissen (oder Problembewusstsein), das eng mit den unternehmensspezifischen Werten und Zielsetzungen verknüpft ist, sowie die Interaktionskompetenz sind sehr komplexe Wissensbestandteile, die in Unternehmen in der Regel nirgendwo explizit festgehalten sind, für die Produktentwicklung aber grosse Bedeutung haben.

Die Arbeit befasst sich im Weiteren mit der fachlichen Eingrenzung des Wissensgebiets der umweltorientierten Produktentwicklung und schlägt eine allgemeine *Definition der Umweltkompetenz* vor. Die Definition stützt sich auf drei Teilsysteme, die für die Produktentwicklung von Bedeutung sind: das *Produktsystem*, das den gesamten Produktlebenszyklus umfasst; das *Effektsystem*, das ökologische Auswirkungen des Produktsystems beschreibt, sowie das *Anspruchssystem*, das sämtliche Anforderungen relevanter Anspruchsgruppen einschliesst. Umweltkompetenz beruht auf dem Verständnis der drei Teilsysteme und deren Wechselwirkungen.

Es werden überdies zwei *Anforderungen an die Umweltkompetenz* vorgeschlagen, um diese beurteilen zu können. Es wird postuliert, dass die Umweltkompetenz umso grösser ist, je vollständiger und objektiver die Kenntnisse der Teilsysteme und ihrer Wechselwirkungen sind. *Vollständigkeit* soll als Gegensatz zu einer isolierten und partiellen Betrachtung verstanden werden. Dies bedeutet beispielsweise, dass sowohl Effekt- wie Anspruchssystem für die Beurteilung bedeutender Umweltaspekte einbezogen werden. In der Literatur wird Letzteres oft ausgeklammert, ist aber eine zentrale Zielgrösse der Produktentwicklung.[265] *Objektivität* ist als Gegensatz zu einer subjektiven, wenig transparenten und wenig faktengestützten Vorgehensweise oder Entscheidungsfindung zu verstehen.

Aufbauend auf die Definition der Umweltkompetenz wird mit der *Differenzierung proaktiver Umweltkompetenz* dasjenige Wissensgebiet eingegrenzt, das für eine proaktive Produktentwicklung erforderlich ist. Diese Spezifizierung beruht auf der Annahme, dass sich proaktive Umweltkompetenzen wesentlich vom Wissen unterscheiden, das für eine Sicherung der Einhaltung konkreter Umweltauflagen notwendig ist (reaktive Umweltkompetenz). Übereinstimmend mit den Unterformen proaktiver Produktentwicklung umfasst proaktive Umweltkompetenz *zwei unterschiedliche Wissensschwerpunkte*: Bei einer kontingenzaktiven Ausrichtung konzentriert sich die Kompetenz auf ein möglichst vollständiges und objektives Verständnis des Anspruchssystems, um Forderungen frühestmöglich zu erkennen. Bei einer initiativaktiven Ausrichtung liegt der Kompetenzschwerpunkt bei der eigenständigen Analyse und

---

[265] Vgl. Seidl (1993, S. 102); Ritzén, Bäckmar et al. (1997, S. 159f.); Winter (1997, S. 119); Schott (1998, S. 119).

Beurteilung des Effektsystems und der Entwicklung von anspruchsvollen Soll-Vorstellungen oder ökologischen Produktvisionen für die Produktentwicklung. Hier bestimmen nicht unmittelbare Anspruchsgruppen, sondern zukunftsweisende Leitbilder, die eine weiterreichende Problembewältigung vorsehen, die normative Ausrichtung.

Die Thematik der proaktiven Umweltkompetenzen wurde in der **Fallstudie** an einem konkreten Entwicklungsprojekt untersucht. Damit wird der Fokus auf diejenigen Kompetenzen im Unternehmen gelegt, die in der Entwicklungstätigkeit tatsächlich zum Einsatz kommen. Gleichzeitig konnten mit diesem Untersuchungsdesign die wichtigsten Merkmale der Vorgehensweise des Entwicklungsteams bei der Berücksichtigung ökologischer Aspekte offengelegt und berücksichtigt werden. Dabei zeigt sich folgendes Vorgehensmuster:

Beim untersuchten Projekt handelt es sich – wie bei der Mehrzahl der Projekte des Unternehmens – um den Typus der ökologischen Integration. In der Fallstudie zeigt sich, dass bei diesem Typus ökologische Fragen in der sehr frühen Zielsuche und Entwicklung von Lösungsvarianten noch weitgehend ausgeklammert werden. Hier fokussiert sich das Team auf die Erfassung und Erfüllung der Kern- oder Innovationsziele. Ökologische Aspekte werden in dem Fallbeispiel dennoch sowohl auf der Ebene der Zieldefinition wie der Lösungssuche einbezogen. Bei der Anforderungsdefinition werden als Ergänzung zu den expliziten Kundenanforderungen bewusst auch ökologische Anforderungen analysiert. Damit wird die Verankerung von Umweltzielen im Lastenheft sichergestellt. In der Projektphase der Konzeptentwicklung werden ökologische Kriterien vorwiegend auf der Ebene der Komponenten-Entwicklung, jedoch noch kaum bei der Entwicklung für das Grobkonzept des gesamten Produkts einbezogen. Die nähere Untersuchung der eingesetzten Umweltkompetenzen ermöglicht zwei Befunde.

Als Erstes zeigt sich, inwiefern die operativen Umweltkompetenzen mit der strategischen Stossrichtung oder Zielsetzung, wie sie vom Management zusammengefasst wird, übereinstimmen. Anhand der identifizierten Umweltkompetenz zeigt sich hier ein weitgehender *Kompetenz-Fit*. Mit den identifizierten Umweltkompetenzen kann in erster Linie eine kontingenzaktive Ausrichtung der Produktentwicklung verfolgt werden, wie es auf strategischer Ebene gefordert wird. Die Kompetenzen konzentrieren sich demnach auf die Abschätzung potentieller gesetzlicher Umweltauflagen und möglicher Kundenforderungen, wobei der Schwerpunkt auch auf operativer Ebene auf Fragen der Anwendersicherheit und des Gesundheitsschutzes gelegt wird. Das Entwicklungsteam verfügt kaum über Beurteilungskriterien oder Zielsetzungen, die weiterführende Aspekte des Umweltschutzes betreffen, um Auswirkungen auf das Ökosystem oder globale Auswirkungen auf den Menschen zu erfassen.

Als zweiter Befund zeigt sich, dass aufgrund der systemorientierten Definitionen und Kriterien aus den theoretischen Überlegungen eine *differenziertere Qualifizierung der Umweltkompetenzen* möglich ist und dass damit Schwerpunkte und Defizite identifiziert werden können. Drei Beispiele zum Kriterium der Vollständigkeit: Die eben genannte Konzentration auf Sicherheit und Gesundheitsschutz zeigt, wie im Hinblick auf die Schutzziele Prioritäten gesetzt werden. Als zweites Beispiel zeigt die Fallstudie, dass die Phase der Rohstoffherstellung bei der Analyse der Produkte oder des Produktlebenszyklus bis anhin weitgehend ausgeklammert wurde. Das dritte Beispiel betrifft die Vollständigkeit bei der ökologischen Beurteilung des Produktsystems. Hier zeigt sich, dass die vorliegenden Kompetenzen lediglich eine isolierte Beurteilung einzelner Komponenten, Produkteigenschaften oder Stoffe ermöglichen. Es gibt keine Hinweise, dass Produktkonzepte gesamthaft ökologisch beurteilt und verglichen werden. Dieser Umstand hängt mit der Tatsache zusammen, dass in den Entwicklungsprojekten keine systematischen Beurteilungsmethoden für die Umweltanalyse eingesetzt werden. Das Team verwendet vielmehr einzelne unabhängige Beurteilungskriterien, verfügt gewissermassen über einen modularen Beurteilungsbausatz. Die Kompetenz besteht darin, fallweise geeignete Kriterien zu wählen. Damit ist nur ein sehr unvollständiges und eingeschränktes Problemverständnis möglich. Es kann nicht beurteilt werden, ob ökologische Probleme gelöst oder lediglich verlagert werden.

Das Kriterium der Objektivität prüft, wie und woher Entscheidungsgrundlagen gewonnen werden. Die Fallstudie verdeutlicht, dass bei Umweltfragen im Vergleich zu anderen Wissensgebieten noch ungefestigte Meinungen vorherrschen. Das zeigt sich zum Beispiel bei der Einschätzung der Umweltansprüche von Kunden und anderen Interessengruppen, die gerade bei einem weltweit operierenden Unternehmen äusserst komplex sein kann. An welchen Märkten oder Ländern, die sich im Hinblick auf Umweltbewusstsein oder Umweltgesetzgebung stark unterscheiden, orientiert man sich, wenn es um die Einschätzung von Trends geht? Es wird deutlich, dass mit Hilfe von Umfragen und anderen Instrumenten der Marktforschung eine differenziertere und faktengestützte Einschätzung gefördert werden kann. Ähnliches gilt für die ökologische Beurteilung der Produkte. Mit dem Einsatz von systematischen Methoden, wie der Umweltrelevanz- oder Risikoanalyse, wird die Beurteilung wesentlich gefestigter und nachvollziehbarer. Die Objektivierung beruht bei diesen qualitativen Methoden vor allem darauf, dass durch die Teamarbeit ein grösserer Kreis von Meinungen einbezogen und „gemittelt" wird. Im Zusammenhang mit dem zur Diskussion stehenden Einsatz von Ökobilanzen bedeutet Objektivierung, dass die Beurteilung der ökologischen Relevanz der Produkte weniger stark durch Forderungen von

Anspruchsgruppen geprägt, sondern vermehrt auf wissenschaftlichen Erkenntnissen über Ursache-Wirkungs-Zusammenhänge der betrachteten Umweltaspekte basiert.

Forschungsfrage 3:
Wissenstransfer als Kernaufgabe der Produktentwicklung

Die dritte Forschungsthematik beruht auf der Beobachtung, dass Unternehmen nicht nur Wissensdefizite, sondern auch Defizite im Umgang mit vorhandenen Umweltkompetenzen haben. Es fehlt an Konzepten, um die vielfältigen internen Kompetenzen in Entwicklungsvorhaben auch produktiv zu nutzen. In diesem Zusammenhang wurde, ausgehend vom Ansatz des Wissensmanagements, folgende Fragestellung untersucht:

Mit welchen operativen Massnahmen und Strukturen wird sichergestellt, dass im Unternehmen vorhandene Umweltkompetenzen im Rahmen der Produktentwicklung auch tatsächlich genutzt werden können?

Für die Untersuchung dieser Fragestellung wurden in den **theoretischen Überlegungen** ausgewählte Bausteine des *Wissensmanagements* eingeführt, die eine Übertragung dieses sehr allgemeinen Konzepts auf die Situation der Produktentwicklung erlauben. Der erste Baustein sind die unterschiedlichen *Wissensressourcen* der Produktentwicklung. Darunter sind grundsätzlich sämtliche in- und externen Personen oder Gruppen zu verstehen, die über entwicklungsrelevantes Wissen verfügen.

Der zweite Baustein sind *Wissensprozesse*, die die optimierte Bewirtschaftung dieser Wissensressourcen ermöglichen. Es wird postuliert, dass die Defizite bei der produktiven Nutzung interner Umweltkompetenzen als Mängel eines bestimmten Wissensprozesses, nämlich des internen *Wissenstransfers*, zu verstehen sind. Je grösser ein Unternehmen und umso spezialisierter die internen Strukturen sind, desto wichtiger sind gezielte Massnahmen, die Austausch und Transfer von Wissen im Unternehmen garantieren. Umweltmanagement hat zum Trend der internen Differenzierung und Spezialisierung beigetragen, in der Folge sind eigene Umweltfachstellen oder eine Vielzahl von Fachexperten in den bestehenden Funktionsbereichen entstanden. Damit die Produktentwicklung effizient auf diese

Kompetenzen zurückgreifen kann, sind unterstützende Massnahmen des Wissenstransfers erforderlich.

Die Arbeit schlägt im weiteren die Unterscheidung von *zwei Stufen des Wissenstransfers* vor. Für die Produktentwicklung ist nicht nur der unmittelbar projektbezogene Wissenstransfer von Bedeutung. Je besser notwendige Umweltkompetenzen schon im Vorfeld von Projekten, d.h. projektunabhängig, zwischen den verschiedenen Funktionsbereichen ausgetauscht werden, desto eher verfügen die verschiedenen Personen eines Projektteams über geeignetes umweltbezogenes Wissen.

Die Zusammenfassung der wichtigsten Massnahmen zum Wissenstransfer zeigt, dass sich in der Literatur vor allem humanzentrierte Ansätze finden. Im Mittelpunkt steht die Förderung der internen Kommunikation, des direkten Austausches von Wissen und Erfahrung unter den Mitarbeitern. Wissensmanagement unterscheidet sich in dieser Hinsicht von den eher technikorientierten Konzepten des Daten- und Informationsmanagements.

Die **Fallstudie** legt offen, welche Massnahmen und Methoden im untersuchten Unternehmen den internen Wissenstransfer wesentlich unterstützen.

Multifunktionelle Gruppen erweisen sich in dem Fallbeispiel als die weitaus wichtigste Massnahme, um den Austausch von Umweltkompetenzen zwischen der Umweltfachstelle und anderen Bereichen effizient zu unterstützen. Im untersuchten Unternehmen ist man auf allen Ebenen bestrebt, dass die für die Produktentwicklung wichtigen Funktionsbereiche durch eine Vielzahl von Gruppenstrukturen laufend vernetzt und damit die Funktionsgrenzen und Fachperspektiven aufgeweicht werden. Das beginnt in den verschiedenen *projektunabhängigen Gremien* wie dem Sicherheits- & Umweltteam, den Produkt-Qualitäts-Teams oder geschäftsbereichsübergreifenden Qualitäts- & Umwelt-Foren bis hinein in das Führungsteam auf der Managementebene. In sämtlichen Gruppen sind Mitarbeiter der Qualitäts- & Umwelt-Stelle involviert.

Das Prinzip der Multifunktionalität setzt sich in den *Projektteams* fort. Die Qualitäts- & Umwelt-Stelle ist von Beginn an vollwertiges Mitglied. Dieser Umstand lässt sich nicht allein durch die Umweltkompetenz der Fachstelle erklären, umso weniger, als ökologische Fragen im untersuchten Unternehmen vergleichsweise geringe Bedeutung haben. Die „Umweltexperten" sind zugleich Fachkräfte in Bereichen, die für den Erfolg von Projekten wesentlich sind, wie beispielsweise fundierte Kenntnisse im Qualitäts- und Sicherheitsbereich und bei entsprechenden methodischen Werkzeugen. Diese Vereinigung unterschiedlicher Kompetenzen macht sie zu attraktiven Partnern in Entwicklungsprojekten.

In der Fallstudie werden die *Vorteile funktionsübergreifender Strukturen* vor allem in vier Punkten gesehen. Erstens wird sichergestellt, dass die Kompetenz der wichtigen Funktionsbereiche wie Marketing, Entwicklung und Beschaffung bereits bei der Problemanalyse (z.B. die Umweltanalyse der Produkte), wie auch bei der Festlegung von ökologischen Zielen unmittelbar einbezogen wird. Durch dieses partizipative Prinzip wird die Akzeptanz von Umweltzielsetzungen massgeblich erhöht und ein gemeinsames Problemverständnis geschaffen.[266]

Zweitens kann durch die direkte Interaktion in der Gruppe wichtiges Erfahrungswissen einfliessen, das ansonsten nirgends im Unternehmen abgelegt ist. Durch die Interaktion wird auch zentrales Kontextwissen erzeugt. Die Beteiligten kennen die Hintergründe von Entscheidungen, weshalb beispielsweise diese und jene Substanzen als umweltproblematisch eingestuft und vermieden werden sollten.

Drittens verbreitern die Beteiligten durch die multifunktionelle Arbeit ihr Wissen. Sie entwickeln Kompetenzen in diversen anderen, fachfremden Gebieten und erwerben Fähigkeiten für die Teamarbeit (Interaktionskompetenz), die in konkreten Entwicklungsprojekten entscheidend sind. Multifunktionelles Arbeiten impliziert wechselseitiges Lernen.

Viertens wird die Umweltkompetenz durch eine höhere Zahl von Beteiligten objektiviert, indem sie „über verschiedene Meinungen gemittelt"[267] wird. Im Fallbeispiel zeigt sich, dass sich gerade bei der ökologischen Beurteilung von Produkten oder Umweltansprüchen immer wieder die Frage stellt, was im Kontext der Unternehmensziele oder anderer Vorgaben als relevant betrachtet werden muss.

Die Fallstudie zeigt demnach, dass mit einer Vielzahl von multifunktionellen Gruppen erreicht wird, dass alle Funktionsbereiche sukzessive Umweltkompetenzen erwerben und diese nicht auf die Umweltfachstelle konzentriert sind. Dabei scheint vor allem die projektunabhängige Ebene eine wichtige Funktion zu spielen, indem durch kontinuierlichen Wissenstransfer die Basis für die konkrete Entwicklungstätigkeit gelegt wird.

Im Fallbeispiel wurde im Weiteren genauer untersucht, in welchem Mass *Methoden und Instrumente der Produktentwicklung* Vehikel für den Wissensaustausch sind. Dabei können zwei Einsatzbereiche unterschieden werden: Methoden, die unmittelbar in Projekten angewendet werden und

---

[266] Studien über die Erfolgsfaktoren der Produktentwicklung japanischer Unternehmen nennen u.a. die horizontale Konsensbildung im Vorfeld von Entscheidungen als wichtiges Prinzip, um die Effektivität und Effizienz der Entwicklungstätigkeit zu steigern (vgl. Hanssen und Kern (1992, S. 166f.) mit einer Übersicht über Studien).

[267] Vgl. Zitat in Kapitel 9.2.2.

solche, die projektunabhängig zum Austausch von Umweltkompetenzen beitragen.

Auf der *Ebene von Entwicklungsprojekten* dominieren ganz klar typische Methoden der Produktentwicklung wie QFD, FMEA und die interne Risiko-analyse. Die Fallstudie zeigt, dass diese Methoden ein ganz bestimmtes *Anforderungsprofil* aufweisen. Sie sind teamfähig, integrativ, prozessorien-tiert, projekteffizient und eignen sich für den Umgang mit qualitativen Daten, die in den frühen Phasen der Entwicklungstätigkeit dominieren. Teamfähig heisst, dass sie die Diskussion und Interaktion im Team fördern, indem sie eine Systematik für einen gemeinsamen, strukturierten Problemlö-sungsprozess vorgeben. Integrativ bedeutet, dass sie das Zusammenführen und wechselseitige Abwägen von verschiedenen Funktionsperspektiven und Zielen unterstützen. Prozessorientiert heisst, dass sich die Methoden für den iterativen Charakter der Produktentwicklung eignen. Sie können auf jeder Ebene des Prozesses, das heisst wenn konkretisierte Informationen, neue Zielsetzungen oder veränderte Konzeptvarianten vorliegen, erweitert wer-den. Aus der methodischen Analyse müssen, wie das Beispiel der Risiko-analyse zeigt, immer wieder klare Vorgaben für die weitere Entwick-lungstätigkeit hervorgehen, die in den verschiedenen Projektmeilensteinen überprüft werden. Mit dieser prozesshaften Anlage wird offensichtlich eine optimale Integration in den Entwicklungsprozess erreicht. Im Weiteren zeigt sich, dass Methoden die Abwicklung von Projekten beschleunigen oder zumindest nicht behindern sollten. Effizienzfördernd ist offensichtlich, die Wissensressourcen des Teams auszuschöpfen. Ineffizient ist hingegen, wenn zu viele isolierte Aktivitäten und Resultate anfallen, die das Team im-mer wieder erneut zusammenführen muss.

Die Merkmale zeigen, dass die diskutierten Methoden die Nutzung, den Austausch und die Integration der im Team vorhandenen Kompetenzen optimal unterstützen. Im Fallbeispiel bestehen erst wenig Erfahrungen, diese Methoden auch um umweltbezogene Aspekte zu erweitern. Angesichts der hohen Bedeutung dieser Methoden für die Produktentwicklung, die sich auch in anderen Studien bestätigt,[268] scheint eine ökologische Ergänzung jedoch angezeigt. Der Erfolg solcher Bestrebungen hängt aber, wie die Studie zeigt, weniger von den Methoden, sondern wesentlich von den Umweltkompetenzen im Team ab.

Das untersuchte Unternehmen verfügt über drei weitere umweltspezifische Instrumente, deren Einsatzbereich nicht in der unmittelbaren Entwick-lungstätigkeit in Projekten, sondern auf *projektunabhängiger Ebene* liegt. Der interne *Umweltleitfaden* ist eine Zusammenfassung sämtlicher Zielset-zungen und Grundsätze, die in der Produktentwicklung zu beachten sind. Die Fallstudie zeigt zwei Befunde zur Bedeutung eines solchen Dokuments.

---

[268]   Vgl. bspw. Norell (1993).

Durch die wiederholte Überabeitung des Leitfadens, bei der diverse Mitarbeiter der Entwicklung und Umweltfachstelle involviert sind, wird ein weites Spektrum wertvoller Erfahrungen und Umweltkompetenzen zusammengeführt und in strukturierter Form zugänglich gemacht. Das Dokument ist demnach als Wissensspeicher zu betrachten, in dem der gemeinsame Zielrahmen festgeschrieben wird. Als zweiter Befund wird deutlich, dass dieses Wissen nur in die Entwicklung Eingang findet, wenn es nicht nur im Dokument, sondern in den Köpfen der Mitabeiter verankert ist. Es zeigt sich, dass die wiederholte Überarbeitung, bei der immer neue Mitarbeiter beteiligt sind, eine wichtige Form darstellt, das Wissen zu verbreiten und lebendig zu halten. Ohne solche Formen aktiver Kommunikation der Zielsetzungen und Grundsätze scheinen solche Instrumente weitgehend wirkungslos zu sein.

Das intern entwickelte *Umweltrelevanzanalyse-Instrument* ist die zentrale Methode für die ökologische Beurteilung des bestehenden Produktspektrums und wird im Sicherheits- & Umweltteam durchgeführt. Damit können wiederum die Vorteile multifunktioneller Zusammenarbeit genutzt werden. Verschiedene Erfahrungen und Kompetenzen werden genutzt und wechselseitig weitergegeben. Ein wichtiges Merkmal der Methode ist, dass sie eine hohe Unschärfe aufweist. Die vorgegebenen Beurteilungskriterien sind qualitativer und sehr allgemeiner Natur. Die Kriterien müssen deshalb durch die verschiedenen Geschäftsbereiche operationalisiert und an ihre produktspezifischen Gegebenheiten angepasst werden. Es zeigt sich, dass dieses Vorgehen zwar aufwändig ist, dass es aber eine äusserst intensive Auseinandersetzung mit den Umwelteffekten und den wichtigen Ansprüchen an die Produkte bewirkt. Die Methode hat damit einen hohen Lerneffekt und führt zu sehr unternehmensspezifischem Wissen.

Im untersuchten Unternehmen werden zur Zeit erste Erfahrungen mit *Ökobilanzen*, also einer wesentlich systematisierteren Methode der Umweltanalyse, gesammelt. Die Fallstudie zeigt, dass der Einsatz von Ökobilanzen als Ergänzung oder sogar als Ersatz der bestehenden Umweltrelevanzanalyse diskutiert wird. Gegenüber der unmittelbaren Anwendung in Entwicklungsprojekten besteht jedoch noch Skepsis. Die Untersuchung verdeutlicht eine Reihe von Vor- und Nachteilen der Ökobilanz-Methode, die die Erkenntnisse bisheriger Studien zum Einsatz von LCA in der Produktentwicklung ergänzen.[269]

Die Methode ist nur bedingt teamfähig, da sie sehr spezifische Methodenkenntnisse erfordert und sich qualitatives Wissen nicht integrieren lässt. Sie fördert damit den effizienten Wissensaustausch in der Teamarbeit nicht, und die erarbeiteten Ergebnisse müssen in der Folge sehr intensiv kommuniziert werden. Das schliesst auch die wichtigen Kontextinformationen zum

---

[269]   Vgl. bspw. Ritzén, Hakelius et al. (1996) und Frankl und Rubik (1998) zusammengefasst in Anhang 1.

Weshalb und Warum der verschiedenen Entscheidungen bei der Durchführung der Analysen ein. Eine Akzeptanz der Ergebnisse ist bei diesem Vorgehen nicht ohne weiteres gegeben.

Der Hauptgewinn der Methode wird in der ganzheitlicheren Betrachtung gesehen. Mit Ökobilanzen können die Umweltkompetenzen im Hinblick auf das Kriterium der Vollständigkeit der betrachteten Produkt- oder Effektsysteme wesentlich erweitert werden, wie dies bei der Diskussion der proaktiven Umweltkompetenzen schon angedeutet wurde.

Es zeigt sich jedoch, dass Ökobilanzen die bisherige Umweltrelevanzanalyse nicht ersetzen, sondern eher ergänzen können. Die wichtigste Funktion der bisherigen Methode liegt in der Identifikation bedeutender bestehender oder auch absehbarer Ansprüche. Diese Kriterien, die oft sehr produktspezifisch und qualitativer Natur sind, lassen sich nicht in Ökobilanzen integrieren. Ökobilanzen tragen lediglich zum differenzierteren Verständnis des Effektsystems, nicht jedoch des Anspruchssystems bei. Die Bestimmung bedeutender Umweltaspekte fusst in dem untersuchten Fallbeispiel aber vor allem auf der Analyse der relevanten Umweltansprüche.

Zusammenfassend verdeutlicht die Fallstudie, dass Produktentwicklung ein schöpferischer und kreativer Prozess ist, der stark von den Fähigkeiten und Kenntnissen der beteiligten Personen abhängt und niemals gänzlich formalisiert werden kann. Soll, ausgehend vom Umweltmanagement, die Produktentwicklung durch ökologische Zielsetzungen beeinflusst werden, muss diesem besonderen Charakter der Entwicklungstätigkeit bei der Gestaltung geeigneter Massnahmen explizit Rechnung getragen werden. Der Konzern-Qualitäts- & Umweltleiter fasst diese Erkenntnis abschliessend wie folgt zusammen:

„Ich würde rückblickend viel grösseres Gewicht auf den menschlichen Faktor legen. Wir sehen das jetzt bei allen Prozessen. Die sind eigentlich gut, aber bei kritischen Entscheiden oder Schnittstellen fehlen irgendwie die Fähigkeiten und Kompetenzen der Menschen, diese Entscheide zu treffen. [...] Solche Dinge kann kein Prozess beschreiben, das müssen die Menschen entscheiden."

Literaturverzeichnis

Albrecht, F. (1993): Strategisches Management der Unternehmensressource Wissen: Inhaltliche Ansatzpunkte und Überlegungen zu einem konzeptionellen Gestaltungsrahmen. Frankfurt, Lang.

Allen, T. (1971): Communications, Technology Transfer, and the Role of Technical Gatekeeper. R&D Management (1): 14–21.

Alting, L. und J. B. Legarth (1995). Life Cycle Engineering and Design. In: CIRP Annals 1995: Manufacturing Technology. CIRP 44: 569–580.

Andreasen, M. und L. Hein (1987): Integrated Product Development. Bedford, IFS Publications.

Ansoff, I. (1976): Managing Surprise and Discontiunity – Strategic Response to Weak Signals. Zeitschrift für betriebswirtschftliche Forschung (ZfbF) 28: 129ff.

Antes, R., P. Tiebler, et al. (1991). Empirische Befunde zur "umweltbewussten Unternehmensführung". In: Umweltorientierte Unternehmensführung: Möglichkeiten zur Kostensenkung und Erlössteigerung – Modellvorhaben und Kongress. Umweltbundesamt (UBA). Berlin. UBA-Bericht 11/91: 183–267.

Baumast, A. und T. Dyllick (1998): Umweltmanagement-Barometer Schweiz 1997/98. Diskussionsbeiträge des Instituts für Wirtschaft und Ökologie, Nr. 59. St. Gallen, Universität St. Gallen.

Beck, A. und S. Bosshart (1995): Umweltanalyseinstrumente im Vergleich. Diplomarbeit an der Abteilung für Umweltnaturwissenschaften. Zürich, Eidgenössische Technische Hochschule.

Bennauer, U. (1994): Ökologieorientierte Produktentwicklung. Eine strategisch-technologische Betrachtung der betriebswirtschaftlichen Rahmenbedingungen. Heidelberg, Physica-Verlag.

Bhamra, T., S. Evans, et al. (1999a). Integrating Environmental Decisions into the Product Development Process. Part 1: The Early Stages. In: Proceedings of the First International Symposium on Environmentally Conscious Design and Inverse Manufacturing. Tokyo, IEEE: 329–333.

Bhamra, T., S. Evans, et al. (1999b). Integrating Environmental Decisions into the Product Development Process. Part 2: The Later Stages. In: Proceedings of the First International Symposium on Environmentally Conscious Design and Inverse Manufacturing. Tokyo, IEEE: 334–337.

Bitzer, M. (1991): Zeitbasierte Wettbewerbsstrategien: Die Beschleunigung von Wertschöpfungsprozessen in der Unternehmung. Giessen, Ferber'sche Universitätsbuchhandlung.

Böhme, G. und K. Potyka (1995): Erfahrung in Wissenschaft und Alltag. Eine analytische Studie über Begriff, Gehalt und Bedeutung eines lebensbegleitenden Phänomens. Idstein, Schulz-Kirchner.

Bohn, R. (1993): Technological Knowledge – How to Measure, How to Manage. La Jolla, Graduate School of International Relations and Pacific Studies, University of California.

Boutellier, R. und H. Lee (1998): Ökologische Innovationen in Schweizer Unternehmen. Ergebnisse einer Umfrage. io management (6): 54–59.

Braungart, M. (1995): Grundlagen für Nachhaltiges Wirtschaften. Das "Intelligente Product System". Informationsbrief des Unabhängigen Institutes für Umweltfragen e. V. (UfU) (26): 3–8.

Brockhoff, K. (1995). Management der Schnittstellen zwischen Forschung und Entwicklung sowie Marketing. In: Handbuch Technologiemanagement. E. Zahn. Stuttgart, Schäffer-Poeschel: 437ff.

Brown, S. und K. Eisenhardt (1995): Product Development: Past Research, Present Findings, and Future Directions. Academy of Management Review 20(2): 343–378.

Caduff, G. (1998): Umweltorientierte Leistungsbeurteilung: ein wirkungsorientiertes Kennzahlensystem. Wiesbaden, Gabler.

Caduff, G., M. Frei und G. Ries (1998): Wie Unternehmen ökologisch beurteilen? Bulletin. Magazin der Eidgenössischen Technischen Hochschule (268): 30–33.

Centre for Sustainable Design (1996): "Design for Environment" Survey: a Study of Fortune 500 Companies. Surrey, Centre for Sustainable Design.

Crul, M. (1994): Milieugerichte produktontwikkeling in de praktijk. Ervaringen, belemmeringen en oplossingen. Den Haag, NOTA/SDU.

Cummings, T. und S. Srivasta (1977): Management of Work: a Socio-Technical Systems Approach. Kent, Kent State University Press.

Daenzer, W., Hrsg. (1976): Systems Engineering. Leitfaden zur methodischen Durchführung umfangreicher Planungsvorhaben. Zürich, Verlag Industrielle Organisation.

Davis, P. und M. Wilkof (1988): Scientific and Technical Information Transfer for High Technology: Keeping the Figure in its Ground. R&D Management 18(1): 45–58.

Domsch, M., T. Gerpott, et al. (1991): Qualität der Schnittstelle zwischen F+E und Marketing: Ergebnisse einer Befragung deutscher Industrieforscher. ZfbF 43: 1048–1069.

Dougherty, D. (1989): Interpretive Barriers to Successful Product Innovation in Large Firms. Organization Science 3.

Duncan, R. B. und A. Weiss (1979): Organizational Learning: Implications for Organizational Design. In: Research in Organizational Behaviour. B. Staw. Greenwich. 1: 75–123.

Dyllick, T. (1985): Die Innenseite der Aussenbeziehungen. gdi impuls (1): 37–48.

Dyllick, T. (1989): Management der Umweltbeziehungen: öffentliche Auseinanderset-
zungen als Herausforderung. Wiesbaden, Gabler.

Dyllick, T. (1996): Umweltmanagement-Barometer Schweiz 1995/96: Ergebnisse im
Überblick. Diskussionsbeiträge des Instituts für Wirtschaft und Ökologie, Nr. 37.
St. Gallen, Universität St. Gallen.

Dyllick, T. und F. Belz (1996). Ökologische Effizienz als Massstab organisationaler
Lernprozesse. In: Förderung umweltbezogener Lernprozesse in Schulen, Unternehmen und Branchen. M. Roux und S. Bürgin. Basel, Birkhäuser.

Dyllick, T., F. Belz, et al. (1997): Ökologie und Wettbewerbsfähigkeit. Zürich, Verlag
Neue Zürcher Zeitung.

Dyllick, T. und J. Hummel (1995): EMAS und/oder ISO 14001? Wider das strategische Defizit in den Umweltmanagementsystemnormen. UmweltWirtschaftsForum
uwf 3(3): 24–28.

Dyllick, T. und J. Hummel (1996): Integriertes Umweltmanagement: Ein Ansatz im
Rahmen des St. Galler Management-Konzepts. Diskussionsbeiträge des Instituts
für Wirtschaft und Ökologie, Nr. 35. St. Gallen, Universität St. Gallen.

Edelmann, C. und G. Ries (1997). Umweltgerechte Textilproduktion in Kolumbien
und Indien – Kooperation als Mittel zum Zweck. In: Blickwechsel – Betriebswis-
senschaft und Innovation. Betriebswissenschaftliches Institut (BWI). Zürich, vdf:
67–90.

Ehrlenspiel, K. (1995): Integrierte Produktentwicklung: Methoden für Prozessorgani-
sation, Produkterstellung und Konstruktion. München, Carl Hanser.

Fiksel, J. (1996): Design for Environment. Creating Eco-Efficient Products and
Processes. New York, McGraw-Hill.

Frankenberger, E. (1997): Arbeitsteilige Produktentwicklung: empirische Untersuchung und Empfehlungen zur Gruppenarbeit in der Konstruktion. Düsseldorf,
VDI-Verlag.

Frankl, P. und F. Rubik (1998): Application Patterns of Life Cycle Assessment in
German, Italian, Swedish and Swiss Companies. Comparative Results and Con-
clusions. Berlin/Heidelberg, Institut für ökologische Wirtschaftsforschung (IÖW).

Frei, M. (1999): Öko-effektive Produktentwicklung: Grundlagen – Innovationsprozess
– Umsetzung. Mit Fallbeispiel. Wiesbaden, Gabler.

Frei, M. und M. Waser (1998): Umweltmanagement und umweltgerechte Produktentwicklung in der Praxis – Resultate einer Umfrage unter ökologisch führenden
Unternehmen der schweizer Maschinen-, Elektro- und Metallindustrie. Diplomarbeit am Betriebswissenschaftliches Institut. Zürich, Eidgenössische Technische
Hochschule.

Frei, M. und R. Züst (1998). Die öko-effektive Produktentwicklung – Die Schnittstelle
zwischen Umweltmanagement und Design. In: Markt- und Kostenvorteile durch

Entwicklung umweltverträglicher Produkte. VDI-Gesellschaft. Düsseldorf, VDI Verlag. VDI-Berichte 1400: 51–71.

Führ, M. (1994): Proaktives unternehmerisches Handeln – Unverzichtbarer Beitrag zum präventiven Stoffstrommanagement. Zeitschrift für Umweltpolitik und Umweltrecht (4): 445–472.

Fülgraff, G. (1993). Ökonomische Instrumente und proaktives Handeln der Unternehmer. In: Ökologisch produzieren: Zukunft der Wirtschaft durch umweltfreundliche Produkte und Produktionsverfahren (2. Auflage). R. Kreibich, H. Rogall und H. Boes. Weinheim, Beltz: 31–44.

Fussler, C. und P. James (1996): Driving Eco-Innovation: a Breakthrough Discipline for Innovation and Sustainability. London, Pitman.

Gabler Wirtschaftslexikon (1993): Gabler-Wirtschaftslexikon (13., vollständig überarbeitete Auflage). Wiesbaden, Gabler.

Gardner, H. (1995): Multiple Intelligences: the Theory in Practice. New York, Basic Books.

Georg Fischer Konzern (1998): Ökologisch: Umweltmanagement bei Georg Fischer. Interview mir Dr. Ernst Willi, Mitglied der Konzernleitung. GF International (Zeitschrift des Georg Fischer Konzerns): 6–7.

Gerhard, T. (1997): Moderne Management-Konzepte. Die Paradigmenwechsel in der Unternehmensführung. Wiesbaden, Gabler.

Glazer, R. (1991): Marketing in an Information-Intensive Environment: Strategic Implications of Knowledge as an Asset. Journal of Marketing 55(4): 1–19.

Graedel, T. und B. Allenby (1995): Industrial Ecology. New York, Prentice-Hall.

Green, K., A. McMeekin, et al. (1994): Technological Trajectories and R&D for Environmental Innovation in UK firms. Futures 26(10): 1047–1059.

Griffin, A. (1997): PDMA Research of New Product Development Practices: Updating Trends and Benchmarking Best Practices. Journal of Product Innovation Management 14: 429–458.

Hanssen, R., A. und W. Kern, Hrsg. (1992). Integrationsmanagement für neue Produkte. zfbf Sonderheft 30. Düsseldorf.

Hennings, R.-D. (1991): Informations- und Wissensverarbeitung. Theoretische Grundlagen wissensbasierter Systeme. Berlin, de Gruyter.

Herstatt, C. (1999): Theorie und Praxis der frühen Phasen des Innovationsprozesses. io management (10): 80–91.

Hoffman III, W. und A. Locascio (1997). Design for Environment Development at Motorola. Proceedings of the International Symposium on Electronics and the Environment. San Francisco, IEEE: 210–214.

Hoffmann, E. (1999): Ökologische Optimierung der Produktgestaltung. Exemplarische Untersuchung in einem Unternehmen der Elektroindustrie. Berlin, Verlag für Wissenschaft und Forschung.

Hoffmann, E. (2000): Ökologische Optimierungspotenziale bei der Produktgestaltung: Auf die frühen Phasen kommt es an. Ökologisches Wirtschaften (1): 27–28.

Hofstetter, P. (1998): Perspektives in Life Cycle Impact Assessment. A Structured Approach to Combine Models of the Technosphere, Ecosphere and Valuesphere. Zürich, Eidgenössische Technische Hochschule.

Hofstetter, P. und A. Braunschweig (1994): Bewertungsmethoden in Ökobilanzen – ein Überblick. Gaia 3(4): 227–236.

Hummel, J. (1997): Strategisches Öko-Controlling. Konzeption und Umsetzung in der textilen Kette. Wiesbaden, Gabler.

Hungerbühler, K., J. Ranke, et al. (1998): Chemische Produkte und Prozesse: Grundkonzepte zum umweltorientierten Design. Berlin, Springer.

Iansiti, M. und K. B. Clark (1994): Integration and Dynamic Capability. Industrial and Corporate Change (Special Issue): 557–605.

ISO 14001 (1996): Umweltmanagementsysteme – Spezifikation mit Anleitung zur Anwendung (deutsche einschliesslich englischer Fassung). Brüssel, CEN (Europäisches Komitee für Normung).

ISO 14040 (1997): Umweltmanagement. Ökobilanz – Prinzipien und allgemeine Anforderungen (deutsche einschliesslich englischer Fassung). Brüssel, CEN (Europäisches Komitee für Normung).

Kaminske, G., D. Butterbrodt, et al. (1999): Management des betrieblichen Umweltschutzes. Ein Leitfaden für kleine und mittlere Unternehmen. München, Vahlen.

Keller, C., M. Wegmüller, et al. (1999): Ecodesign in Swiss Industries. An Empirical Research among Marketing and Research & Development Departments. Zürich, Verlag Eco-Performance.

Keoleian, G. und D. Menerey (1994): Sustainable Development by Design: Review of Life Cycle Design and Related Approaches. Air & Waste 44(May): 645–667.

Keoleian, G., D. Menerey, et al. (1994): Product Life Cycle Assessment to Reduce Health Risks and Environmental Impacts. Park Ridge, Noyes Publications.

Kirchgeorg, M. (1990): Ökologieorientiertes Unternehmensverhalten: Typologien und Erklärungsansätze auf empirischer Grundlage. Wiesbaden, Gabler.

Kirchgeorg, M. (1995). Umweltorientierte Unternehmensstrategien im Längsschnittvergleich von 1988 und 1994. In: Praxis der betrieblichen Umweltpolitik: Forschungsergebnisse und Perspektiven. J. Freimann und E. Hildebrandt. Wiesbaden, Gabler: 57–74.

Kottmann, H., E. Hoffmann, et al. (1999): Innovationswirkungen von Umwelt-managementsystemen: Komplexer Zusammenhang. Ökologisches Wirtschaften (5–6): 30–31.

Kubicek, H. (1977). Heuristische Bezugsrahmen und heuristisch angelegte For-schungsdesigns als Element einer Konstruktionsstrategie empirischer Forschung. In: Empirische und handlungstheoretische Forschungskonzeption in der Be-triebswirtschaftslehre. R. Köhler. Stuttgart, Poeschel: 3–36.

Lee, H. (2000): Ökologie und Innovation in schweizerischen Industrieunternehmen: eine empirische Untersuchung zur Bedeutung der Ökologie im Innovationspro-zess. St. Gallen, Universität St. Gallen.

Lenox, M. und J. Ehrenfeld (1995): Design for Environment: A New Framework for Strategic Decisions. Total Quality Environmental Management (Summer): 37–51.

Lenox, M. und J. Ehrenfeld (1997a): Organizing for Effective Environmental Design. Business Strategy and the Environment 6: 187–196.

Lenox, M. und J. Ehrenfeld (1997b): The Development and Implementation of DfE Programs. Journal of Sustainable Product Development (1): 17–27.

Lenox, M., B. Jordan, et al. (1996). The Diffusion of Design for Environment: A Sur-vey of Current Practice. IEEE Symposium on Electronics and the Environment.

Leonard-Barton, D. (1995): Wellsprings of Knowledge. Building and Sustaining the Sources of Innovation. Boston, Harvard Business School Press.

Levitan, K. B. (1982): Information Resources as "Goods" in the Life Cycle of Information Production. Journal of the American Society for Information Science 33: 44–54.

Likert, R. (1961): New Patterns of Management. New York, McGraw-Hill.

Lullies, V., H. Bollinger, et al. (1993): Wissenslogistik. Über den betrieblichen Um-gang mit Wissen bei Entwicklungsvorhaben. Frankfurt am Main, Campus.

Luttropp, C. und R. Züst (1998). Eco-Effective Products from a Holistic View. In: Proceedings of the 5th International Seminar on Life Cycle Engineering. Life Cy-cle Design '98. Stockholm, Royal Institute of Technology (KTH): 45–55.

McAloone, T. (1998): Industry Experience of Environmentally Conscious Design Integration: An Exploratory Study. CIM Institute. United Kingdom, Cranfield Uni-versity.

Meffert, H. und M. Kirchgeorg (1998): Marktorientiertes Umweltmanagement. Kon-zeption – Strategie – Implementierung mit Praxisfällen (3., überarbeitete und er-weiterte Auflage). Stuttgart, Schäffer-Poeschel.

Minsch, J., A. Eberle, et al. (1996): Mut zum ökologischen Umbau: Innovationsstrate-gien für Unternehmen, Politik und Akteurnetze. Basel, Birkhäuser.

Nagel, P. (1992). Techniken der Zielformulierung. In: Handwörterbuch der Organisa-tion. 3. Auflage. E. Frese. Stuttgart, Schäffer-Poeschel: 2626–2634.

Nihtilä, J. (1996): Integration Mechanism in New Product Development. Helsinki, Helsinki University of Technology.

Nonaka, I. und H. Takeuchi (1995): The Knowlegde Creating Company. Oxford, Oxford University Press.

Norell, M. (1993). The Use of DFA, FMEA, QFD as Tools for Concurrent Engineering in Product Development Processes. In: Proceedings of the ICED '93. The Hague: 867–874.

North, K. (1998): Wissensorientierte Unternehmensführung: Wertschöpfung durch Wissen. Wiesbaden, Gabler.

o.V. (1999): Coop ist zurzeit in einer beneidenswerten Form. In: Neue Zürcher Zeitung, 28. April: 25.

Osterloh, M. und I. von Wartburg (1998). Organisationales Lernen und Technologie-Management. In: Technologie-Management: Idee und Praxis. H. Tschirky und S. Koruna. Zürich, Verlag Industrielle Organisation: 137–156.

Ostmeier, H. (1990): Ökologieorientierte Produktinnovationen: Eine empirische Analyse unter besonderer Berücksichtigung ihrer Erfolgseinschätzung. Frankfurt am Main, Peter Lang.

Pahl, G. und W. Beitz (1993): Konstruktionslehre. Methoden und Anwendung. Berlin, Springer.

Pautzke, G. (1989): Die Evolution der organisatorischen Wissensbasis. Bausteine des organisatorischen Lernens. München, Kirsch.

Pawlowsky, P. (1998). Integratives Wissensmanagement. In: Wissensmanagement. P. Pawlowsky. Wiesbaden, Gabler: 9–45.

Peters, T. und R. Waterman (1983): Auf der Suche nach Spitzenleistungen: Was man von den bestgeführten US-Unternehmen lernen kann. Landsberg am Lech, Verlag Moderne Industrie.

Probst, G., S. Raub, et al. (1999): Wissen managen: Wie Unternehmen ihre wertvollste Ressource optimal nutzen. Wiesbaden, Gabler.

Rehäuser, J. und H. Krcmar (1996). Wissensmanagement im Unternehmen. In: Managementforschung 6: Wissensmanagement. G. Schreyögg und P. Conrad. Berlin, de Gruyter: 1–40.

Ries, G. (1998a). Life Cycle Management zur ökologischen Produktoptimierung – Zwei Fallbeispiele. In: Eco-Performance. Beiträge zum betrieblichen Umweltmanagement. R. Züst und A. Schlatter. Zürich, Verlag Eco-Performance: 135–146.

Ries, G. (1998b). Umweltmanagement im Kleinunternehmen – Beispiel der Rohner Textil AG. In: Das umweltbewusste Unternehmen. Die Zukunft beginnt heute. G. Winter. München, Vahlen: 299–314.

Ritzén, S., J. Bäckmar, et al. (1997). Product Development – Integration of Environmental Aspects. In: Life Cycle Networks. Proceedings of the 4th International Seminar on Life Cycle Engineering. London, Champan & Hall: 152–162.

Ritzén, S., C. Hakelius, et al. (1996). Life-Cycle Assessment, Implementation und Use in Industry. Proceedings of Nord-Design '96. Helsinki: 125–132.

Ritzén, S. und M. Norell (1999). Environmental Consciousness in Integrated Product Development. Proceedings of the First International Symposium on Environmentally Conscious Design and Inverse Manufacturing. Tokyo, IEEE: 346–350.

Schaltegger, S. und R. Kubat (1995): Das Handwörterbuch der Ökobilanzierung. Begriffe – Definitionen (2., erweiterte Fassung). Studie Nr. 45 des Wirtschaftswissenschaftlichen Zentrums. Basel, Universität Basel.

Scholz, C. (1997): Strategische Organisation. Landsberg/Lech, Verlag Moderne Industrie.

Schott, H. (1998): Informationsressourcen und Informationsmanagement für die Entwicklung umweltgerechter Produkte. Düsseldorf, VDI Verlag.

Schroder, H., M. Driver, et al. (1975): Menschliche Informationsverarbeitung. Weinheim, Beltz.

Schüppel, J. (1996): Wissensmanagement: organisatorisches Lernen im Spannungsfeld von Wissens- und Lernbarrieren. Wiesbaden, Gabler.

Seidl, I. (1993): Unternehmenskultur – ein Einflussfaktor auf die Ökologieorientierung von Produktinnovationen. Bern, Haupt.

Stahel, W. (1997): Umweltverträgliche Produktkonzepte. UmweltWirtschaftsForum uwf 5(4): 4–10.

Steger, U. (1988): Umweltmanagement: Erfahrungen und Instrumente einer umweltorientierten Unternehmensstrategie. Wiesbaden, Gabler.

Stoyell, J., P. Norman, et al. (1999): Results of a Questionnaire Investigation on the Management of Environmental Issues during Conceptual Design. A Case Study of two Large Made-to-Order Companies. Journal of Cleaner Production 7: 457–464.

Studinka, C. (1998): Integratives Management der Produktentwicklung: Durch Anwendung des Systemansatzes zum integrativen Management der zeitorientierten Produktentwicklung. St. Gallen, Universität St. Gallen.

Sweatman, A. und M. Simon (1996). Design for Environment Tools and Product Innovation. Proceedings of the 3rd International Seminar on Life Cycle Engineering. ECO-Performance '96. Zürich, Verlag Industrielle Organisation: 119–126.

Takeuchi, H. und I. Nonaka (1986): The New Product Development Game. Harvard Business Review (January–February): 137–146.

Ulrich, H. (1970): Die Unternehmung als produktives soziales System: Grundlagen der allgemeinen Unternehmungslehre. Bern, Haupt.

Ulrich, H. (1981). Die Betriebswirtschaftslehre als anwendungsorientierte Sozialwissenschaft. In: Die Führung des Betriebes. M. Geist und R. Köhler. Stuttgart, Poeschel: 1–26.

van Hemel, C. G. (1998): EcoDesign Empirically Explored: Design for Environment in Dutch Small and Medium-Sized Enterprises. Delft, Delft University of Technology.

VDI 2221 (1993): Methodik zum Entwickeln und Konstruieren technischer Systeme und Produkte. VDI-Richtlinie Nr. 2221, Verein Deutscher Ingenieure.

VDI-Technologiezentrum (1997a): Ergebnisse der Umfrage: Produkt- und Produktionsintegrierter Umweltschutz in der Chemischen Industrie. Düsseldorf, Bundesministerium für Bildung, Wissenschaft, Forschung und Technologie.

VDI-Technologiezentrum, Hrsg. (1997b). Ergebnisse der Umfrage: Produkt- und Produktionsintegrierter Umweltschutz in der Elektroindustrie. Düsseldorf, Bundesministerium für Bildung, Wissenschaft, Forschung und Technologie.

VDI-Technologiezentrum (1998): Ergebnisse der Umfrage: Produkt- und Produktionsintegrierter Umweltschutz in der Baustoffindustrie und dem Baugewerbe. Düsseldorf, Bundesministerium für Bildung, Wissenschaft, Forschung und Technologie.

VDI-Technologiezentrum (1999): Evaluation: Integrierter Umweltschutz. Eine branchenübergreifende Analyse. Düsseldorf, VDI (Verein Deutscher Ingenieure) und Bundesministerium für Bildung, Wissenschaft, Forschung und Technologie.

von Krogh, G. und J. Roos (1996): Five Claims on Knowing. European Management Journal 14(4): 423–426.

von Krogh, G., M. Venzin, et al. (1998). Knowledge Management. In: Technologie-Management: Idee und Praxis. H. Tschirky und S. Koruna. Zürich, Verlag Industrielle Organisation: 119–136.

WBCSD-UNEP (1996): Cleaner Production: Charting the Course. Genf, World Business Council for Sustainable Development, United Nations Environment Programme.

Weltz, F. und R. Ortmann (1992): Das Softwareprojekt. Projektmanagement in der Praxis. Frankfurt, Campus.

Wenzel, H., M. Hauschild, et al. (1997): Environmental Assessment of Products. Volume 1: Methodology, Tools and Case Studies in Product Development. London, Chapman & Hall.

Winter, M. (1997): Ökologisch motiviertes Organisationslernen. Wiesbaden, Deutscher Universitäts-Verlag.

Yin, R. (1994): Case Study Research: Design and Methods (2nd Edition). Applied Social Research Methods Series Vol. 5. Thousand Oaks, Sage Publications.

Züst, R. (1997): Einstieg ins Systems Engineering. Systematisch denken, handeln und umsetzen. Zürich, Verlag Industrielle Organisation.

Züst, R. (1998a): Öko-Performance. Umwelt-Focus (4): 29–31.

Züst, R. (1998b). Produkte im Fokus des Umweltmanagements. In: Das umweltbewusste Unternehmen. G. Winter. München, Vahlen: 161–178.

Züst, R. (1998c): Systems Engineering: Kurz und bündig. Persönliche Arbeitshilfe mit Kontrollfragen zur Systemgestaltung und zum Projektmanagement. Zürich, Verlag Eco-Performance.

Züst, R. und R. Wagner (1992). Approach to the Identification and Quantification of Environmental Effects during Product Life. In: CIRP Annals 1992. Manufacturing Technology. CIRP 41/1: 473–476.

Züst, R. und R. Wagner (1995). Produkt- und Produktionsgestaltung: Wie weiter? In: Gezielt Kosten senken. Konzepte, Verfahren und Mittel. H. Siegwart und R. Müller. Zürich, Verlag Industrielle Organisation.

Anhang

Anhang 1:
Übersicht über empirische Studien

Anhang 1 enthält eine Zusammenstellung und Beschreibung emprischer Studien, die im Rahmen der Forschungsarbeit verwendet wurden. Sie sind in vier Kategorien gruppiert:

A.   Studien zum Management der umweltorientierten Produktentwicklung,

B.   Studien zur Bedeutung von Ökobilanzen in der Produktentwicklung,

C.   Studien zum Umweltmanagement, die Aspekte der Produktentwicklung berücksichtigen,

D.   Studien zu allgemeinen Erfolgsfaktoren beim Management der Produktentwicklung.

Die nachfolgende Übersicht enthält neben Angaben zu den Autoren und dem Untersuchungszeitraum auch eine Beschreibung der Untersuchungsziele, der empirischen Basis und teilweise einige Bemerkungen zu den Ergebnissen. Die genauen Quellenangaben finden sich im Literaturverzeichnis.

A. Studien zum Management der umweltorientierten Produktentwicklung:

Ostmeier 1990
durchgeführt 1988

Schriftliche Umfrage bei 200 Unternehmen aus acht von Umweltproblemen besonders betroffenen Branchen zu **Erfolgsfaktoren der ökologie-orientierten Produktinnovationen** (Deutschland). Befragt wurden Mitglieder der Unternehmensleitung. 116 Unternehmen hatten schon ökologie-orientierte Produktinnovationen getätigt.

Auf operativer Ebene wird u.a. die Bedeutung des Topmanagement-Commitments (S. 241) und die funktionsübergreifende Integration von Umweltwissen (S. 251) betont.

Seidl 1993
durchgeführt
ca. 1991–93

Ausführliche Fallstudie über den **Einfluss der Unternehmenskultur auf die ökologieorientierte Produktentwicklung der Pflanzenschutzdivision der Ciba-Geigy AG** (Interviews und Beobachtung).

Die Studie zeigt u.a., dass der Stand des Wissens der involvierten Mitarbeiter sehr heterogen ist und in vielen Fällen mit dem Umweltwissen der Öffentlichkeit (Allgemeinwissen) vergleichbar ist (siehe S. 268ff.). Gestaltungsvorschlägen sind bspw.: die Schaffung von Projektgruppen oder Qualitätszirkeln, überfunktionalen Entwicklungsteams, kooperative Haltung gegenüber den Umweltanliegen von Anspruchgruppen (S. 309ff.).

Crul 1994 durchgeführt 1991–93 (aus einer Zusammen- fassung in van Hemel 1998, S. 75f.)	Untersuchung bei mittleren und Grossunternehmen[270] verschiedener Branchen zu **Hindernissen der ökologieorientierten Produktentwicklung**. Durchführung im Rahmen des Dutch EcoDesign Project. Hindernisse sind mangelnde Anreize von Markt und Topmanagement, Defizite im internen Informationsaustausch zwischen verschiedenen Bereichen, fehlende Umweltziele in der Produktentwicklung oder Zielkonflikte, Wissensdefizite.
Green et al. 1994 durchgeführt 1993 (aus einer Zusammen- fassung in van Hemel 1998, S. 69ff.)	Schriftliche Umfrage bei 125 Unternehmen in Grossbritannien (unterschiedliche Grössen und Branchen) zu **Einflussfaktoren auf die Integration von ökologischen Zielen in die Innovationstätigkeit.** Die Unternehmen wurden aufgrund ihres Interesses am staatlichen Environmental Technology Innovation Scheme ausgewählt. Befragt wurden Personen, die im Bereich der Produktentwicklung tätig sind. Die Ergebnisse umfassen externe und interne Stimuli, die zu „green process" oder „green product innovation" führen.
Lenox et al. 1996 durchgeführt 1995	Umfrage bei 81 US-Grossunternehmen verschiedener Branchen zum **Stand der Umsetzung und Praxis im Design for Envirnoment.** Die Fragebogen wurden an die directors of corporate environmental management gesandt. Die Fragen bezogen sich auf Aktivitäten auf Konzern- wie auf Geschäftsbereichsebene. Die Studie folgert u.a., dass anstelle von ausführlichen analytischen Methoden eher Checklisten und Richtlinien verwendet werden. Zudem ist die gebräuchlichste Methode von Entwicklungsteams immer noch, die firmeneigenen Umweltfachstellen zu konsultieren. Design Software und Datenbanken werden hingegen kaum benutzt (S. 26).
Ritzén et al. 1997 und *Ritzén und Norell 1999* durchgeführt ab ca. 1996	Mündliche Befragung in verschiedenen schwedischen Unternehmen[271] zur Identifizierung von **Erfahrungen und Problemen bei der umweltorientierten Produktentwicklung.** Die Unternehmen verfügen über eine eigene Produktentwicklung und ein zertifiziertes Umweltmanagementsystem. Befragt wurden Personen von Umweltfachstellen oder vergleichbaren Bereichen. Die Studie sieht das kritische Wissen im Verständnis der Zusammenhänge zwischen Produkteigenschaften oder technischen Optionen und den entsprechenden ökologischen Konsequenzen. Der Level der diesbezüglichen Kompetenzen wird in den untersuchten Unternehmen generell als gering eingeschätzt (S. 159f. resp. S. 349f.).
Centre for Sustainable Design 1996 durchgeführt 1996	Schriftliche Umfrage bei 48 Grossunternehmen (weltweit) aus verschiedenen Branchen zur **Bedeutung und Umsetzung des Design for Environment.** Befragt wurden Geschäftsleiter, Umweltmanager und Leiter der Entwicklung. Der Rücklauf ist mit 10 Prozent ausgesprochen gering. Die Studie nennt u.a. Defizite bei Wissen und Know-how sowie mangelnde Sensibilisierung für Umweltfragen in der Produktentwicklung.

---

[270] Anzahl der beteiligten Unternehmen ist in der Kurzbeschreibung von van Hemel (1998, S. 75f.) nicht angegeben.

[271] Die Zahl der befragten Unternehmen oder Interviews wird in den Beitrag nicht genannt und es wird darauf verwiesen, dass die Studie noch nicht abgeschlossen ist.

van Hemel 1998 durchgeführt ca. 1995–98	Umfrage im Rahmen des Dutch EcoDesign Project bei 77 KMU unterschiedlicher Branche zum Erfolg bei der **Umsetzung unterschiedlicher Design for Environment-Strategien**. Alle beteiligten Unternehmen verfügen über eigene Entwicklungstätigkeit, und 75 Prozent hatten vor der Zusammenarbeit keine Erfahrung mit Design for Environment.
Lenox und Ehrenfeld 1997a sowie *Lenox und Ehrenfeld 1997b*[272] durchgeführt ca. 1995–97	Vier Fallstudien zu **Erfolgsfaktoren der ökologieorientierten Produktentwicklung** in Grossunternehmen der Elektronikindustrie, die erfolgreich Design for Environment-Programme (DFE) umgesetzt haben (USA). Interviews wurden sowohl mit Personen der Entwicklung wie des Umweltmanagements oder von Umweltfachstellen geführt. Der Fokus lag bei der Untersuchung von organisatorischen Faktoren.
McAloone 1998 durchführt ca. 1995–97	24 ausführliche Interviews in insgesamt 17 Grossunternehmen der Elektro- und Elektronikindustrie zu Erfahrungen mit der **Integration von Umweltaspekten in die Produktentwicklung** (USA und Europa). Interviewpartner waren Personen aus der Entwicklung und Umweltfachstellen. Die Studie identifiziert eine Reihe von Faktoren, die die Integration in die Produktentwicklung beeinflussen. Dazu gehören Anreizfaktoren und Driver, Fragen der internen Kommunikation und des Informationsaustauschs, die Ausprägung des „Life Cycle Thinkings", Aspekte des Entwicklungsprozesses und Methodeneinsatzes.
Frei und Waser 1998 durchgeführt 1997 (publiziert in Frei 1999, S. 10ff.)	Schriftliche Umfrage bei 40 Schweizer Unternehmen mit elektronischen und mechanischen Produkten zur effektiven **Umsetzung ökologischer Ziele in der Produktentwicklung**. Befragt wurden Umweltmanager von Unternehmen, die über ein dokumentiertes Umweltengagement verfügen (Umweltmanagementsysteme, Mitglieder der Schweizerische Vereinigung für ökologisch bewusste Unternehmensführung, ÖBU). Erfragt wurden umweltbezogene Zielsetzungen und deren effektive Umsetzung in der Entwicklungstätigkeit. Die Studie zeigt, dass bei vorhandenen normativen Umweltzielen sowie Zielsetzungen für die ökologische Verbesserung von Produkten Umweltaspekte dennoch nicht eindeutig in der Produktentwicklung integriert werden.
Lee 2000 durchgeführt 1997	Schriftliche Umfrage bei 132 Schweizer Grossunternehmen diverser Branchen zum **ökologischen Innovationsverhalten** (Studie im Rahmen des Projekts IITBE, Industrial Innovation Triggered by Ecology an der Universität St. Gallen. Die Auswahl der Unternehmen erfolgte nach der Top 2000, einem Rating der grössten Schweizer Unternehmen der Handelszeitung. Die beteiligten Unternehmen weisen alle ein überdurchschnittliches Umweltengagement auf (z.B. ISO 14001). Untersucht wurden hemmende und fördernde Faktoren sowie das Vorgehen bei ökologischen Innovationsprojekten. Als fördernd wurde insbesondere das generelle Umweltbewusstsein, der technologische Fortschritt und der Wettbewerb bezeichnet.

---

[272] Obwohl in einer der Studien die beteiligten Unternehmen anonym gehalten sind, kann angenommen werden, dass es sich um Auswertungen derselben Fallstudien handelt.

Stoyell et al. 1999
durchgeführt ca. 1998

Schriftliche Umfrage bei zwei Grossunternehmen in Grossbritannien. Befragt wurden Designteams (rund 60 Personen). Themen waren der **Stand der Umsetzung und Methoden der ökologie-orientierten Produktentwicklung.**

Die Ergebnisse umfassen relevante Driver für die Berücksichtigung von ökologischen Fragen, das Informationsverhalten bei ökologischen Fragen und der Methodeneinsatz.

Hoffmann 1999
durchgeführt ca. 1998

Exemplarische Untersuchung der **ökolgischen Optimierung in der Produktgestaltung bei der AEG** Haushaltgeräte GmbH. Die Studie zeigt an dem Beispiel, wie ökologische Aspekte in den verschiedenen Phase der Produktplanung und -entwicklung integriert werden und welche Hemmnisse und Potentiale sich dabei ergeben.

Als wichtige Hemmnisse gelten die fehlende Verbindung zur Strategieplanung, die Tatsache, dass ökologische Aspekte der Produktgestaltung einseitig als technische Herausforderung betrachtet werden sowie die mangelnde Einbindung des Umweltmanagements in die Produktentwicklung.

Keller et al. 1999
durchgeführt 1999

Schriftliche Umfrage zu **Potentialen und Stand der Umsetzung der umweltorientierten Produktentwicklung** bei 82 Schweizer Unternehmen verschiedener Branchen mit dokumentiertem Umweltengagement (Umweltmanagementsysteme, Mitglieder der Schweizerische Vereinigung für ökologisch bewusste Unternehmensführung, ÖBU). Befragt wurden die Entwicklungs- und Marketingbereiche. Fragen zu: Potential von ökologischen Produktverbesserungen, Umsetzung in der Produktentwicklung und spezifische Fragen zu Schnittstellen zwischen den involvierten Bereichen.

Ergebnisse sind z.B., dass zwar eine grosse Palette von Methoden vorhanden ist, diese in der Anwendung aber nicht erfolgreich sind (S. 41).

B. Studien zur Bedeutung von Ökobilanzen in der Produktentwicklung:

Ritzén et al. 1996
durchgeführt 1995

Befragung von 3 schwedischen Grossunternehmen (Volvo, Electrolux, ABB), die schon Erfahrung mit LCA haben. Befragt wurden insgesamt 16 Personen, die LCA in den Unternehmen durchführten.

Die Ergebnisse zeigen **Anwendungsfelder von LCA, Erfahrungen beim Methodeneinsatz** und insbesondere auch im Zusammenhang mit der Produktentwicklung (siehe Tab. 2 in Kapitel 4.4.2c)).

Frankl und Rubik 1998
durchgeführt 1997–98

Umfrage bei Grossunternehmen und Firmen mit explizitem Umweltengagement in der Schweiz, Schweden, Deutschland und Italien. Insgesamt beteiligten sich 382 Unternehmen an der Umfrage. Davon gaben durchschnittlich 50 Prozent (191) an, LCA anzuwenden. Diese wurden zu den Motiven für den **Einsatz zu von LCA, Anwendungsfeldern und Erfahrungen bei der Umsetzung** befragt.

Ergebnisse siehe Tab. 3 in Kapitel 4.4.2c).

C. Studien zum Umweltmanagement, die Aspekte der Produktentwicklung berücksichtigen:

Kirchgeorg 1995
durchgeführt 1988
und 1994

Umfangreicher Längsschnittsvergleich zu **umweltorientierten Unternehmensstrategien** bei deutschen Unternehmen unterschiedlicher Branchen. Die erste Befragung wurde 1988 bei 197 Unternehmen durchgeführt, die zweite Erhebung fand 1994 bei 230 Unternehmen statt. In beiden Fällen wurden Interviews mit Mitgliedern der Unternehmensführung geführt.

Als Ergebnis werden (neben Erkenntnisse zu ökologischen Betroffenheitsfaktoren) vier Typen von umweltorientierten Unternehmensstrategien unterschieden: „Passive, ökologie-orientierte Folger und Selektive sowie ökologie-orientierte Innovatoren".

VDI-Technologiezentrum 1999 sowie
1997a; 1997b; 1998
durchgeführt 1996–97

Schriftliche Umfrage des VDI bei rund 1000 Unternehmen aus drei Branchen: Chemische Industrie, Ernährungswirtschaft und Bauwirtschaft. Die Studie hatte zum Ziel, in den vier Branchen Erkenntnisse über **aktuelle und künftige Aktivitäten im Umweltschutz** zu erhalten. Dabei wurde auch der produktbezogene Umweltschutz untersucht. Die Ergebnisse sind sowohl in Bezug auf die einzelnen Branchen wie als Vergleich ausgewertet.

Die Massnahmen im F+E-Bereich scheinen zu stagnieren (S. 120), wobei die Ergebnisse je nach Branche und Unternehmensgrösse stark variieren (S. 124/136). Grosses Gewicht hat in Zukunft (1997–2000) vor allem die Weiterbildung der Mitarbeiter in Umweltfragen, aber auch die Einrichtung eines Öko-Controllings, das Erstellen von Ökobilanzen, die umweltbezogene Lieferantenauswahl und die Einführung eines Umweltmanagementsystems (S. 119ff.).

Dyllick 1996 sowie
Baumast und Dyllick 1998
durchgeführt 1995–96
sowie 1997–98

Die **Umweltmanagement-Barometer-Umfrage** umfasst 263 und in der neueren Studie 250 Unternehmen verschiedener Branchen (Schweiz) und Grössen (> 50 Mitarbeiter). Die Umfrage wird zweijährlich wiederholt (erste Erhebung 1995/96) und untersucht Stand und Umsetzung des Umweltmanagements. Die Auswahl der Unternehmen erfolgt zufällig und enthält zusätzlich eine Gruppe von Unternehmen, die Mitglied der Schweizerischen Vereinigung für ökologische Unternehmensführung (ÖBU) sind.

Die aktuelle Umfrage zeigt u.a., dass Massnahmen im F+E-Bereich im Vergleich zu anderen Massnahmen des Umweltmanagements (z.B. in der Produktion) noch gering sind (S. 34/39). Sie lässt auch vermuten, dass Unternehmen nur beschränkte Kenntnisse zu Umweltfragen ihrer Produkte haben. Ihre Einschätzung der bedeutenden Umweltaspekte ihrer Produkte (nach Lebensphasen) steht in vielen Fällen im Widerspruch mit den tatsächlichen Verhältnissen der jeweiligen Branche (S. 23).

Kottmann et al. 1999
(z.T. noch nicht abgeschlossen)

Mündliche Befragung bei 20 deutschen Unternehmen, die zu den Pionieren bei der Einführung von Umweltmanagementsystemen (UMS) gehören. Die Umfrage ist Teil einer grossangelegten EU-Studie zu den **Innovationswirkungen von EMAS** in ausgewählten EU-Ländern.

Die vorläufigen Ergebnisse zeigen, dass die Produktentwicklung im UMS nicht systematisch aufgegriffen wird.

D. Studien zu allgemeinen Erfolgsfaktoren beim Management der Produktentwicklung:

Brown und Eisenhardt 1995	Ausgesprochen ausführliche Diskussion von sämtlichen relevanten Studien, die zu verlässlichen Resultaten zu **allgemeinen Erfolgsfaktoren des Managements der Produktentwicklung** geführt haben. Die Studien sind in drei Kategorien unterschieden, die unterschiedliche Forschungsrichtungen wiedergeben, die seit 1996 entstanden sind: „rational plan", „communication web" und „disciplined problem solving"-Ansätze. Die Studie fasst die wichtigsten Erfolgsfaktoren im eigenen „integrative model of product development" zusammen.
Griffin 1997 durchgeführt ca.1995	Aktuellste Studie zur **Best-Practice im Entwicklungsmanagement**, die im Rahmen eines langfristig angelegten Forschungsprogramms der amerikanischen Product Development Association (PDMA) durchgeführt wurde. Die Studien versuchen, die Praxiserfahrung der Unternehmen in der Produktentwicklung auf zentrale Erfolgsfaktoren zu reduzieren. Die aktuelle Studie stützt sich auf Antworten von 383 Fragebogen. Der Beitrag einhält überdies einen Überblick und eine Diskussion vergleichbarer Studien, die seit den 60er Jahren durchgeführt wurden.
Lullies, Bollinger et al. 1993 durchgeführt ca. 1990	Ausführliche, jedoch nicht repräsentative Studie, die den **betrieblichen Umgang mit Wissen bei Entwicklungsvorhaben** (Wissenslogistik) als zentrale Erfolgsgrösse der Produktentwicklung untersucht. In der Studie wurden in 17 Unternehmen 24 Entwicklungsprojekte angeschaut und rund 140 Interviews durchgeführt.

Anhang 2: Interview-Leitfaden

Nachfolgend ist ein Beispiel eines Gesprächsleitfadens abgedruckt. Es enthält Informationen und Fragen für das Interview mit den Beteiligten der untersuchten Entwicklungsteams.

Umweltbezogenes Wissen und Know-how für die Produktentwicklung

Wozu die Gespräche?

In meiner Dissertation an der ETH Zürich geht um Wissen und Know-how in der Produktentwicklung, das für eine umweltbezogene Verbesserung von Produkten notwendig ist. Ich schaue konkrete Entwicklungsprojekte und andere Bereiche im Vorfeld von Projekten an. Dabei erhebe ich, wie gearbeitet wird und welche Erfahrungen, Ideen oder Probleme vorhanden sind. Zum Schluss möchte ich aufzeigen, welche Kenntnisse benötigt werden und wie diese bereitgestellt und aufgebaut werden könnten.

Ablauf der Interviews

Das Interview dauert max. 90 Minuten. Falls Sie einverstanden sind, nehme ich es auf Tonband auf. Diese sind ausschliesslich für meinen persönlichen Gebrauch bestimmt und werden weder firmenintern noch -extern weitergegeben. Sie werden nach Abschluss der Arbeit gelöscht.

Gesprächsthemen

1. Funktion und Aufgaben im Projekt

Welches waren Ihre Aufgaben und Arbeitsweisen im bisherigen Verlauf des Projekts (vor allem die frühen Projektphasen bis zur Pflichtenhefterstellung)? Unter anderem interessiert mich:
– Welches sind die wichtigsten Anforderungen und Ziele?
– Welches waren die diskutierten Varianten? Wie erarbeiten Sie diese?
– Welche wurden ausgewählt? Nach welchen Kriterien?
– Welches sind Ihre wichtigsten Informationsquellen und Methoden?
– Bedeutung der Teamarbeit und Rolle des Projektleiters?

2. Umwelt- und Sicherheitsaspekte

– Wann und wie wurden Umwelt- und Sicherheitsaspekte in dem Projekt einbezogen? Gab es diesbezügliche Ziele (explizite oder implizite)? Welches sind Ihre Erfahrungen mit dem gewählten Vorgehen? Unterschiede zu früheren Projekten?

– Beurteilen Sie in Ihrer Arbeit Material- oder Technologievarianten nach Umweltgesichtspunkten? Wie machen Sie das? Welches sind unterstützende Informationsquellen oder Methoden?

– Wo liegen bei dem neuen Produkt aus Ihrer Sicht die bedeutendsten Umweltaspekte?

3. Vorhandene Kompetenzen

– Wie schätzen Sie das vorhandene Wissen, Know-how und die Methoden ein (z.B. Risikoanalyse oder Umweltleitfaden)?

– Welches sind aus Ihrer Sicht die wichtigen Kompetenzen und wo sind die?

– Wo sehen Sie für sich persönlich oder allgemein noch Bedarf?

4. Was wurde schon erreicht? Was steht noch bevor?

Die Fragen beziehen sich allgemein auf die Verbesserung der Produktentwicklungsprozesse, aber auch auf die Integration von Umweltaspekten.

Lebenslauf

geboren   4. Juli 1969 in Zürich

1976–1982   Primarschule in Aarau und Zürich

1982–1988   Gymnasium in Zürich, Abschluss mit Matura Typus B
               (Latein)

1988   Universität Zürich (Vorlesungen in Politologie, Publizistik und
               Philosophie)

1989–1995   Studium der Umweltnaturwissenschaften ETH Zürich, Fach-
               vertiefung Umwelthygiene. Diplomarbeit: Fokusgruppen als
               Ansatz zur partizipativen Entscheidungsfindung bei kon-
               fliktiven Umweltproblemen. Fallbeispiel der aktuellen Ener-
               giepolitik.

1993–1996   Abschluss der allgemeinen Didaktik und Pädagogik (als Teil
               des Didaktischen Ausweises), ETH Zürich.

1991   Praktikantin beim Bundesamt für Statistik, Bern. Mitarbeit bei
               der Projektierung einer Umweltstatistik.

1993–1994   Praktikantin und freie Mitarbeiterin bei der Metron Planung
               AG, Brugg. Beratung von Gemeinden bezüglich energie-effi-
               zienter Verkehrskonzepte.

1995–1996   Mathematik- und Physiklehrerin an der Berufsschule für
               Hörgeschädigte Zürich.

1996–1997   Ausbildung und Praxis als Moderatorin von Zukunftswerk-
               stätten.

1997–2000   Mitarbeiterin in der Forschungsgruppe Umweltmanagement
               von Prof. Dr. Rainer Züst am Betriebswissenschaftlichen
               Institut (BWI) der ETH Zürich.

               –   Industrieprojekte zum Aufbau eines Umweltinformations-
                    Systems;

               –   Fallstudien zum produktorientierten Umweltmanagement
                    in zwei Textilunternehmen unter Einbezug der gesamten
                    Herstellungskette;

               –   Arbeit als Expertin zur Entwicklung der internationalen
                    Normenreihe ISO 14000 im Bereich der Umweltzeichen
                    (ISO 14025 zu quantitativen Produktdeklarationen)
                    sowie zu Design for Environment.

Thomas Dyllick, Jost Hamschmidt

Wirksamkeit und Leistung von
Umweltmanagementsystemen

Eine Untersuchung
von ISO 14001-zertifizierten Unternehmen
in der Schweiz

Umweltmanagementsysteme nach ISO 14001 etablieren sich zunehmend als Grundlage eines systematischen Umgangs mit Umweltfragen in Unternehmen, nicht nur in der Schweiz, sondern weltweit. Welche Wirkungen entfalten Umweltmanagementsysteme aber in der Unternehmenspraxis? Aus welchen Gründen werden sie eingerichtet? Wie wirken sie sich in wirtschaftlicher Hinsicht aus? Welche ökologischen Fortschritte werden durch sie erzielt? Wie sieht ihr konkreter Einsatz in der Unternehmenspraxis aus, und wie zufrieden sind die Anwender?

Das vorliegende Werke enthält die Ergebnisse einer erstmalig durchgeführten Befragung der ISO 14001-zertifizierten Unternehmen durch das Institut für Wirtschaft und Ökologie an der Universität St. Gallen. Die Ergebnisse vermitteln einen empirischen begründeten, repräsentativen Überblick über die Umweltmanagementsystem-Praxis in Schweizer Unternehmen. Darüber hinaus verdeutlichen sie die Aufgaben im Hinblick auf eine Weiterentwicklung der Umweltmanagementsysteme in der Bereichen:

- Integration von Managementsystemen
- Strategischer Einsatz von Umweltmanagementsystemen
- Umweltmanagementsysteme als Grundlage eines veränderten Verhältnisses zu den Behörden

In der Reihe
Wirtschaft, Energie, Umwelt
2000, 180 Seiten,
zahlreiche Abbildungen,
Format 16 x 23 cm,
broschiert
Fr. 58.–/DM 74.80/ÖS 545.–
ISBN 3 7281 2770 1

vdf Hochschulverlag AG
an der ETH Zürich

Rolf Wüstenhagen

Ökostrom
Von der Nische zum Massenmarkt

Entwicklungsperspektiven und
Marketingstrategien
für eine zukunftsfähige Elektrizitätsbranche

Dank der Liberalisierung des Strommarktes
können Kunden heute mitentscheiden, wie ihre
Elektrizität produziert wird. Insbesondere er-
neuerbare Energien stossen bei den Konsumenten auf grosse Sympathie. Für die Anbieter von
Elektrizität bietet das Ökostrom-Marketing
einen möglichen Ausweg aus dem Verdrän-
gungswettbewerb und eine Chance zur Er-
langung nachhaltiger Wettbewerbsvorteile. Der
Marktanteil dieser Produkte ist heute aber noch
gering: Ökostrom wird zumeist als (teures)
Nischenprodukt konzipiert. Aus der Perspektive
einer Nachhaltigen Entwicklung ist diese Öko-
Nische zwar ein notwendiger, aber kein hin-
reichender Schritt. Ausgehend von diesem Grundverständnis,
zeigt Wüstenhagen Wege zur Diffusion ökologischer Strompro-
dukte in den Massenmarkt auf. Die Arbeit kombiniert eine
theoretisch-konzeptionelle Analyse mit empirischen Erkenntnissen
aus dem Ökostrom-Markt in Deutschland, der Schweiz, den USA
und Grossbritannien sowie Quervergleichen zu anderen Branchen.

In der Reihe
Wirtschaft, Energie, Umwelt
zugl. Diss., Universität St. Gallen
2000, 352 Seiten,
zahlreiche Abbildungen,
Format 16 x 23 cm,
broschiert
Fr. 98.–/DM 124.80/ÖS 910.–
ISBN 3 7281 2777 9

Das Buch wendet sich an
- Führungskräfte und Marketingverantwortliche der Energiewirtschaft
- Wissenschaftler und Studierende aus den Bereichen Betriebs-
wirtschaft, Umweltmanagement, Energiewirtschaft
- Entscheidungsträger in Politik, Consulting und Umweltorganisationen.

vdf Hochschulverlag AG
an der ETH Zürich

Jörg Wild

Deregulierung und Regulierung
der Elektrizitätsverteilung

Eine mikroökonomische Analyse
mit empirischer Anwendung für die Schweiz

In den nächsten Jahren wird die schweizerische Elektrizitätswirtschaft dereguliert werden. Die aktuelle Diskussion konzentriert sich jedoch hauptsächlich auf die Stromerzeugung und -übertragung. Die regionale und lokale Stromverteilung wird dabei oft ausser acht gelassen, obwohl etwa die Hälfte aller Kosten der Elektrizitätswirtschaft auf dieser Stufe entstehen.

Die vorliegende Arbeit untersucht, welche Rahmenbedingungen der Gesetzgeber bei der Elektrizitätsverteilung setzen kann und soll, damit die Marktöffnung zu einer Verbesserung der Effizienz des Sektors und zu Wahlmöglichkeiten für alle Verbraucher – insbesondere auch für die kleinen und mittleren – führen wird. Dazu wird eine Benchmarking-Analyse der Kosten der schweizerischen Elektrizitätsverteiler durchgeführt, die zeigt, dass die aktuelle Branchenstruktur beträchtliche Ineffizienzen aufweist.

Das Buch wendet sich an:
- Führungskräfte von Elektrizitätswerken und Consultants,
- WissenschaftlerInnen und Studierende aus den Bereichen Energieökonomie und Industrieökonomie,
- EntscheidungsträgerInnen in Politik, Verwaltung und Regulierungsbehörden.

„Eine Bereicherung für die Diskussion über die Elektrizitäts-marktöffnung in der Schweiz."
Dr. Patrik Ducrey, Stv. Direktor des Sekretariats der Wettbewerbskommission

In der Reihe
Wirtschaft, Energie, Umwelt
2000, ca. 240 Seiten,
zahlreiche Abbildungen,
Format 16 x 23 cm,
broschiert
Fr. 78.–/DM 99.80/ÖS 730.–
ISBN 3 7281 2783 3

vdf Hochschulverlag AG
an der ETH Zürich